K-방역은 왜 독이 든 성배가 되었나

한 역학자의 코로나 난중일기

이덕희 지음

K-방역은 왜 독이 든 성배가 되었나

추천사

어차피 코로나19 바이러스는 없애지 못하기 때문에 고위험군 중심으로 관리하면서 젊고 건강한 사람은 일상 생활을 하면서 자연스럽게 앓고 지나가게 해야 한다는 저자의 주장은 지금 시점에서 보면 지극히 상식적이고 타당하게 들린다. 하지만 K-방역과 백신으로 바이러스를 통제하고 관리할 수 있다고 믿었던 시기에는 매우 불온하고 위험한 생각으로 여겨졌다. 우리 모두 온 힘을 다해 싸웠지만 정작 무서웠던 것은 바이러스보다 코로나에 걸렸다는 사회적 낙인과 mRNA라는 미지의 물질이었던 시절에 저자는 다른 선택지가 있다는 사실을 일깨우기 위해 안간힘을 썼다. 저자의 의견에 전반적으로 공감하면서도 한편으로는 바이러스를 피하지 않고 맞닥뜨리는 것이 현실적으로 정부가 취할 수 있는 정책이었는지 의문이 들기도 한다. 이제는 이 모든 것을 따져봐야 할 때가 되었다. 온 국민이 고민하고 걱정해야 하는 새로운 이슈가 샘솟는 대한민국에서 코로나는 이미 과거의 일이 되고 있지만, 조만간 다시 찾아올 다음 팬데믹에 대응하기 위해서라도 꼭 한번 읽어야 할 책이다.

| 권호장 단국의대 예방의학교실 교수

2020년 느닷없이 나타나 우리 삶을 뒤흔든 코로나19, 아니 더 정확하게는 이 바이러스에 대한 인간들의 대응이 3년 이상 우리의 일상을 통제 지배했다. '사회적 거리두기'를 필두로 학교와 교회를 포함, 인류가 이어오던 유무형의 전통과 관계들은 모두 단절되고, 그 자리를 마스크와 진단 검사 키트, 그리고 백신으로 대표되는 인공적 도구들이 차지했다.

이런 조치를 이해도 동의도 할 수 없었지만, 반박도 거역도 할 수 없었다. 객관적이고 투명한 정보가 공개되지 않는 현실에서 적극적인 과학적 반론을 제기할 수 없었다. 그저 "이건 아닌데…" 하면서 울분을 삭이며 지냈던 그 시기, 이덕희 교수의 브런치가 빛을 던져주었다. 비록 그 빛이 세상의 어둠을 모두 거둘 수 없을 지라도, 결코 세상이 완전한 암흑이 아니라는 사실을 아는 것만으로도 큰 위안이었다. 김민기 노래 <친구> 2절 "그 모두 진정이라 우겨 말하면 어느 누구 하나가 홀로 일어나 아니라고 말할 사람 누가 있겠소"가 떠오른다.

이덕희 교수의 2015년 책 『호메시스: 건강과 질병의 블랙박스』를 보면 과학자, 그것도 인간의 생명과 건강을 위해 연구하는 의학자는 어떠해야 하는지를 엿볼 수 있다. 정부가 결정하여 집행하는 각종 제도 혹은 매스컴을 통한 온갖 세뇌성 기사들에 대하여 끊임없는 의문을 제기하면서 이를 학문적으로 규명하기 위하여 힘들고 험한, 때로는 드라마틱한 과정을 거친다. 이 교수가 자주 인용한다는 "Half-truth is often a great lie"라는 벤자민 프랭클린의 말은 작금의 세상에서도 통하는 명언이다. 현재 세상에는 자본, 정치 권력이 원하는 바를 아무런 의심 없이 진리인 양 호도하는 과학의 탈을 쓴 '소위 전문가'들이 넘친다. 2015년의 책과 주인공은 바뀌었지만, 이번 책에 등장하는 주인공들(마스크, 백신, PCR등등) 역시 이덕희 교수의 예리한 분석과 비평에 의해 그 의미를 재검토받는다. 이런 작업은 앞으로 또다시 찾아올 수 있는 비슷한 사태에 미리 대비한다는 측면에서 매우 중요하다.

이 교수의 이번 책 제목에 '독이 든 성배(聖杯)'가 들어있다. 성배는 인류, 특히 크리스트교인에게 절대적 의미를 갖는다. 나약하고 유한한 인간에게 하느님을 연결해 주는 계약의 잔이 곧 성배. 인간들은 공포 앞에 한없이 나약해진다. 그러므로 종교와 같은 기댈 곳이 필요하고 그 핵심에 성배가 있다. 그런데 그 안에 들어 있는 것이 예수의 피가 아니라 독이라니! 그 독은 누가 넣은 것일까? 가짜 술은 오직 최고 비싼 고급주에만 있다. 서민용 저가 알콜은 굳이 가짜를 만들 이유가 없기 때문이다. 독은 별볼 일 없는 외로운 술꾼의 잔이 아니라 다수 인간들이 믿는 최고의 가치, 즉 성배에 들어 있을 때 그 효과가 극대화된다. 그러므로 신과 인간, 인간들 사이를 멀어지게 하려는 악마 입장에서 많은 이에게 영향을 주는 가장 효율적인 방법은 성배에 독을 타는 것이다. 여전히 인류를 구원할 예수의 피(하느님의 계약)처럼 보이도록 하는 것도 잊지 말아야 한다.

| 김용민 정형외과 의사, 충북대 명예교수, 국경없는 의사회 활동가

얼마전 다녀온 인도에서 인도의 COVID-19 사태가 심하게 과장되어 세계 주요 언론에 보도되었다는 현지인의 목소리를 듣게 되었다. 인도는 평소 병원에서 사망자가 발생하면 대부분 고향으로 가서 화장을 하는 것이 관례였으나 COVID-19 사태시에는 한 곳을 지정하여 화장하도록 하는 바람에 아주 많은 사망자가 발생한 것처럼 비춰졌다는 설명이다. 또한 사망자 대부분은 고령의 환자들로 COVID-19이 없었다 하더라도 곧 사망했을 분들이었다고 덧붙였다.

2020년 1월은 내가 WHO 서태평양 사무국에 근무하고 있던 시기였다. 그 해 첫 전체 직원회의 때 2019년 12월 초 중국 후베이성 우한시에서 폐렴 환자들이 발생하였으나 아직 human to human transmission 증거는 없다고 했다. 하지만 그 당시 이미 원인 미상의 폐렴 환자가 여러 곳에서 생긴 것 같다는 뉴스가 나오고 있던 상황으로, 만약 WHO가 사람들 사이에 전파가 없다는 전제 하에서 COVID-19에 대한 대응을 논한다면 이는 첫 단추가 잘못 끼워진 것이라는 생각을 잠깐 한 적이 있다. 그러나 감염병이 아닌 만성질환이 나의 담당 업무였기 때문에 COVID-19 유행과 관련되어 더 이상의 질문이나 토론까지 이어지지는 못했다.

그러다가 오랜 학계 동료이기도 한 경북의대 이덕희 교수가 브런치에 올리는 COVID-19관련 글들을 읽게 되었다. 유행초기부터 지금까지 3년 이상 COVID-19 사태를 독자적으로 분석하고 해석해온 그 글들을 보면서 많은 공감을 했으며 책으로 엮어져 나오기를 기다리고 있었다. 이덕희 교수는 이 책에서 COVID-19 방역 및 백신 정책에 대한 비판적 복기뿐만 아니라 감염병과 만성질환 예방을 위한 간단하면서도 실천 가능한 방법들을 명료하게 제시하고 있다. 모든 사람들이 좀 더 건강해지기를 바라는 마음에서 이 책을 추천한다.

| **신해림** 예방의학 전문의, 前 국립암센터 연구소장, 前 WHO 서태평양 지역 국장

『K-방역은 왜 독이 든 성배가 되었나』는 지난 3년간 코로나19 사태를 깨어 있는 지성으로 견디어낸 의사이자 역학자이신 이덕희 교수님의 날카로운 분석을 담은 난중일기입니다. 당시 교수님의 브런치

글에 공감하면서 위로 받았던 일들을 떠올리며, 널리 공유하고 싶은 소망으로 추천사를 씁니다.

코로나19 팬데믹 종료가 공식적으로 선언된 시점에서 이 책의 출간은, 아직도 주류 언론을 맹신하며 K-방역의 성공 신화에서 벗어나지 못한 다수 국민들에게 경종을 울릴 수 있을 것입니다. 이 책은 과거를 검색하고, 현재를 사색하며, 미래를 탐색함으로써 다음 위기에 성숙하게 대처할 수 있는 미래 지향적인 의미가 있습니다.

코로나19 사태 속에서 의사이자 교육자인 저를 두렵게 했던 것은, 한 방향으로만 통제되는 언론과 깊이 있는 학문적 토론의 부재였습니다. 편향된 정보에 사로잡힌 오피니언 리더들과 집단적 사고에 매몰되어 순응하는 대다수 국민들. 이런 사회 현상이 인공지능 챗봇을 통해 지식과 정보를 얻는 세상에선 더욱 심화될 수 있지 않을까 염려스럽기만 합니다. 말하자면, 인공지능 챗봇은 데이터 알고리즘을 따라 골라진 정보만을 전하여 이용자를 세뇌시킬 수 있으며, 챗봇이 주는 편안함에 젖은 인간은 스스로 탐구, 사색, 추론하는 독립적인 사고 능력을 상실할 수도 있습니다.

『K-방역은 왜 독이 든 성배가 되었나』는 코로나19 K-방역을 겪으며 의문과 고민을 가진 독자들에겐 사막의 오아시스가 되어줄 것입니다. 또한 의학을 공부하는 학생들에겐 비판적인 사고와 독립적인 사고를 현대 의학사를 통해 훈련할 수 있는 훌륭한 교재가 될 것으로 기대합니다.

마지막으로, mRNA 기술 발명가 로버트 말론 박사Dr. Robert Malone가 자신의 전문 영역인 mRNA 백신에 대한 우려를 표명한 것으로 장기간 트위터 계정 정지를 당했던 사건을 떠올립니다. 이렇게 과학자의 학문적 표현도 불허 당한 코로나 암흑기에, 학자로서의 올바른 과학적 태도를 고민하고 브런치를 통해 소통하며 마침내 이를 엮어 성공적으로 출간하신 교수님의 용기에 큰 찬사를 보냅니다.

| 양현숙 건국의대 심장혈관내과 교수

코로나19 팬데믹이 기승을 부리던 2021년 늦가을이었다. 졸저 『K-방역은 없다』의 기획 및 대표저자로 저술 작업을 막 시작한 때였다. 당시 나는 K-방역의 허상과 문제점을 낱낱이 논파해 줄, 역량 있는 공저자를 물색 중이었다. 이런 저런 경로를 통해 이덕희 교수를 소개받았다. 부랴부랴 이 교수가 쓴 글을 몇 편 읽어 보니 소개한 분의 말씀대로 "신선하고 기발"했다.

이 교수 본인도 인정하듯 이 교수의 주장에는 주류 의학계가 받아들이기에 쉽지 않은 내용이 많았다. 이를 염려한 이 교수는 본인이 공들여 쓴 원고가 『K-방역은 없다』에 포함되는 게 적절하지 않다고 판단해 공저자 대열에 합류하기를 주저했다. 여러 차례의 통화와 설득이 이어졌다. 결국 이 교수가 뜻을 굽혔고 그의 옥고는 "스웨덴은 재평가돼야 한다"라는 장 제목을 달고 세상에 나올 수 있었다. 지금 생각해도 참 다행스러운 일이다.

당시 이덕희 교수는 언젠가 본인이 코로나19 팬데믹 기간에 썼던 글을 모아 오롯이 자기만의 관점과 주장을 담은 책을 내겠다고 말했다. 여러분이 집어 든 이 책, 『K-방역은 왜 독이 든 성배가 되었나』가 바로 그 결과물이다.

책의 페이지를 넘길 때마다 이 교수의 독특하고 날카로운 시각에 마주한다. 그러나 이 교수의 주장 모두가 의학계의 주류 패러다임과 상치되는 것은 아니다. 소위 3T라고 불린 검사^{test}, 추적^{trace}, 치료 treatment 방식이 비효율적이고 별로 효과적이지 않았다는 이 교수의 주장은 나를 포함해 많은 사람이 동의하는 바다. 정부가 조장하고 언론이 재생산한 코로나 공포 마케팅이 심각하게 K-방역을 오도했다는 비판도 마찬가지다. 마스크 착용의 효과가 과다하게 부풀려졌다는 데에도 나는 적극 동의한다. 그러다가 이 교수가 "컴퓨터 자판에서 K자를 없애 버리고 싶을 정도로 K방역에 강한 혐오감을 가지고 있는 저"라고 쓴 부분에 이르면 비록 관점과 접근 방식은 다를지 몰라도 K-방역이라는 말을 들을 때마다 나를 옥죄던 촌스러움 또는 억지스러움을 이 교수도 같이 느꼈으리라는 확신이 강하게 든다.

물론 이 교수의 논지나 관점에 내가 다 동의하는 것은 아니다. 특별히 백신의 효과나 코로나 팬데믹을 통해 유명해진 mRNA 백신의 허가를 이끌어 낸 이익과 위험 분석의 결과를 의심하는 주장은 신약개발과 이를 뒷받침하는 의약품규제과학을 연구해 온 나로서는 받아들이기 어렵다.

그럼에도 불구하고 『K-방역은 왜 독이 든 성배가 되었나』는 과거를 복기함으로써 우리가 잘못했거나, 잘못은 아니더라도 더 잘 할 수 있었던 게 무엇인지 밝히고 교훈을 얻기 위해 꼭 읽어야 할 책이다. 뿐만 아니라 방역처럼 누구에게나 큰 영향을 미치는 보건의료 정책의 사회적 함의와 문제점, 대책과 미래 전망을 저자 나름의 일관된 논리로 풀어낸 뚝심에도 높은 점수를 주고 싶다. 연대순으로 책 내용이 기술됐기 때문에 코로나19 팬데믹의 각 시기에 따라 어떤 쟁점이 이 사회를 훑고 갔는지도 일목요연하게 확인할 수 있다는 점은 덤이다.

이 교수의 질문처럼, K-방역은 어쩌다 독이 든 성배가 됐을까? 이 질문에 답이 시급한 이유는 앞으로도 코로나19와 같이 생소한 감염병은 끊임없이 우리네 삶에 찾아올 게 틀림없기 때문이다. 이 책의 마지막 장을 덮을 때 독자 여러분은 단순하지만 명료한 이 교수의 답변을 듣게 되리라. 내가 그랬던 것처럼.

| 이형기 서울대학교 융합과학기술대학원 분자의학및바이오제약학과, 의과대학 임상약리학교실, 서울대학교병원 임상약리학과 교수

이덕희 교수는 2006년 인체로 들어와 쉽게 나가지 않는 "잔류성" 오염물질들에 대한 만성 노출이 당뇨병과 같은 비만 관련 질환의 숨은 원인이라는 논문을 세계 최초로 발표함으로써 세계 의학계에 슈퍼스타가 된 분이다. 내가 이 교수의 팬이 된 것은 나도 "잔류성" 오염물질들이 미토콘드리아에 이상을 일으켜 그런 병을 일으킨다는 증거들을 발견했기 때문이다.

코로나 팬데믹이 한창인 때, 이 교수는 자신이 지금 우리나라 공적 1호가 되었다는 놀라운 이야기를 했다. 이유를 물어보니 자신의 브런치 블로그를 읽어 보라고 했다. 이 책은 그 브런치의 글들을 날짜순으로 엮은 것으로 그런 의미에서 이 교수는 "난중일기"란 부제를 붙인 듯하다. 그는 책에서 "세상의 조롱과 비난 속에서 동요하지 않고 초기 입장을 초지일관 견지하며", 다양한 데이터와 과학 논문들을 인용해 가면서 우리나라 코로나 대응의 문제점을 신랄하게 지적하고 있다. K방역을 그렇게나 자랑했던 대한민국이 왜 코로나 바이러스와의 전쟁에서 오히려 일본보다 최종 성적이 나빴을까? 책에서 그 답을 찾을 수 있다.

질병관리청 전신인 국립보건원에 한동안 몸 담았던 사람으로서 나는 국립보건원은 생물전에 대비하는 군대 같은 조직이어야 한다는 공중보건학계의 의견과 같이한다. 군대는 일어나지 말아야 할 전쟁에 대비하여 인력과 장비를 비축하고 훈련하고 있어야 한다. 그러나 가장 중요한 일은 실제로 전쟁이 벌어졌을 때 전쟁 상황을 오판하지 않는 것이다. 질병관리청이 발간한 2020-2021 백서를 보면 한국은 세계보건기구이 권장하는 정책들을 충실히 따랐음을 알 수 있다. 그러면 세계보건기구는 왜 팬데믹 전쟁에서 패배하는 정책을 택했을까? 책은 이 질문에도 답을 주고 있다.

내가 보기에 이 책은 이순신의 "난중일기"보다 7년에 걸친 임진왜란의 원인, 전황 등을 기록한 류성룡의 "징비록"에 가깝다. 징비는 시경에 나오는 "미리 징계하여 후환을 경계한다"는 구절에서 따온 것이다. 징비록의 첫 장에서 류성룡은 전쟁을 회고하며 다시는 같은 전란을 겪지 않기 위해 여러 실책들을 반성하고, 왜란 이후 세대가 앞날을 대비할 수 있도록 책을 저술하게 되었다고 밝혔다. 이처럼 뚜렷한 목적의식을 가지고 저술되었다는 점에서, 징비록은 우리나라에서 씌어진 여러 기록문학 중에서도 특히 두드러진다고 하는데, 나는 이 책이 21세기 징비록으로 역사에 남을 것이라 생각한다.

이 책은 그냥 역사의 뒤안으로 사라져서는 안 될 K방역의 진실을 붙잡고 있다. 우리는 코로나 팬데믹에 대항하여 3년 넘게 함께 싸웠으나 사실은 더 현명하게 대응할 수 있는 방법이 있었다. 하지만 우리 사회는 일찍부터 그런 주장을 해왔던 학자의 말에 귀 기울이기는커녕 오히려 조롱하고 비난했다. 왜 그랬을까? 대한민국과 대한민국 국민, 나아가 인류의 건강과 미래를 걱정하는 분이라면 아직 기억이 생생한 지금 이 책을 읽고, "미리 징계하여 후환을 경계해야 한다".

| **이홍규** 서울의대 내분비내과 명예교수, 前 대한내분비학회 이사장

코로나19 팬데믹은 역사상 가장 극단적이고 광기 어린 대응을 보인 감염병 사건이다. 학교 폐쇄와 교육 박탈, 응급실 폐쇄와 입원 제한, 인권과 생존권 침해, 백신 접종 증명과 마스크 없이는 아무 것도 하지 못하게 만드는 독재가 K-방역 신화를 만들기 위해 자행됐다. 일부 의사, 교수, 공무원, 언론이 선전선동에 앞장서고 의료계와 학계가 동조하면서 K-방역에 대한 모든 의문과 의심을 억압했다. 지동설을 심판한 천동설의 사례에서 알 수 있듯이 모두가 한 목소리를 내는 현상 자체가 가장 위험하다. 그래서 그것을 비판하고 사실을 알리려는 목소리는 외로워도, 미약해도, 거칠어도 더할 수 없이 귀하다.

| **장재연** 아주대학교 의과대학 예방의학교실 명예교수, 前 환경운동연합 공동대표, 現 재단법인 숲과 나눔 이사장

지난 3년간 신종 감염병인 코로나19로 인해 전세계적으로 인류는 가장 힘든 시간을 보냈고, 후 폭풍으로 이어지는 여러가지 사회적 후유증이 현재까지도 우리사회에서 고민해야 될 화두가 되고 있습니다. 앞으로도 수많은 신종 감염들이 예측 불가하게 전세계적으로 발생할 수 있을 미래 사회를 생각해 볼 때, 우리 사회가 지난 3년동안 감염병에 대응한 것을 돌아보며, 향후의 대응 방안을 적합하게 모색해 볼 시기가 되었습니다.

역사적으로 역병의 유행은 민심을 흉흉하게 만드는 가장 흔한 이유였습니다. 따라서 권력을 가진 위정자들은 감염병 유행에 대하여 매우 민감하게 됩니다. 그러나 전문가라면 균형감각을 가지고 조언 할 수 있어야 하며, 특히 대중과의 소통과 보도에 전문가로의 전문성과 다양한 관점에서 고찰이 매우 중요할 것으로 생각합니다.

이런 맥락에서 'K-방역을 독이 든 성배'로 표현한 저자의 책은 우리 방역의 또 다른 관점에서의 시각을 견지하고, 역학자로서의 소신과 나지막하지만 힘있는 목소리로 우리가 돌아봐야 할 지난 방역의 대처 방안에 대한 생각할 거리를 우리에게 던져주고 있습니다.

팬데믹 시기와 백신, 공존과 복기의 시간 순으로 저자의 나레이션이 긴박하게 펼쳐지며, 이를 되새기며 중간중간 역학적 사례를 포함시켜서 적절히 예시를 들어 글의 이해도와 몰입도를 높여서 독자들에게 같이 생각할 수 있는 여유를 주는 사색적 책이라 생각이 됩니다.

"모든 감염병은 신종으로 시작해 공생으로 마무리"된다는 저자의 멘트에서 우리 사회의 다양한 관점과 열린 목소리에 대한 수용과 공존이 우리 사회를 더 발전시킬 수 있는 원동력이 될 것이라 믿으며, 이 책을 추천하는 바입니다.

감사합니다.

| 지선하 연세대학교 보건대학원 교수

21세기에 찾아온 코로나19 팬데믹 소식은 인류에게 공포와 불안감을 불러일으켰다. 전세계가 감염자를 찾아 격리시키는 방역 정책을 펴다 반년이 지나면서 코로나19 바이러스가 노약자를 집중 괴롭힌다는 사실을 알고 선진국들은 건강인의 자연 감염을 허용하는 완화된 방역 정책을 취했다. 하지만 한국은 초기의 K-방역을 지속했고 어린이 학습권 침해 등 심각한 사회경제적 부작용이 예상됐다. 이 책은 대다수 전문가들이 침묵할 때 저자가 학자적 양심과 신념을 담아 기록했던 결과물이다.

| 황세희 연세암병원 교수, 소아과 전문의, 기자

들어가는 글

　이 책은 국내의 한 역학자가 참담한 심정으로 지켜보았던 코로나19 사태에 대한 3년간의 기록물입니다. 저는 예방의학 전문의 자격 취득 후 수십 년간 저농도 환경오염물질 만성노출의 인체영향에 대하여 연구해오던 역학자였습니다. 환경오염물질과 면역기능간의 관련성을 연구하긴 했으나 감염병 자체가 제 연구주제는 아니었죠. 그러나 의사이자 역학자로 지켜본 코로나19 사태에 대한 인류의 대응, 특히 우리 사회의 대응은 제가 가진 상식으로는 도저히 이해할 수 없는 일의 연속이었습니다.

　2020년 1월 28일부터 이런 생각을 브런치라는 플랫폼에 올리기 시작했고, 1년이면 끝날 것이라고 생각했던 그 일은 무려 3년 이상 이어졌습니다. 3T test-trace-treat라고 알려진 K방역으로 전 국민이 환상에 빠져있을 때부터 K방역은 장차 독이 든 성배가 될 것이라고 주장했던 그 글들은 비슷한 문제 의식을 가졌던 극소수에게만 가뭄의 단비같은 역할을 했을 뿐, 대부분 사람들에게 세계 최고의 방역정책을 흠집내고자 시도하는 유사 과학자의 헛소리 정도로 여겨졌습니다.

　숱한 비난과 조롱이 날아들었습니다. 그럼에도 불구하고 거의 동요하지 않고 초기 입장을 초지일관 견지해왔는데, 이건 단지 시간 문제일 뿐이라고 보았기 때문이었습니다. 그리고 2020년, 2021년... 시간이 지나감에 따라 건강한 사람들이 경험하고 지나가는 자연감염에 대하여 정부 개입이 적었던 국가들의 방역 성적표가 나오기 시작하면서 세상의 여론은 조금씩 바뀌기 시작했습니다. 그러나 K방역이라는 늪에 빠져버린 대한민국은 여전히 요지부동이었습니다.

코로나19와 같은 특성을 가진 감염병이 유행하면 신속하게 의료시스템을 확충하고 고위험군과 환자 중심의 완화전략*을 받아들여야만 유행도 조기에 안정화시키고 사회에 미치는 2차 피해도 최소화할 수 있다는 것이 그 동안 제가 알고 있었던 교과서적인 지식이었습니다. 완화전략 하에서 고려될 수 있는 다양한 방역정책들은 의료시스템 과부하 방지를 위하여 제한적으로 사용하는 것일

---

* 감염병 유행에 대한 방역대책은 크게 봉쇄전략(containment strategy)과 완화전략(mitigation strategy)으로 나눈다. 봉쇄전략은 전파 최소화를 목표로 하는 방역대책이고 완화 전략은 의료시스템 과부하가 발생하지 않는 수준으로 환자 발생을 관리하면서 그 목표를 '전체 사회 피해 최소화'에 둔다. 흔히 쓰는 단어로 표현하면 봉쇄전략은 '제로 코로나(zero corona)'를, 완화전략은 '위드 코로나(with corona)'를 추구하는 전략이라고 할 수 있다.

질병에 대한 정보가 없는 상태에서 감염병 유행이 시작되면 보통 봉쇄전략으로 대응한다. 그러나 병원체 특성과 임상 양상에 관한 기본 정보가 알려지고, 감염원을 알 수 없는 지역사회 전파가 시작되면 완화 전략이 본격적으로 고려된다. 팬데믹 선언이란 그 자체로 이미 지역사회 전파가 광범위하게 발생했음을 의미하는 것으로 모든 국가가 각국 상황에 맞는 적절한 완화전략이 필요함을 의미한다.

완화전략의 구체적 내용은 각 국가의 의료시스템 준비 정도에 따라 다양하며, 유행 상황에 따라 강도를 조절해 가면서 유연하게 대처할 수 있다. 예를 들면 스웨덴과 일본의 구체적인 방역정책은 달랐지만 의료시스템 과부하 방지를 목표로 했다는 점에서 초기부터 완화전략을 수용한 대표적인 국가라고 할 수 있다. 반면, 한국과 중국은 각각 전파 최소화 혹은 제로 코로나를 목표로 했다는 점에서 역시 구체적인 방역정책은 달랐지만 봉쇄전략을 장기간 유지했던 대표적인 국가라고 할 수 있다.

뿐, 확진자 수를 최소화하기 위해 사용하는 것이 아닙니다. 하지만 우리 사회는 오미크론 대유행 전까지 무려 2년 이상 코로나19를 무증상도 허락되지 않는 감염병으로 대우하면서 전체 사회를 미세 통제해왔는데, 도대체 어떻게 그들은 이 바이러스를 '동선추적 K방역과 백신'으로 해결가능하다고 믿었을까요?

지금까지 인류가 박멸했다고 알려진 유일한 감염병이 천연두입니다. 천연두가 박멸 가능했던 이유는 무증상 감염이 거의 없고 쉽게 감염을 인지할 수 있다, 증상이 나타난 후 전파가 시작된다, 인간만이 병원소다, 상대적으로 안정된 DNA 바이러스다, 효과가 장기적인 백신이 존재한다 등등의 특징을 가지고 있었기 때문입니다. 하지만 코로나19는 처음부터 무증상 감염이 많으면서 전파력이 높고 변이 속도가 빠른 RNA 바이러스였습니다. 특히 호흡기계 감염병 특성상 증상이 나타나기 전부터 전파가 시작되는 특성을 가지고 있죠. 즉, 코로나19는 감기나 독감 바이러스처럼 처음부터 공존할 수밖에 없었던 바이러스였으며, 그렇다면 완화전략이란 더이상 선택사항이 아닙니다. 그러나 완화전략이라는 교과서적인 방역정책이 집단면역을 목적으로 적자생존을 추구하는 정책으로 세간에 알려지면서, 백신을 맞을 때까지 전파를 최대한 억제하는 것만이 최선이라는 생각이 세상을 지배하게 되었습니다. 그리고 고작 4개월 임상시험을 거친 mRNA백신이 'safe and effective'라는 구호와 함께 세상에 등장합니다.

코로나19 사태를 지켜보면서 제가 매우 안타깝게 생각했던 두 인물의 부재가 있었습니다. 만약 이 분들이 생존해 있었더라면, 그래서 WHO 수장 혹은 안소니 파우치Anthony Fauci 박사와 같은 인물과 실시간 공개 토론이 벌어졌더라면 코로나19에 대한 인류의 대응은 매우 달랐을 것으로 예상합니다.

첫 번째 인물이 2016년 작고한 도날드 헨더슨^{Donald Henderson} 교수입니다. 천연두 퇴치에 핵심적인 역할을 했던 역학자이자 미국 존스홉킨스 대학 교수였던 그가 2006년 발표한 인플루엔자 팬데믹 대응 논문[1]이 있습니다. 그는 이 논문에서 완화전략 하에서 바이러스 전파를 늦추기 위해 고려될 수 있는 여러 방역정책에 대한 논의와 함께 이런 정책을 시행할 때는 전체 사회에 미칠 수 있는 2차, 3차 피해 가능성을 반드시 고려해야 한다고 경고하고 있었습니다.

수리모델링이 보여주는 가상의 결과와는 달리 현실에서 드러나는 방역 정책의 효과에 대해 매우 회의적이었던 것으로 보이는 그의 최종 결론은 아래 두 가지로 요약됩니다. 첫째, 대중의 공포를 최소화하면서 가능한 한 정상적인 사회 기능을 유지할 것. 둘째, 적절한 의료서비스를 제공하기 위한 강력한 리더십을 발휘할 것. 헨더슨 교수는 둘 중 어느 하나라도 제대로 작동하지 않으면, 관리 가능한 유행이 비극적인 대참사로 바뀔 수 있다고 보았습니다. 저는 코로나19 사태가 전 세계에 엄청난 피해를 남겼던 이유는 바로 첫 번째 조건을 인류가 완전히 망각했기 때문이라고 봅니다.

두 번째 인물이 PCR검사를 개발한 공로로 노벨상을 받은 생화학자 캐리 멀리스^{Kary Mullis} 박사입니다. 원래 호흡기 감염병에서 PCR검사란 치료를 필요로 할 만큼 심각한 증상이 있는 환자를 대상으로 어떤 치료를 선택하는 것이 적합한지 판단하기 위하여 시행하는 검사였습니다. 그런데 코로나19 유행시에는 증상에 관계없이 바이러스 부스러기만 있어도 양성으로 나오는 PCR검사만으로 확진자 진단을 하는 일이 전 세계적으로 벌어졌습니다. 당연하게 무증상, 경한 증상 확진자 수 폭발로 이어졌고, 그렇게 공식 통계로 잡힌 엄청난 확진자 수는 그 자체로 사회에 공포를 가져오게 됩니다. 일단 사회가 공포에 사로잡히게 되면 더 이상 합리적인 의사결정은 불가능해집니다.

만약 멀리스 박사가 생존해 있었더라면, 코로나19 사태에 대하여 과연 어떤 입장을 가졌을까요? 자신이 개발한 PCR검사가 코로나19 진단에 널리 사용되는 것을 보면서 흐뭇하게 생각했을까요? 아니면 PCR검사로 코로나19 확진자 수 헤아리기가 얼마나 무모한 일인가를 세상에 알리려고 했을까요? 그가 생전에 남겼던 발언을 보면 저는 당연히 후자라고 생각합니다.

저는 기질상 주류보다 비주류에 속할 때 더 자유롭고 마음이 편한 사람입니다. 그러나 코로나19 사태 동안 경험했던 비주류의 삶은 결코 녹록지 않았습니다. 주위의 싸늘한 시선은 기본이고 정신과 약을 먹어야만 일상 생활이 가능한 상태라는 헛소문까지 돌고 있다는 사실을 알게 되었을 때는 어쩌다 이 소용돌이 한 가운데 서 있게 되었을까 자책도 했습니다. 하지만 이미 저한테는 이 사태를 침묵으로 지켜본다는 것이 더 고통스러운 일이 되어버린 후였습니다.

이 책은 코로나19 유행동안 브런치에 올렸던 150여 편의 글 중 70편을 발췌하여 날짜순으로 엮은 것입니다. 주제별로 글을 재분류하는 것도 고려했으나 날짜 순서로 읽는 것이 훨씬 더 의미있다고 생각되어 그냥 두었습니다. 그 과정 중에 우리 사회가 얼마나 많은 방향전환 기회를 놓쳐 버렸는지, 그리고 그 이유가 무엇인지도 알 수 있을 것입니다. 글 작성 당시의 상황이 중요했던지라 가능한 한 원 글을 수정없이 가져오고자 했습니다만, 비슷한 내용이 반복되거나 단어 선택이 모호한 경우들이 있어 불가피하게 수정 혹은 삭제된 부분도 있습니다. 초기에는 '신종 코로나'라는 용어를 사용했고 나중에 쓴 글은 '코로나19'라는 용어로 통일하였습니다. 그리고 각 글에는 짧은 노트를 달아서 브런치 글에 달렸던 많은 댓글에 대한 현재의 소회를 덧붙였습니다. 사실 책에 포함되지 못한 많은 글들과 함께 갑론을박 실시간 댓글들이 고스란히 남아있는 브런치 글이 책보다 훨씬 더 흥미진진할 겁니다.

독자들이 이 책을 읽고 코로나19와 같은 감염병은 걸리지 않는 것이 최선이 아니라 걸렸을 때 가능한 한 무증상, 경한 증상으로 넘어갈 수 있도록 평소 건강한 면역시스템을 위하여 노력하는 삶이 개인과 공동체 모두에게 최선이라는 사실을 이해할 수 있다면 이 책은 목적한 바를 이룬 것이라 할 수 있습니다. 거기에 더하여 3년 이상 국민들에게 강제되었던 방역의 패러다임은 건강한 유기체를 서서히 병들어가게 하는 과정과 별반 다를 바 없으며 결국 건강, 교육, 경제, 기본권 등 사회 전 분야에 훨씬 더 큰 피해를 가져온다는 사실까지 이해할 수 있다면 금상첨화겠습니다. 마지막으로 그 동안 무차별로 대중들에게 전달되었던 수많은 코로나19 관련 정보들을 다른 시각으로 재해석하는 과정을 통하여 비판적 사고의 즐거움을 누리고 동시에 생각하는 힘까지 기를 수 있다면 더 바랄 바가 없겠습니다.

이 책은 기본적으로 대중을 위한 책입니다. 그러나 질병청과 관련 전문가들도 꼭 한 번 읽어보았으면 하는 바람은 가지고 있습니다. K방역이 세계 표준이 될 것이라는 환상을 가졌던 시점에 거대 조직으로 탄생한 질병청이 그들의 오류를 인정하지 않는 한 우리는 이번과 같은 실수를 반복하는 것을 피할 수 없을 겁니다. 한 철학자가 "인간은 역사로부터 아무것도 배우지 못한다는 것을 역사로부터 배웠다"고 토로한 바 있지만, 최소한 이번 사태만큼은 그런 역사의 범주에 포함되도록 허락되어서는 안 되는 사건입니다. 단 한 순간도 쉬지 않고 수많은 바이러스, 박테리아, 곰팡이로 가득찬 공기를 마시면서 이 책을 읽게 될 독자들이 마지막 페이지를 덮으면서 3년동안 까맣게 잊었던 바이러스와 공존하는 법을 기억해낼 수 있기 바랍니다.

Covid 19 Timeline

11월~12월	중국 후베이성 우한시에서 원인미상 폐렴 발생
12월 31일	중국에서 WHO로 공식보고

2020년

1월 7일	중국 연구팀이 신종 코로나 바이러스를 원인으로 발표
1월 20일	국내 첫 코로나19 확진자 발생 / 감염병 위기경보 '주의' 단계로 상향
1월 23일	중국 우한 봉쇄
1월 27일	감염병 위기경보 '경계' 단계로 상향
1월 30일	WHO 국제적 공중보건 비상상태 선포
2월 23일	감염병 위기경보 '심각' 단계로 상향
3월 11일	WHO 팬데믹 선언
3월 22일	사회적 거리두기 시작
6월 28일	3단계 사회적 거리두기 체계 구축
9월 14일	질병관리본부, 질병관리청으로 승격
10월 12일	마스크 착용 의무화
11월 1일	5단계 사회적 거리두기 체계 구축
12월 2일	화이자 백신 최초 긴급사용 승인
12월 31일	누적 확진자 수 60,722명 / 누적 사망자 수 900명

2021년

2월 26일	아스트라제네카 백신 국내 첫 접종
4월 22일	국내 첫 델타 변이 감염자 확인
7월 1일	5단계->4단계 사회적 거리두기 체계 개편
7월 12일	사회적 거리두기 4단계 격상(수도권)
7월 19일	고3 백신접종 시작
8월 26일	만 18~49세 백신접종 시작
11월 1일	단계적 일상회복 전환(위드 코로나 시작) / 방역패스 시행
11월 24일	국내 첫 오미크론 변이 감염자 확인
12월 18일	거리두기 강화조치(위드 코로나 보류)
12월 31일	누적 확진자 수 635,250명 / 누적 사망자 수 5,625명

2022년

1월 4일	청소년 학원, 독서실, 스터디카페 방역패스 효력정지 판결(서울)
1월 14일	백화점과 대형마트 방역패스 효력정지 판결(서울)
2월 23일	60세 미만 방역패스 효력정지 판결(대구)
3월 1일	전국적으로 방역패스 중단 결정
3월 17일	일일 확진자 수 62만 명 돌파
3월 22일	누적 확진자 수 1,000만 명 돌파
4월 18일	사회적 거리두기 해제
8월 2일	누적 확진자 수 2,000만 명 돌파
9월 26일	실외마스크 착용의무 해제
12월 31일	누적 확진자 수 2,900만 명 돌파 / 누적 사망자 수 32,272명

2023년

1월 21일	누적 확진자 수 3,000만 명 돌파
1월 30일	실내마스크 착용의무 1단계 해제
3월 20일	대중교통 실내마스크 착용 의무 해제
5월 5일	WHO 코로나19 공중보건위기 해제
5월 11일	국내 코로나19 사실상 엔데믹 선언

목차

2020년, 팬데믹

2021년, 백신

● 2022년, **공존**

2020년
팬데믹

2020년 1월 28일

코로나19 사태가 시작되면서 올린 첫 번째 글이다. 2019년 11월~12월* 중국 후베이성 우한시에서는 원인 모를 폐렴 환자들이 발생하였고 이 사실은 12월 31일이 되어서야 WHO에 공식 보고되었다. 정부는 1월 20일 한국에서 첫 환자가 발생했다고 발표했고, 중국이 우한을 봉쇄한 것은 1월 23일이었다. 이 때부터 의문을 가졌던 것 같다. 매일 중국발 입국자수가 수만 명에 이르는 한국에서 정말 이 환자가 처음이었을까? 아니, 보다 더 근본적인 질문이 있었다. 이 유행은 정말 언제부터 시작된 것이었을까? 코로나19와 같은 특성을 가진 바이러스는 공식 유행 인지 시점 이미 지역사회 전파가 발생했다고 보는 것이 합리적 추론이기 때문이다. 시간이 지나면서 실제 유행이 2019년 하반기부터 시작되었을 가능성이 있음을 보여주는 논문[2]들이 다수 발표된다.

신종 코로나 바이러스에
대처하는 우리의 자세

사스, 신종 플루, 메르스, 신종 코로나... 잊어버릴 만하면 낯선 이

---

* 유행초기 우한 상황을 보고했던 논문[3]에 의하면 지표환자(index case, 방역당국이 유행을 인지하게 된 첫 번째 환자)의 증상 발생일이 2019년 12월 1일이었다. 지표환자란 처음 발견된 환자임을 의미할 뿐, 실제 첫 환자임을 의미하지 않는다. 이 지표환자는 당시 팬데믹 진원지로 알려진 우한 수산시장 방문력이 없었으며 다른 환자들과 어떠한 역학적 관련성도 없었다. 즉, 팬데믹 사태의 첫 환자가 감염원을 알 수 없는 사례라는 점은 지역사회 전파가 발생한 상태에서 유행을 인지하게 되었음을 의미한다. 또한 지표환자의 가족 중 열이나 호흡기 증상을 가진 사람들이 없었는데 이는 밀접 접촉시에도 상당수가 무증상으로 지나갈 수 있음을 보여준다.

름을 가진 새로운 감염병들이 끊임없이 우리를 찾아옵니다. 신종 코로나 바이러스가 향후 어떤 양상으로 퍼져나갈지 현재로는 예측하기 힘듭니다. 인구 천만 도시를 봉쇄해버리는 중국 정부의 대책 수위가 심상찮아 보이긴 합니다. 하지만 경계수위는 높이되, 좀 더 침착하게 이번 사태를 지켜볼 필요가 있습니다. 이 모든 신종 감염병 유행과 무관하였던 2018년, 우리나라 전체 폐렴 사망자 수가 공식 통계로 23,280명이었습니다. 다만 "신종"이 아니었기 때문에 뉴스거리가 되지 못했을 뿐입니다.

신종이든 아니든, 감염병이 유행의 조짐을 보이면 초기단계의 대응은 국가 차원에서 과하다 싶을 정도로 해야만 합니다. 초기 단계를 놓쳐 버리면 대부분 대응들이 큰 의미가 없어지기 때문입니다. 제아무리 난다긴다 하는 정부가 존재한다 하더라도 속수무책입니다. 특히 증상이 나타나기 전부터 전파되는 특징을 가지고 있는 호흡기계 감염병은 더욱 그러합니다.

유행 초기단계에서 잡는 것을 놓치면 그 다음부터 중요한 것은 그 인구집단을 구성하는 개개인이 가지고 있는 면역력입니다. 실제로 어떤 감염병이 유행하고 난 뒤 항체검사를 검사해보면 증상도 없었고 백신을 맞은 적도 없는데 항체를 가진 사람들이 꽤 됩니다. 본인도 모르는 사이 병원체가 항체만 만들고 사라진 거죠. 이렇게 병원체에 노출이 되어도 증상이 없었던 가장 큰 이유는 그 사람의 평소 면역력으로 충분히 처리 가능했기 때문일 겁니다. 면역력이란 분명히 생물학적 실체가 있는 개념입니다만 현실에서는 모호하기 짝이 없습니다. 면역력을 강조하는 글의 특징이 잘 나가다가 끝에 가서 특정 상품의 광고로 이어지는 경우가 많다는 점입니다.

면역력을 높이기 위해서는 일차적으로 방 안의 보이지 않는 코끼리*의 배출에 노력해야 하고 호메시스**를 활성화시켜 주어야 합니다. 이 코끼리의 몸통은 우리의 면역체계를 혼란에 빠트리고 호메시스는 면역세포를 건강하게 만들어주기 때문입니다. 운동, 식이, 마음관리... 모든 사람이 다 아는 건강한 생활습관들은 방 안의 보이지 않는 코끼리에 대한 현실적인 대처방법이자 호메시스를 활성화시키는 방법입니다. 오늘은 거기에 더하여 면역력 강화에 좀 더 직접적인 효과가 있는, 그러나 돈 한 푼 안 드는 방법 하나를 추천드리고자 합니다.

감염성 질환이 유행하기 시작하면 대부분 사람들은 칩거생활에

* 보이지 않는 방 안의 코끼리: 현대사회에 모든 사람들이 일상적으로 노출되면서 살고 있는 아주 낮은 농도의 수많은 화학물질들을 통틀어 보이지 않는 방 안의 코끼리라고 표현했다. 미세먼지, 미세플라스틱, 환경호르몬 등은 모두 방 안의 코끼리를 구성하는 일부이다. 굳이 '보이지 않는'이란 수식어를 붙인 이유는 현 패러다임 하에서 이런 화학물질들의 위해성을 판단하는 기준은 허용기준이기 때문이다. 그러나 방 안의 코끼리를 구성하는 화학물질들은 모두 허용기준 이하의 아주 낮은 농도에서 만성 노출시 미토콘드리아 기능에 영향을 줄 수 있다. 미토콘드리아 기능은 만성병뿐만 아니라 코로나19와 같은 감염병과도 밀접한 관계가 있다.

** 호메시스: 다양한 관점에서 설명할 수 있으나 "적절한 스트레스는 건강에 도움이 된다"라는 표현으로 쉽게 표현할 수 있다. 특히 유기체의 미토콘드리아는 산소호흡을 통하여 활성산소라는 스트레스를 생성하며, 이 신호를 이용하여 유기체는 유시 보수 기능을 최적화시킨다. 보이지 않는 방 안의 코끼리와 호메시스는 미토콘드리아를 중심으로 긴밀하게 연결되어 있다. 건강한 생활습관으로 호메시스를 활성화시킬 수 있는데, 자세한 내용은 2020년 2월 23일에 올린 "신종 코로나 대응, 면역력 일깨우는 방법 ABCDE", 2015년에 나온 책 『호메시스: 건강과 질병의 블랙박스』, 혹은 관련 논문[4]들을 참고로 하면 된다.

들어갑니다. 꼭 필요한 일이 아니면 밖에 나가지 않고 침침한 방 안에서 유행이 잦아들기만을 기다립니다. 하지만 이것은 그리 현명한 방법이 아닙니다. 가능하면 밖에 나가 햇빛을 쬐어 줘야 합니다. 왜냐고요? 바로 햇빛이 만들어 주는 비타민 D 때문입니다.

박테리아나 바이러스에 대항하는 인체 면역은 크게 두 가지로 나뉩니다. 선천면역innate immunity과 획득면역acquired immunity이죠. 획득면역은 특정 병원체로 인한 병을 앓거나 백신을 맞으면 특정 병원체에 대하여서만 면역력을 가지게 되는 것을 말합니다. 거기에 비하여 선천면역은 종류에 관계없이 어떤 병원체라도 침입하면 일차적으로 작동하는 우리 몸의 방어기전입니다. 그렇기 때문에 새로운 병원체가 우리를 찾아올 경우 선천면역의 역할은 매우 중요합니다.

비타민 D는 이런 면역체계가 제대로 돌아가는 데 핵심적인 역할을 합니다. 특히 종류 불문하고 닥치는 대로 먹어버리는 대식세포가 신속히 일을 하려면 비타민 D는 필수적입니다. 비타민 D가 부족한 상태에서는 대식세포가 제 역할을 하지 못하고, 그렇게 주춤대는 사이 바이러스나 박테리아는 급속도로 복제를 시작합니다. 국가 방역 시스템과 마찬가지로 우리 인체도 초기에 잡지 못하면 어려워집니다.

현재 우리나라 사람들의 비타민 D 혈중농도는 전반적으로 매우 낮습니다. 그렇기 때문에 비타민 D 혈중농도를 높이기 위한 노력이 필요한데요, 이 말을 지금 당장 비타민 D 보충제 사먹으라는 이야기로 받아 들으시면 곤란합니다. 비타민 D는 이름이 비타민이라서 그렇지 호르몬으로 봐야 합니다. 호르몬이라는 것은 중용의 원리가 작동하는 세계입니다. 낮아도 안 되지만 높으면 높을수록 좋은 것도 아니라는 겁니다. 따라서 제가 추천하는 방법은 일상 생활 속에서 햇빛 쬐기입니다. 여기서 우리가 할 일은 햇빛이 충분히 우리 피부에 도달할 수 있도록 도와주는 역할만 할 뿐, 얼마만큼의 비타민 D를 만드는가는 온전히 우리 몸에 맡기는 겁니다.

그런데 여기서 또 하나 주의할 점은 햇빛을 통하여 우리 몸 스스로 만드는 비타민 D와 보충제로 먹는 비타민 D는 급이 다르다는 사실입니다. 햇빛은 보충제에 포함된 비타민 D성분 외에 다른 종류의 비타민 D*도 만들어내기 때문입니다. 또한 비타민 D 합성이란 햇빛이 생명체에서 하는 일 중 단지 일부일 뿐이죠. 빛과 어둠이 관장하는 생체리듬 또한 면역력에 매우 중요하며, 현재 우리가 알지 못하는 역할은 더 많을 것이라고 생각합니다. 광합성이라는 전대미문의 사건을 가능하게 한, 지구상에 존재하는 모든 생명체의 근원인 햇빛의 자외선이 현대사회에 와서 1급 발암물질로 몰락하고 모든 사람들이 자외선 차단제 없이는 살 수 없는 세상이 되었다는 사실은, 현대 과학의 생명체에 대한 이해 수준을 여실히 보여주는 사례입니다.

또한 인류 역사를 통하여 햇빛은 각종 병원체를 죽이기 위한 목적으로 가장 오랫동안 사용되어 왔던 대표적인 살균소독제였습니다. 즉, 한 마디로 요약하자면 햇빛은 "나는 강하게" 그러나 "적은 약하게" 만들어 줄 수 있는 보기 드문 일타쌍피급 대책입니다.

---

* 보충제에 포함된 비타민 D성분은 D_2(ergocalciferol) 혹은 D_3(cholecalciferol)다. 그러나 햇빛은 D_1(lumisterol)과 D_4(tachysterol)도 만들어낸다.

사스, 신종 플루, 메르스, 신종 코로나... 단지 시작일 뿐입니다. 20세기 이후 인간들에게 속수무책으로 당해왔던 지구 생태계가 현재 다양한 방법으로 보답하고 있는 중이죠. 그중 하나가 인간들이 진화 과정 중에 경험하지 못했던 낯선 바이러스나 박테리아를 소개하는 방식입니다. 따라서 지금부터라도 햇빛의 중요성을 마음에 담고 평소 튼튼한 면역체계를 위하여 노력하는 생활을 하셔야만 언제 어디서 어떤 모습으로 우리에게 닥칠지 모르는 미지의 신종 감염병을 대비할 수 있을 겁니다.

중국인 입국금지 조치를 두고 사회적으로 큰 논란이 벌어진 후 곧 신천지 사태가 발생한다. 일본 다이아몬드 프린세스 유람선에서 나오는 정보를 볼 때 코로나19는 무증상, 경한 증상의 비중이 매우 높은 감염병이었다. 그렇다면 신천지 사태는 마녀사냥일 뿐이다. 당시 신천지 사태의 시발점인 31번 확진자가 어디서 감염되었는지 몰랐다. 즉 31번 확진자를 감염시킨 누군가가 존재하고 그 누군가는 31번 외에 다른 사람들에게도 전파시켰을 것이 분명하다. 역학적으로 지역사회 전파가 발생했다는 증거로 간주하고 본격적인 완화전략을 고려했어야 했던 시점이었다. 그러나 우리 사회는 신천지라는 종교집단을 상대로 한 마녀사냥을 선택한다. 그 사냥은 대상을 번갈아가면서 2년 이상 지속되었으며, 마지막 사냥감은 백신 미접종자였다.

모든 감염병은 신종으로 시작해 공생으로 마무리됩니다

어제 제가 사는 도시에 31번 확진자가 등장했습니다. 그 환자가 퍼트린 바이러스로 인해 하루 만에 확진자가 10명 이상 추가되고 대구시 4개 대학병원 중 3군데 응급실을 폐쇄했다는 소식까지 들립니다.

응급실 폐쇄라니... 지금까지 이 대학병원들의 응급실을 발디딜 틈 없게 만들었던, 목숨이 경각에 달린 진짜 응급환자들보다 신종 코로나 감염환자가 더 위중한 환자로 격상해 버린 듯한 지금의 상황이 무슨 소설이나 영화를 보는 듯 비현실적으로 느껴집니다. 소

잡는 칼로 닭 잡는다는 속담도 있습니다만, 이건 소 잡는 칼로 바퀴벌레 잡으려고 휘두르는 격이 아닐까 싶습니다. 방 안에서 소 잡는 칼을 휘두르면 바퀴벌레는 도망가고 자칫하면 옆에 서있던 구경꾼들만 다칩니다.

신종 코로나 바이러스 전파 방지를 위해서라면 영혼이라도 팔 듯한 이 분위기가 얼마나 가게 될지 모르겠습니다. 무엇보다 앞으로도 수많은 신종들이 끊임없이 찾아올 텐데, 그때마다 우리 사회가 지금처럼 대응할 건지 정말 궁금합니다. 오대양 육대주가 하루에 연결되는 이 21세기에 혹시 19세기적 감염병 패러다임을 고수하고 있는 것은 아닌지 시급히 재고해 볼 필요가 있습니다. 신종 감염병에서 중요한 것은 확진자 수가 아니라 사망자 수입니다. 경미한 신종들의 경우, 연구자들한테는 의미가 있을지언정 일반 대중들은 신경 쓸 필요조차 없습니다.

현재 우리나라 확진자들의 임상경과를 보면, 별 치료약이 없는데도 불구하고 확진자가 30명 정도였던 지난 주말까지 완치 환자 수가 7명이었고 중증 환자는 없었다는 공식 보고입니다.[5] 대구를 초토화시킨 31번 환자는 2시간이 넘는 기도회를 두 번씩이나 참가하고 뷔페도 즐길 만큼 견딜만한 증상이었던 것으로 보입니다. 현재까지 결과를 두고 볼 때, 과연 이 신종 코로나가 인구 250만 대도시의 대학병원 응급실을 줄줄이 폐쇄할 만한 사안인지 차후에 심각하게 따져 볼 필요가 있습니다.

신종이라는 단어가 매우 공포스럽게 들립니다만, 따지고 보면 현존하는 감염병들 역시 처음 시작할 때는 모두가 신종이었습니다. 우리 건강에 핵심적인 역할을 하고 있는 공생 박테리아와 바이러스들도 처음에는 신종으로 시작했을 겁니다. 유전자 수준에서 이루어지는 검사기술들이 발달하면서 이들을 실시간으로 인지하게 되었을 뿐, 신종 감염병은 지구 탄생 이래 늘 생명체 역사와 함께 해 왔습니다.

미국 테네시 대학에 전광우라는 한국계 연구자가 있었습니다. 이 연구자는 아메바를 가지고 주로 실험을 했었는데 우연히 세균 감염으로 아메바가 거의 전멸해버리는 사건이 발생합니다. 그런데 그 와중에 살아남은 몇몇 아메바가 있었고 신기하게도 이 아메바 내에는 세균이 함께 존재했다고 합니다. 이 실험실에서는 살아남은 아메바들을 번식시켜가면서 실험을 계속했는데 몇 년이 지난후 놀랍게도 이 아메바에서 세균을 제거하면 아메바가 죽어버린다는 것을 관찰하게 됩니다. 즉, 그동안 아메바는 이 세균이 존재해야만 생존할 수 있도록 그렇게 진화를 해버린 겁니다. 이 연구결과는 1972년 『사이언스Science』에 발표된 바 있습니다.[6]

아메바 입장에서 볼 때, 처음 박테리아 감염은 치명률이 엄청나게 높은 무시무시한 신종 감염병이었을 겁니다. 그러나 살아남은 아메바의 경우 결국 박테리아와 공생 과정을 거치게 됩니다. 비슷한 사건들이 지구 생태계에서는 일상화되어 있다고 보면 됩니다. 생명체 진화 원리라는 것은 대동소이하기 때문입니다. 인간의 경우에도 다를 이유가 없습니다. 인간 유전자 상당수가 신종 감염병의 얼굴로 인류 조상과 마주쳤을 고대 바이러스로부터 온 것이고, 이 유전자를 없애면 우리 면역체계는 제대로 돌아가지 않습니다. 장내 공생미생물의 중요성이야 이제 모든 사람들이 다 아는 상식이죠.

수십 년간 연구자로 살면서 현대사회가 질병에 대하여 가지고 있는 기본 인식체계에 큰 오류가 존재한다는 것을 절감하고 있습니다. 감염병이든 만성병이든, 전문가든 일반인이든, 크게 다르지 않다고 봅니다. 문제는 날이 갈수록 그 오류가 점점 더 확대 재생산되고 있다는 것입니다. 특히 오류에 기반하여 열심히 시스템을 만드는 소위 전문가들과 그 시스템 하에서 먹고사는 사람들의 수가 기하급수적으로 늘면서 기존 패러다임에 대한 문제제기 자체가 어려워지고 있습니다. 거기에 더하여 감염병의 경우 정치적 관점에서 모든 사안을 해석하고 싶어 하는 사람들이 많아서 문제의 본질을 직시하는 것을 더 어렵게 만들고 있습니다. 오늘은 더욱 무겁고 답답한 날이 될 듯합니다.

이 때 이미 방역 당국의 인식전환을 기대한다는 댓글들이 달렸다. 훗날 청와대로 입성했던 K교수가 "지금이 바로 봉쇄에서 완화로 넘어가야 하는 시기이다"라는 언론 인터뷰를 했던 시점이기도 했다.[7] 그러나 그들은 전형적인 봉쇄전략에서 사용하는 강제 동선추적 K방역으로 2년간 사회를 피폐하게 만든 후 오미크론 대유행이 와서야 완화전략을 받아들인다. 종종 코로나19 바이러스가 약해진 것은 오미크론 변이부터이며 그 전에는 매우 위험한 바이러스였다고 주장하는 사람들이 있다. 그러나 코로나19는 유행 초기부터 무증상과 경한 증상이 대부분이었던 그런 감염병이었다. 2020년 2월 대구 신천지 신도 무증상자 600명을 PCR 검사했을 때 무려 70%에서 양성으로 나왔으며, 오미크론 유행 전까지 진단된 확진자 50만 명 중 93%가 무증상, 경증이었다.[8] 이런 감염병을 상대로 1차 전파, 2차 전파.. n차 전파를 헤아리면서 누가 누구를 감염시키는지 조사한다는 자체가 난센스에 가까운 일이었다.

신종 코로나, 벼룩 잡으려다 초가삼간 태우는 건 아닐까

이번 사태를 경험하면서 인구 250만 대도시의 대학병원 응급실들을 이렇게나 쉽게 폐쇄할 수 있다는 사실을 처음 알게 되었습니다. 진짜 응급환자들에게는 골든타임이라는 것이 있습니다. 예를 들어 뇌졸중 환자의 골든타임은 약 3시간입니다. 하지만 빠르면 빠를수록 좋습니다. 얼마나 빨리 치료 받느냐에 따라 장애 없이 회복

될 수 있는가? 아니면 평생 불구로 사는가? 가 결정됩니다. 뇌졸중 뿐만 아니라 심근경색, 교통사고... 모두 1분 1초를 다투는 질병들입니다. 그렇기 때문에 살만한 국가에는 모두 응급의료체계라는 것을 갖추고 있고 응급의학은 현대의학의 꽃이기도 하죠.

현재 우리나라에는 매년 약 10만 명의 뇌졸중 환자가 발생하는 것으로 보고되고 있습니다. 인구수 대비로 거칠게 어림잡아 보면 대구시에는 매년 약 5천 명, 하루 14명의 뇌졸중 환자가 발생한다고 계산됩니다. 다른 응급질병들은 다 차치하고 오로지 뇌졸중만 계산했을 때 그렇다는 겁니다. 그 진짜 응급환자들에게 대학병원 응급실 폐쇄가 어떤 영향을 미쳤을지 한번 상상해보시기 바랍니다.

현 시대 감염병 관련 전문가들이 가장 우습게 보고 있으나, 현실에서 가장 중요한 역할을 하는 것은 개인의 면역력입니다. 본격적인 지역사회 전파가 시작된 후에는 더욱 그렇습니다. 그러나 지금은 신종 코로나 때문에 헬스클럽도 문 닫고 집밖에도 맘 놓고 못 나갑니다. 비상식량으로 사둔 라면이나 끓여먹으면서, 스마트폰과 컴퓨터로 진짜 뉴스와 가짜 뉴스가 뒤섞이고 서로가 서로를 비난하는 글을 읽으면서 불안과 걱정은 늘어만 갑니다. 이 모든 것은 급속도로 우리의 면역력을 저하시킵니다. 바야흐로 진짜 유행이 시작될 수 있는 토양이 만들어지는 거죠.

신종 감염병만 등장하면 전문가든 일반인이든 모두 백신과 치료제 개발만이 해결책이라고 생각합니다. 그러나 이런 접근법은 제한적으로만 의미가 있을 뿐입니다. 비슷한 코로나 계열인 메르스나 사스도 아직 백신이 없습니다. 신종 감염성 질환에 대한 기본 접근 방식은 우리 몸의 면역체계를 강화시키면서 공존을 모색하는 것이 되어야 합니다. 그 놈들이 예뻐서 공존하자는 것이 아닙니다. 그것 밖에는 현실적으로 답이 없기 때문입니다.

우리는 인간에게 질병을 일으키는 미생물들을 병원균이라고 이름 붙이고 항상 전투 모드로 살고 있습니다만 이런 미생물들의 존재 목적은 단 하나밖에 없습니다. 종을 번식시키는 거죠. 자신들의 종을 번식시키는 와중에 우연히 인간이 걸려드는 것일 뿐, 지구환경 파괴의 공적인 이 인간들을 괴롭혀야겠다는 불순한 의도는 단 한순간도 없었을 겁니다. 인간이 죽어버리면 이놈들한테는 좋을 것이 하나도 없습니다. 인간들이 멀쩡하게 돌아다니면서 자기를 여기저기 퍼트려 줘야 종을 번식시키죠. 죽어버리고 아파서 운신도 못하고 하면 결국 이 놈들도 그 안에서 같이 죽어 가는 거죠.

미생물들은 이런 상황을 반복적으로 경험하면서 서서히 상황인식을 하기 시작합니다. '아… 인간들을 죽여 버리면 안 되는 거구나…' '최소한 겉보기에는 큰 문제없이 살도록 해 주는 것이 우리 종의 번식에 절대적으로 도움이 되는 거구나…' 그러면서 독성을 서서히 낮추면서 미생물 스스로도 공존의 방법을 찾아가게 됩니다. 이것이 바로 진화의 법칙입니다.

역사적으로 역병의 유행은 민심을 흉흉하게 만드는 가장 흔한 이유였습니다. 따라서 권력을 가진 자들은 감염병 유행에 대하여 매우 민감합니다. 그러나 전문가들이라면 균형감각을 가지고 조언할 수 있어야 합니다. 특히 언론의 역할이 중요합니다. 언론이 어떻게 다루느냐에 따라서 중세 흑사병급 질병이 되기도 하다가, 매년 찾아오는 독감의 이상 버전 정도로 인식되기도 합니다. 무엇보다 정치적 관점에서 불필요한 논란을 야기하지 않도록 최선을 다해야 하나, 지금 현실은 완전히 정반대인 것으로 보이니 안타깝기 그지 없습니다.

벼룩 잡으려다 초가삼간 다 태운다는 속담이 있습니다. 제가 보기에는 응급실 폐쇄로 골든 타임을 놓친 진짜 응급환자도 초가삼간이고, 공포와 불안에 집 밖에도 못 나가는 대중들도 초가삼간이고, 가게도 시장도 모두 문을 닫고 텅 비어 버린 우리 사회도 초가삼간입니다.

미토콘드리아와 면역은 불가분의 관계가 있다. 이 글에 언급된 모든 생활습관들은 미토콘드리아를 건강하게 만들어주는 생활습관이라고 부를 수 있다. 코로나19 유행동안 방역당국은 공포 조장이 아니라 건강한 생활습관의 중요성을 대대적으로 홍보하고 교육하는 일을 했어야 했다. 전파방지에 초점을 맞춘 각종 방역대책들은 건강한 생활습관 실천을 전방위적으로 방해하는 역할을 하고, 실제로 팬데믹 기간동안 전 세계적으로 비만 인구가 늘어나고 우울, 불안 등을 호소하는 사람들이 급증했다. 이 즈음 신천지 신도를 대상으로 전수조사를 하겠다는 정부 발표를 듣고 "신종 코로나 선제적 진단검사는 재고되어야 합니다"라는 글을 올렸다가 곧 내렸다. 모 교수가 직접 전화를 해서 브런치 글이 국가 방역에 심각한 방해가 되고 있으므로 빨리 내리라고 요구했기 때문이다.

신종 코로나 대응,
면역력 일깨우는 방법
ABCDE

앞서 바이러스 지역사회 전파가 시작되면 신종 감염병을 대응하는 기본 접근방식은 우리 몸의 면역체계를 강화시키면서 공존을 모색해야 한다고 말씀드린 바 있습니다. 그런데 면역력이라는 단어만 꺼내면 "뭐? 어떻게?"라는 상당히 냉소적인 반응이 따라옵니다. 특히 의사들은 면역력이라는 단어에 거부감을 느끼는 경우가 많습니다. 힘든 상황에 처한 환자들을 상대로 면역력 강화를 내세워 고가의 상품을 판매하는 장사꾼들의 존재를 알고 있기 때문입니다.

현재 인터넷상에는 면역력을 높인다는 수많은 건강식품들, 각종 기상천외한 상품들에 대한 정보가 넘쳐흐릅니다. 신종 코로나 확산과 함께 면역력을 키워드로 검색하는 사람들 숫자도 급증할 것으로 봅니다. 물들어올 때 노 젓는다고 이 기회를 놓치지 않고 열심히 노를 젓는 장사꾼들도 덩달아 많아질 것으로 보입니다. 혹시나 사람들이 면역력이라는 한마디에 혹해 정말 중요한 기본을 놓칠까 걱정되어 오늘은 제가 생각하는 면역력을 높이는 ABCDE를 요약해드릴까 합니다.

(1) A입니다. 가장 중요한 것은 먼저 신종 코로나에 대한 공포로부터 벗어나야 합니다. 일단 이게 되어야 다음 단계가 의미 있습니다. 그 어떤 기적 같은 면역강화제를 사용한다 하더라도 마음이 항상 불안과 걱정으로 가득 차 있다면 내 몸 안의 의사는 제대로 작동하지 않습니다. 마음이 몸에 미치는 영향이 얼마나 엄청난지는 지금 이 시간에도 최첨단 과학으로 증명되고 있습니다.

'그래도 불안한데 어떡하냐?'는 분들은 앞서 제가 올린 글을 다시 한번 꼼꼼히 읽어보시기 바랍니다. 건강한 유기체의 면역시스템 힘이 얼마나 강력한지, 그리고 평소 얼마나 많은 사람들이 감염병으로 사망하는지를 정확히 이해하고 나면 공포로부터 어느 정도 자유로워질 수 있습니다. 그런데 여기에 성공한다 하더라도 현대사회에는 온갖 걱정거리로 마음이 어지러운 사람들이 너무 많습니다. 이런 분들에게는 다양한 호흡법과 명상법이 마음의 안정을 찾는 데 도움이 됩니다.

(2) B입니다. 아침 단식이든 저녁 단식이든 간헐적 단식을 해보세요. 하루 3끼를 꼭 드셔야 하는 분은 먹을 때는 확실히 먹고, 먹지 않을 때는 확실히 먹지 않으면 됩니다. 어떤 경우든 저녁은 가능한 한 일찍 끝내야 합니다. 먹을 때는 빨주노초파남보 다양한 자연식품 위주로 충분히 드시고 먹지 않을 때는 공복감이 주는 자유로움을 즐기면 됩니다. 특히 황이 많이 함유된 음식과 발효식품을 넉넉히 드셔야 하고 저지방식은 피하셔야 합니다.

(3) C입니다. 어떤 운동이라도 하세요. 여건이 허락하면 밖에서 운동하세요. 그냥 걷기만 해도 좋습니다. 일상 생활 속에서도 틈만 나면 움직이세요.

(4) D입니다. 평소 햇빛을 가까이 두세요. 햇빛은 "나는 강하게" 그러나 "적은 약하게" 만들어 줄 수 있는 감염성 질환에 대한 보기 드문 일타쌍피급 대책입니다.

(5) E입니다. 가능하면 11시 전에 잠자리에 드세요.

이상입니다. 다 아는 이야기라서 너무 시시한가요? 하지만 이 시시한 생활습관이 바로 내 몸 안의 의사, 즉 면역력을 일깨우는 기본입니다. 이 ABCDE가 되지 않는 상태에서는 제아무리 비싼 면역력 강화제를 쏟아부어봤자 밑 빠진 독에 물 붓기입니다. 이 중에서 가장 중요한 기본은 A입니다. A가 되지 않은 상태에서 BCDE 역시 그 효과가 떨어집니다.

또한 방금 이야기한 ABCDE는 단지 신종 코로나 대응방법만이 아닙니다. 이 생활습관은 당뇨병, 암, 치매 등 수많은 만성질환을 예방하고 관리하는 데도 핵심적인 역할을 합니다. 제가 늘 이야기하는 방 안의 보이지 않는 코끼리, 즉 현대사회에서 더 이상 피할 수도 없고 피하는 것도 의미 없는 미세먼지, 미세 플라스틱, 환경호르몬, 발암물질에 대한 현실적인 대처방법이기 때문입니다. 따라서 신종 감염병이 유행을 하건 하지 않건, 건강한 삶을 추구하는 분들이라면 이 ABCDE를 삶의 기본으로 삼아야 합니다. 어차피 이번 사태가 곧 끝날 것 같지는 않아 보이니, 다들 이번 기회에 이 ABCDE를 본인 삶에 접목하는 훈련을 한 번 해보심이 어떨지요?

2020년 2월 28일

가장 많은 사람들이 읽고 가장 많은 공유가 된 글이다. 집단면역이라는 단어를 사용함으로써 본격적인 논쟁이 시작된 글이기도 하다. 이 글에서 말하는 유행의 종식이란 코로나19의 완전한 종식을 의미하는 것이 아니라 바이러스와의 공존을 향해가는 과정 중에 주기적으로 경험하게 되는 특정 유행 곡선의 종식을 의미한다. 집단면역도 바이러스 박멸을 위한 집단면역이 아니라 공존을 위한 집단면역을 의미한다. 고위험군과 환자 중심으로 대응했던 스웨덴과 일본은 이 글의 주장과 가장 유사한 방역 정책을 가졌던 국가다.

신종 코로나 유행이
가능한 한 빨리
종식되려면...

신종이든 뭐든 한 인구집단에서 감염병 유행이 종식되려면 그 병원체에 대한 면역을 가진 사람의 숫자가 일정 % 이상 되어야 합니다. 집단면역herd immunity이라고 부르는 개념이죠. 그 숫자가 어느 정도 되어야 하느냐? 는 전파력에 따라 다릅니다. 당연히 전파력이 강하면 강할수록 그 숫자는 올라갑니다.

현대사회에서 집단면역을 올리는 가장 손쉬운 방법은 백신접종입니다. 그러나 이번 신종 코로나 바이러스와 같이 백신이 없는 경우에는 무슨 수로 집단면역을 올릴 수 있을까요?

사실 대규모 백신접종은 20세기에 들어와서야 시작된 것이고 오랜 기간 인간은 맨몸으로 박테리아와 바이러스를 상대해왔습니다. 이놈들은 두 가지 무기를 가지고 있죠. 전파력과 독력입니다. 역사책에 등장하는 유명한 감염병들은 이 두 가지 무기 모두 성능이 상상초월이었던 놈들이었습니다. 예를 들어 중세의 흑사병, 신대륙의 천연두, 스페인 독감 같은 것들이죠.

그러나 이것은 매우 예외적인 상황입니다. 그런 대단한 놈들이 나타나지 않았던 시간에도 인간들은 끊임없이 수많은 박테리아와 바이러스와 투쟁하면서 살 수밖에 없었습니다. 역사책에 이름을 남기지 못한 이들의 특징은 두 가지 무기 중 하나의 성능만 쓸만하다는 것입니다. 예를 들어 전파력이 강하면 독력이 낮고, 독력이 강하면 전파력이 낮고... 이런 특징을 가지고 있으면 소규모 유행은 가능하지만 대륙을 휩쓰는 대규모 유행을 만드는 것은 불가능합니다(물론 오대양 육대주가 하루에 연결되는 현대사회에서는 전파력만 높으면 얼마든지 대규모 유행이 가능합니다만).

아무리 소규모라도 유행이 종식되려면 집단면역이 일정 수준 이상 올라가야 합니다. 백신도 없던 그 시절, 무슨 수로 집단면역을 올릴 수 있었을까요? 그렇죠. 무식해 보이지만 병원체와의 접촉에서 살아남는 사람들이 집단면역을 만드는 것입니다. 즉, 병원체는 여전히 환경 내에 존재하고 있지만, 집단면역 덕분에 그 사회는 한동안 평화롭게 살아가게 됩니다. 하지만 아기가 태어나고, 외부에서 인구가 유입되고 하면 점차적으로 집단면역이 떨어집니다. 그럼 이 기회를 틈타서 병원체는 다시 유행을 일으킵니다. 공생미생물로 자리잡기까지 이런 과정은 일정한 주기를 두고 끝없이 반복됩니다.

여기서 독력은 강하나 전파력이 낮은 놈과 전파력은 강하나 독력이 낮은 놈을 비교해봅시다. 그 당시 인간들의 생사여탈은 주로 전자에 의하여 좌우되고 후자는 존재감조차 없었을 겁니다. 강한 전파력이란 강한 독력과 함께 존재할 때만 사람들이 인지할 수 있기 때문입니다. 따라서 전파력은 강하나 독력이 낮은 놈들에 대한 집단면역은 많은 사람들이 본인도 인지하지 못한 상태에서 무증상 혹은 가벼운 병을 앓으면서 자연스럽게 높여가게 됩니다.

현재까지 알려진 신종 코로나의 특징은 후자에 가깝습니다. 어제 하버드대학 마크 립시치Marc Lipsitch 교수가 1년 내에 전 세계 성인의 40~70%가 감염될 거라고 예상했다는 보도가 있었습니다. 이를 인용하는 기사에 "대재앙", "통제 안되면 팬데믹", "방역 실패 시나리오" 이런 제목이 붙어 있는 걸 보고 제가 꽤나 분노했었는데요, 립시치 교수가 한 발언의 방점은 "대부분 사람들은 가볍게 앓고 지나가거나 무증상자로서 지나가게 된다는 것"에 찍혀야 합니다. 즉, 신종 코로나가 매우 빠르게 전 세계 인류의 절반 이상을 감염시키고 결국은 인간과 공존하게 되나, 가끔은 우리를 괴롭힐 수도 있는 그런 바이러스로 남게 될 것이라는 의미입니다. 이런 성격의 바이러스는 기본적으로 현재 우리 사회가 하고 있는 그런 철저한 방역의 대상이 될 수가 없습니다. 또한 감염자 = 환자가 아닙니다. 이런 경우 감염자란 이 바이러스에 면역을 가지게 된 사람으로 해석해야 합니다. 바로 우리가 그렇게나 오매불망하는 (자연산) 백신 접종자가 되는 겁니다.

신종 코로나 발생 초기, 중국 우한의 천만 도시 봉쇄라는 소식은 충격적으로 우리에게 전해졌습니다. 그러나 최근 발표된 중국 환자 44,000명 임상보고서[9]에 의하면 약 80%는 경증 환자로 폐렴

증상이 아예 없거나, 폐렴이 있다 하더라도 아주 가벼운 증상이었습니다. 즉, 현재의 결론은 중국에서조차 전염력은 높으나 치명률은 낮아 보인다는 것입니다. 우리나라 치명률은 더 낮을 것으로 봅니다. 대부분 신종은 발생 초기에 독성이 가장 강합니다. 따라서 의료 환경 등 다른 조건이 동일하다면, 처음 시작된 장소에서 가장 높은 치명률을 보이게 됩니다. 그러나 1차 전파, 2차 전파... 이렇게 계속 전파됨에 따라서 점차적으로 독성이 낮아집니다. 제가 앞서 여러 번 강조한 바 있는 진화의 법칙 때문입니다.

그렇다면, 현재 우리 사회를 비상식적일 정도로 마비시키고 있는 이 신종 코로나 유행은 과연 어떤 방식으로 끝날 수 있을까요? 백신은 집단면역을 올리는 가장 안전한 방법이지만, 신뢰할 만한 백신을 만든다는 것이 그렇게 쉬운 일이 아닙니다. 따라서 21세기에 이런 원시적인 방법밖에 없다는 것을 인정하고 싶지 않겠지만, 싫든 좋든 역사 속의 그 무식한 방법을 통하여 유행은 서서히 잦아들 것으로 봅니다. 즉, 많은 사람들이 바이러스와의 접촉을 통하여 무증상 혹은 가볍게 병을 앓고 지나감에 따라 집단면역이 자연스럽게 올라가면서 종식의 과정을 밟게 될 것입니다. 그 와중에 병이 심각하게 진행하는 사람들이 발생하게 됩니다만 다행히 현대의학은 의료시스템에 과부하만 걸리지 않는다면 이런 환자들을 잘 관리할 수 있는 능력이 있습니다. 극소수 사망자는 불가피하겠지만요.

그런데 여기서 우리는 아주 심각한 딜레마에 마주치게 됩니다. 현대사회는 증상 여부에 관계없이 신종 코로나에 감염이 되었는지를 알 수 있는 기술을 가지고 있기 때문입니다. 현재 국내외를 막론하고 신종 감염병 대응 프로토콜은 유사합니다. 환자와 접촉자 관리가 핵심입니다. 증상이 있든 없든 유전자 검사, 항체검사 등을 통하여 '확진자'로 분류되면 병원체를 배출하지 못할 때까지 격리를 합니다. 이는 백신이 없는 상황에서 집단면역을 올리는 역할을 하는 무증상자와 가볍게 병을 앓는 사람들을 모두 격리해버리는 결과로 이어집니다. 특히 검사를 '선제적으로' 많이 해서 감염자를 조기에 찾아내면 낼수록 유행의 기간은 점점 길어지는 아이러니가 발생하게 됩니다.

신종 코로나와 같이 강한 전파력을 가지고 있으나 독력이 낮은 감염병이 감염원을 찾을 수 없는 지역사회 전파를 시작하면, 증상을 가진 환자를 대상으로 신속히 진단하고 적절히 관리하는 의료 시스템에 집중해야 합니다. 무엇보다 무증상자나 감기 증상자를 대상으로 하는 선제 검사는 중지해야 합니다. 지역사회 전파가 시작된 이상 전파방지에도 도움이 되지 않지만, 시간만 지나면 저절로 낫는 대다수 경미한 환자들이 확진자로 분류됨으로써 정말 신속히 진단받고 치료받아야 할 소수의 진짜 환자들을 위험에 빠트릴 수 있기 때문입니다. 특히 의미 없는 확진자 숫자만 급증시키면서 이미 언론의 맹활약 덕분으로 신종 코로나를 흑사병급으로 인식해 버린 대중들을 돌이킬 수 없는 패닉 속에 몰아넣게 됩니다. 오히려 건강한 사람들은 개인위생과 면역력 강화에 집중하면서 일상 생활을 할 수 있는 환경이 되어야 유행의 종식을 하루라도 앞당길 수 있고, 사회적 경제적 후유증을 최소화할 수 있습니다. 이 과정에서 기저질환을 가진 고위험군은 보다 더 철저한 개인위생으로 걸리지 않도록 최선의 노력을 해야 하는 것이고요.

신종 감염병은 앞으로도 쉬지 않고 끊임없이 우리를 찾아올 겁니다. 하지만 현재 우리 사회가 가지고 있는 감염성 질환에 대한 기본 인식에 변화가 없는 한, 지금 벌어지고 있는 사태는 향후에도 고스란히 반복될 겁니다. 제가 이 블로그 곳곳에서 새로운 패러다임의 필요성을 역설하고 있는데요, 감염병도 예외가 아닙니다. 아니, 그 어떤 질병보다 한시가 급해 보입니다.

3월 초 WHO는 코로나19 치명률을 3.4%로 발표한다.[10] 그러나 유행 초기 치명률은 과장되는 경우가 매우 흔하다. 모르고 지나가는 감염자 규모를 알지 못한 채 계산되기 때문이다. 당시 일본 다이아몬드 프린세스 유람선 역학조사 결과에 의하면[11] 승객과 선원 약 3,700명 중 19%만이 확진되었고 확진자 중 절반은 진단 당시 무증상이었다. 첫 확진자는 기침 증상이 있는 상태로 유람선을 탔고 약 6일간 관광을 즐기다 하선했는데, 그가 확진된 것은 그로부터 또 7일이 지난 후였다. 즉, 대표적인 3密(밀접×밀폐×밀집) 환경인 이 유람선에서는 2주간 평소처럼 부페식당, 운동시설, 영화관, 카지노 등을 운영했고 각종 쇼와 댄스파티가 열렸지만 탑승객의 19%만 확진되었다는 사실은 매우 중요한 질문으로 이어진다. 이 바이러스는 무증상도 많지만, 노출되어도 감염조차 성립하지 않을 정도로 이미 저항력이 높은 사람들이 많은 건 아닐까? 이 가설은 그 후 여러 논문[12]에서 코로나19 바이러스에 노출되어도 감염되지 않는 사람들이 상당수 있다는 사실이 보고됨으로서 입증된다. 그 이유는 나중에 설명할 교차면역cross immunity 덕분이다. 또한 이 때 이미 중국, 일본, 한국에서 나온 정보를 취합할 때 50대 이하 치명률은 0%에 수렴하고 사망자 대부분은 고령의 기저질환자라는 사실도 알 수 있었다(그림). 평소 독감, 폐렴 등으로 사망하는 고령의 기저질환자들이 이번에는 코로나19로 사망하는 경우가 흔히 발생할 수 있다는 의미다. 공포가 아닌 이성의 힘이 절실했던 시점이었다.

신종 코로나, 이젠 전략을 바꾸어야 할 시점이 아닐까

최근 제 블로그 방문자와 구독자 수가 급증했습니다. 좋은 일로 늘어났으면 저도 덩달아 기쁠 텐데, 그렇지가 못하니 우울하기까지 합니다. 마지막에 올린 "신종 코로나 유행이 가능한 한 빨리 종식되려면..."이 SNS로 엄청나게 공유되었는데, 공감하시는 분들도 많았지만 도저히 이해할 수 없다는 비난 역시 많았습니다. 적지 않은 분들에게 제가 이야기한 집단면역이 적자생존의 냉혹함으로 읽힌 듯합니다. 죽을 사람은 죽고, 남은 사람들끼리 집단면역 높여 우리 한 번 잘 살아보자, 정도로...

하지만 제가 그 글을 쓴 이유는 신종 코로나는 흑사병급 질병이 아니므로 우리가 상자 밖으로 나와서 이 문제를 바라볼 수 있다면 지금보다 더 효과적인 방안을 찾을 수 있다고 판단했기 때문입니다. 우리 사회가 처음부터 지금까지 고수하고 있는 엄격한 전파방지 패러다임은 일견 보기에는 국민을 보호할 수 있는 최선의 방법인 듯합니다. 그러나 신종 코로나와 같은 성격을 가진 바이러스를 상대로 현재와 같은 수준의 전파방지 패러다임을 '장기간' 고수하는 것은 결코 현명한 선택이 아닙니다. 문제를 직시하지 못하면 "수술은 성공적으로 끝냈는데 환자는 죽어버렸다"와 같은 일이 발생할 수 있습니다.

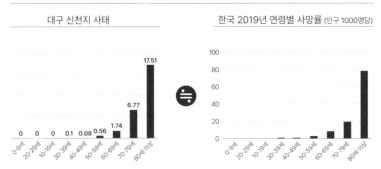

코로나19 연령별 치명률과 연령별 총 사망률 패턴은 매우 유사하다

특히 무증상자와 경미한 감기 증상자를 대상으로 하는 선제 검사를 중지하고 진짜 환자의 신속한 진단과 적절한 치료에 집중해야 한다는 주장은 기저질환이 있는 고위험군과 그 가족들로부터 거친 항의를 받았습니다. 이런 사람들이 감염원이 되어서 지역사회를 돌아다니면 당연히 다른 사람들의 감염 위험이 높아지는 것이 아닌가? 고위험군이 걸리면 치명적이라고 하는데 어떻게 그런 무책임한 이야기를 할 수 있냐? 당신이 고위험군이면 그런 정신 나간 소리 하겠냐? 등등...

그러나 한정된 의료자원의 효율적 사용은 코로나를 포함하여 다양한 응급 상황에 처할 가능성이 높은 고위험군에게 가장 중요합니다. 전파방지 관점에서도 선제 검사의 효과는 과장되어 있다고 봅니다. 유행 초기 단계에서는 전파를 막기 위한 선제 검사가 중요한 의미가 있습니다. 그러나 지역사회 전파가 시작된 후의 선제 검사는 구멍 뚫린 그물로 고기를 잡으려는 것과 비슷합니다.

신종 코로나와 같이 높은 전파력을 가지고 있으나 독성이 낮은 바이러스가 지역사회 전파를 시작하면, 선제 검사를 통하여 찾아지는 무증상자와 경증환자는 지역사회에 존재하는 전체 숫자의 일부라고 생각해야 합니다. 즉, 단지 검사를 받지 않았기 때문에 모르고 있을 뿐, 상당수의 감염원이 이미 우리 주위에 존재하고 있다고 간주하고 대처해야 합니다.

현재 대구를 제외한 다른 지역에서는 여전히 기존의 엄격한 역학조사 틀을 유지하고 있는 듯합니다. 선제적 대응을 기조로 확진자로 판명되면 광범위한 접촉자 조사, 감염원 추적, 동선 파악 및 실시간 공개, 격리, 시설폐쇄, 방역소독 등이 프로토콜대로 진행되고 있습니다. 우리 사회가 선택한 전파 차단의 봉쇄전략은 다른 나라에서는 흉내조차 낼 수 없을 만큼 강력했습니다.

그러나 최근 있었던 WHO의 팬데믹 선언, 수도권 집단감염 사례들, 무증상 감염자의 존재에 대한 뒤늦은 인지 등이 의미하는 바는 분명합니다. 장기전이라는 것입니다. 감염병 유행에 대한 '지속가능한' 사회적 대응이 되기 위해서는 의료시스템 위주로 과감한 방향 전환을 해 주어야 합니다. 방역의 실패가 아닙니다. 적의 실체를 파악하고 전략을 바꾸는 것일 뿐이죠. 지금의 정밀 역학조사는 그 효과도 의문이지만, 시간이 지나면 지날수록 대중들이 다른 전략을 받아들이기 점점 더 힘들어집니다. 그동안 자기를 지켜주고 있다고 믿었던 보호막이 일시에 사라지는 듯한 느낌을 가지게 되기 때문입니다.

마지막으로 어떤 분들은 제가 어떤 정치적 의도를 가지고 코로나 관련 글들을 올리고 있지 않느냐는 오해도 하시는 듯합니다. 저는 플라톤이 했다는 "정치를 외면한 가장 큰 대가는 가장 저질스러운 인간들에게 지배당한다"는 말에 깊이 공감하는 사람으로서, 늘 때가 되면 저에게 주어진 권리를 저의 판단에 따라서 성실히 행사하는 일개 시민일 뿐입니다. 제가 비록 TK의 본고장에 살고 있긴 하나, 그 어떤 정치적 의도도 없으니 오해 없으시기 바랍니다.

2020년 3월 18일

"코로나19로 한달만에 초토화 이탈리아", "성당까지 시신이 들어찬 이탈리아의 비극" 2020년 3월 중순경 기사 제목이다. 그럼에도 불구하고 이 시기 대부분 유럽권 국가들은 스웨덴과 비슷한 방역 목표를 가졌던 것으로 보인다. 당시 '유행곡선 평평하게 만들기'라는 용어가 유행이었는데, 이는 전형적인 완화전략에 적용되는 개념으로 의료시스템 내에서 관리할 수 있는 수준으로 환자 발생 수를 낮추겠다는 의미다(그림). 그러나 곧 스웨덴을 제외하고 모든 국가가 전면락다운이라는 인류 역사상 유래가 없는 파괴적인 방역정책을 선택하게 된다. 이를 주도한 곳은 WHO였으며 의사결정에 핵심적인 역할을 한 것은 영국 임페리얼 칼리지의 닐 퍼거슨Neil Ferguson 교수가 했던 수리모델링이었다. 그는 코로나19 바이러스는 인류가 한번도 노출된 적이 없는 신종으로 면역을 가진 사람이 단 한 사람도 없다는 가정하에서 수리모델링을 진행했고 즉각 전면락다운을 하지 않으면 3개월내에 국가별로 수십만 명, 수백만 명 사망자가 나올 것이라고 예측했다. 그러나 몇 달 뒤 전면락다운을 거부했던 스웨덴에서 그의 수리모델링은 명백한 오류임을 입증했다.

봉쇄전략,
완화전략,
그리고 영국의 집단면역

제가 집단면역에 대한 첫 글을 올린 것이 지난 2월 말이었습니다. 지역사회 전파가 시작되었음에도 불구하고 여전히 감염병 유행 초기에나 할법한 일에 몰두하고 있는 우리 사회가 이상하게 생각되었기 때문입니다.

감염병 유행을 대처하는 방식은 크게 봉쇄전략과 완화전략으로 구분합니다. 유행 초기에는 전파 차단에 초점을 맞춘 봉쇄전략이 매우 중요합니다. 봉쇄전략이 성공하면 감염병 유행을 조기에 종료시키고 대중은 일상으로 돌아갈 수 있습니다. 그러나 봉쇄전략이 성공하기 위해서는 병원체가 가진 특성과 잘 맞아야 합니다. 예를 들어 독성이 높고 전파력이 낮은 병원체라면 봉쇄전략이 먹힐 수 있습니다. 하지만 신종 코로나는 그 반대의 성격을 가지고 있죠.

거기에 비하여 완화전략은 무조건적인 전파방지가 아니라 의료 시스템 과부하 방지를 목표로 합니다. 어느 시점에서 봉쇄전략에서 완화전략으로 넘어가는가? 가 중요한데요, 지역사회 전파가 시작되면 보통 완화전략으로 넘어갑니다. 감염원이 불분명한 환자들이 연이어 발생하면 더 이상 전파 차단을 위하여 쏟는 많은 노력들이 큰 의미가 없어지기 때문입니다.

물론 봉쇄전략과 완화전략은 무 자르듯 이분법적으로 나눌 수 있는 성격의 대책은 아닙니다. 어느 정도 상호보완적인 측면이 있기 때문입니다. 예를 들어 완화전략을 선택한다 하더라도 너무 많

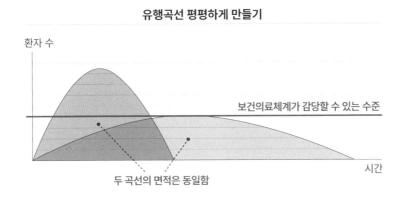

유행곡선 평평하게 만들기

환자 수

보건의료체계가 감당할 수 있는 수준

시간

두 곡선의 면적은 동일함

은 환자들이 갑자기 발생하면 의료시스템의 과부하로 인하여 지금 이탈리아와 같은 일이 발생할 수 있습니다. 따라서 신종 코로나와 같이 전파력이 높은 바이러스의 경우에는 완화전략을 선택해도 가능한 한 전파속도를 '늦추는' 전략을 동시에 사용해야 합니다.

지난 주말 영국 총리가 집단면역을 신종 코로나 대응책으로 발표함으로써 전 세계에 엄청난 충격을 줍니다. 워낙 여기저기서 비난이 빗발치니, 어제 철회했다는 뉴스가 나오긴 했으나 여전히 이게 뭔 X소리냐는 비판이 끊이지 않고 나오고 있습니다. 신종 감염병은 어떤 대가를 치르든지 걸리지 않는 것만이 최선이라고 생각하는 대부분 사람들에게 다른 나라도 아닌 영국이 집단면역을 이야기한다는 것이 도저히 이해할 수 없었던가 봅니다. 그런데 우리나라에 이미 몇 주전에 비슷한 X소리를 한 사람이 있었다는 사실이 소문이 났던지, 지난 주말부터 제 블로그 방문자수가 다시 확 늘더군요. 더불어 욕도 함께...

하지만 단지 집단면역이라는 단어를 사용하지 않았을 뿐이지, 현재 대부분 서유럽 국가들이 대응책으로 선택한 전략에는 집단면역의 개념이 포함되어 있다고 봐야 합니다. 전수조사나 정밀 역학조사는 하지 않겠다고 발표한 스웨덴, 독일 인구의 60~70%는 감염된다고 본다는 독일 메르켈 총리의 발언, 네덜란드 인구 다수가 감염될 것이라고 경고한 네덜란드 뤼테 총리 세부 내용들은 국가별로 차이가 있지만 궁극적인 목표는 유사합니다. 의료시스템에 과부하가 걸리지 않도록 환자의 진단과 치료에 집중하면서 서서히 집단면역을 올려가는 것입니다.

그런데 집단면역을 높이는 방법으로 적극적인 방법을 사용할 것인가? 소극적인 방법을 사용할 것인가? 의 차이는 있습니다. 영국의 경우 집단면역이라는 금기어를 총리가 공개적으로 언급했을 뿐만 아니라 집단면역을 높이기 위하여 적극적인 방법을 우선적으로 고려하는 듯하여 온갖 욕을 다 얻어먹은 경우이고, 다른 나라들은 사회적 거리두기와 같은 방법을 병용함으로써 장기간에 걸쳐 소극적으로 집단면역을 올리는 방법을 선택했다고 봐야죠. 신종 코로나와 같이 전파력이 큰 바이러스에 대한 집단면역을 안전하게 올리기 위해서는 다양한 전략이 병행되어야 할 필요가 있는데요, 그런 면에서 영국의 발표는 다소 무모했었다고 볼 수 있습니다.

그럼, 우리나라는 과연 어떤 지점에 있을까요? 우리나라는 거의 유일하게 봉쇄전략과 완화전략에 이용하는 다양한 카드들을 동시 다발적으로 사용하고 있는 나라입니다. 물론 우리나라에서 선택한 봉쇄전략이란 국경 봉쇄, 도시 봉쇄와 같은 것이 아니라 개인에 초점을 맞춘 봉쇄전략을 말합니다. 예를 들어 확진자로 판명되면 광범위한 접촉자 조사, 감염원 추적, 신용카드 사용, 휴대전화 위치추적, CCTV 등을 동원한 시간대별 동선 파악 및 실시간 공개, 시설 폐쇄, 방역소독 등과 같은 일이죠. 유행 초기 단계에서 주로 의미가 있는 이런 정밀 역학조사들이 확진자 수가 8천 명이 훌쩍 넘는 이 시점에도 계속되고 있다는 것이 개인적으로는 매우 놀랍습니다. 긍정적인 관점이 아니라 부정적인 관점에서 그렇습니다.

집단면역의 관점에서 본다면, 우리나라는 모든 감염원을 사전에 찾아서 차단하는 것을 목표로 하고 있으므로 (실제로 가능한가?는 논외로 합니다) 집단면역을 '적극적으로 낮추는' 전략을 선택했다고 볼 수 있습니다. 이 방법으로 신종 코로나를 '단기간에' 잡을 수만 있다면 사회가 가진 모든 에너지를 집중하는 것도 그리 나쁘지 않습니다. 하지만 잡을 수 없다면 유행의 기간만 점점 길어지는 결과를 초래하게 될 것으로 봅니다.

우리나라와는 달리 다른 나라에서는 신종 코로나 바이러스가 가진 특성상 시간 벌기만 가능할 뿐, 잡는 것은 불가능하다고 판단한 듯 싶습니다. 이번 사건을 보면서 말이 "아" 다르고 "어" 다르다는 속담을 다시 한번 실감했습니다. 제가 보기에 영국, 독일, 스웨덴, 네덜란드... 거의 비슷한 지향점을 가지고 있는 나라들입니다. 하지만 한 나라는 욕을 엄청나게 얻어먹고, 다른 나라들은 그렇지 않으니 말입니다. 저도 제가 쓴 글들을 다시 읽어보면서 '아… 나도 "아"라고 쓰지 않고 "어"라고 썼더라면 욕을 좀 덜 얻어먹었을 수도 있지 않았을까…' 하는 아쉬움이 생기더군요. 이번 일을 교훈 삼아, 지금부터라도 "아"를 "어"로 버꾸어 표현허는 훈련을 해볼꺼 헙니더.

35만 명 사망이라는 그들의 산수에 어안이 벙벙해졌다. 그들은 완화전략의 필연적 결과물이 집단면역이라는 사실을 몰랐다. 핵심은 봉쇄전략을 계속 유지할 것인가? 완화전략을 받아 들일 것인가? 이지 집단면역을 방역대책으로 고려할 것인가? 가 아니었다. 이 즈음부터 WHO수장 혹은 파우치 박사의 발언을 빌어 코로나19를 스페인 독감과 비교하는 공포 조장 기사들이 급증한다. 그러나 이런 비교는 부적절하다. 스페인 독감 사망자는 주로 20~30대에서 나왔으나 코로나19 사망자는 주로 고령의 기저질환자에서 나오고 있었기 때문이다.

신종 코로나
집단면역에 대한
마지막 글

집단면역 이야기는 이제 그만 쓸려고 했었는데, 어제오늘 마구 쏟아지는 관련 기사들을 보고 있자니 이 글까지는 올려야 할 것 같습니다.

어제 신종 감염병 중앙임상위원회에서 언급된 집단면역에 대하여 오늘 정부의 공식적인 답변이 있었습니다. 집단면역은 이론적 개념일 뿐, 무려 "35만 명의 사망자"가 발생하게 되므로 방역대책으로 고려하지 않으며 여전히 "감염 최소화"가 목표라고 발표했더군요. 그 근거로 집단면역이 형성되기 위하여서는 인구의 70%가 감염되어야 하는데, 그렇다면 우리나라 인구 약 5천만 명 중 3천5백만 명이 감염되어야 하고 현재 치명률이 1%이기 때문에 35만 명의 사망자가 나온다는 계산이었습니다.

그러나 정부는 집단면역의 개념을 정확히 이해하지 못하고 있는 듯합니다. 백신에 의한 것이 아니라면 집단면역의 기본 개념은 치명률이 매우 낮은, 거의 0%에 수렴하는 건강한 사람들로 만드는 것을 의미합니다. 따라서 지금과 같이 전체 인구수를 두고 1%의 치명률을 적용해서는 안 됩니다. 다시 한번 요약하자면 1)치명률이 0%에 수렴하는 건강한 사람들은 일상 생활을 하면서 서서히 집단면역을 올려가고, 2)기저질환이 있는 고위험군은 가능한 한 감염이 되지 않도록 최선의 노력을 해야 하고, 3)증상이 있는 환자들은 조기진단과 치료로 치명률을 낮춰가고... 이 3박자가 맞아야 합니다.

혹자는 현실감 없는 desk theory라고 비판할 수도 있겠지만, 완화 전략이라는 것이 기본적으로 이 모든 것을 포함하는 전략이라고 봐야 합니다. 우리나라의 문제는 지역사회 전파가 시작된 후에도 계속 "감염 최소화"를 지향점으로 잡고 역학조사와 선제검사로 대응하고 있기 때문에 1)번을 적극적으로 방해하는 결과로 이어지고 있다는 점입니다.

현재 대부분 사람들이 집단면역을 어떤 인위적인 방법을 동원하여 감염자를 단기간에 적극적으로 늘이는 상황으로만 이해하고 있는 듯합니다. 그러나 백신이 아닌 다른 방법을 이용하여 집단면역을 적극적으로 높이고자 하는 시도는 당연히 위험한 선택입니다. 사회적으로 받아들여질 수도 없고요. 하지만 신종 코로나와 같은 특성을 가진 바이러스가 지역사회 전파를 시작하면 자연스럽게 올라가는 집단면역이 있습니다. 대부분 무증상자이며 경한 증상만으로 지나가죠. 신종 코로나와 같이 백신이 없는 상황에서 이러한 사람들이 만들어주는 집단면역은 그냥 두고 보는 것이 현명합니다. 우리 사회는 이런 감염조차 오로지 전파방지의 관점에서만 바라보면서 막대한 사회적 비용을 들여 억제하고자 노력하고 있으나 집단면역이라는 순기능을 반드시 같이 고려해야 합니다.

무증상자와 경증환자가 대다수를 차지하면서 전파력이 높은 신종 코로나 바이러스를 상대로 하는 장기간의 봉쇄전략이 얼마나 효과적일지 저는 여전히 회의적입니다. 대부분 나라들이 일정 수준 집단면역을 획득하고 바이러스 위협으로부터 자유로워진 후에도, 우리나라는 여전히 감염을 막기 위해서 지금처럼 노력해야 하는 것은 아닐까 하는 우려가 큽니다. 하지만 어쨌든 선제검사를 통하여 모든 감염자를 미리 찾아서 격리하겠다는 전략으로 여기까지 왔으니, 일선에서 고생하는 의료진을 포함한 우리 국민들이 날씨가 더워지기 전에 방호복과 마스크로부터 자유로워지기를 바랄 뿐입니다.

2020년 4월 6일

유행 초기 방역정책의 방향성을 결정하는 데 가장 중요한 역할을 하는 것은 항체조사다. 코로나19와 같은 바이러스는 유행 인지 시점에 이미 지역사회 전파가 시작되었다고 보는 것이 합리적인 추론이지만 근거없이 그런 주장을 하기는 힘들다. 모르고 지나간 감염자 규모를 파악할 수 있는 항체조사는 사회의 공포를 낮추는 동시에 완화전략으로 넘어갈 수 있는 근거 자료를 제공한다. 특히 한국은 개인정보를 강제로 털어 동선 추적하면서 특정 개인이나 특정 집단을 유행의 주범으로 몰고 가는 매우 위험한 방역정책을 가지고 있었기 때문에 놓치는 감염자 규모를 파악하는 것이 그 어떤 국가보다 중요했다. 따라서 한국의 경우 최소한 신천지 사태가 마무리되었을 때 방역당국은 제대로 된 항체조사를 했어야 했다. 그러나 그들은 하지 않고 있다가 몇 개월이 지난 후에야 확진자 절반 이상이 나온 대구를 제외하고 첫 항체조사를 시행한다. 2월 말에 유행 정점을 보였던 대구는 6월 중순~8월 중순에 시행된 2차 항체조사에 비로소 포함된다. 그들은 감염 후 생긴 항체는 2~3개월만 지나면 사라지기 시작한다는 사실을 몰랐을까? 아니면 K방역 덕분에 놓치는 감염자가 없다고 주장하기 위하여 감염자들의 항체가 사라지기를 기다리고 있었던 걸까?

신종 코로나 사태로부터
첫 번째 출구전략: 항체검사

나시 2주간의 고강도 사회적 거리두기가 시작되었습니다. 현실에서 체감하는 타인과의 거리는 부쩍 좁아진 듯한데, 공식적으로는 이런 대책을 발표할 수밖에 없었던 정부의 고민도 꽤나 컸을 듯합니다. 남들보다 일찍 시작했다고 해서 일찍 끝내고 털어버릴 수 있는 일이 아니라는 사실을 이제야 사람들이 눈치챈 것 같습니다. 하지만 누구나 알고 있듯, 고강도 사회적 거리두기를 언제까지 지속할 수는 없습니다. 생활 방역이든 아니면 오히려 더 강도 높은 셧다운이든, 일단 2주 후가 지금과 다르기 위해서는 기존에 해 왔던 PCR 검사와 격리만 열심히 하면서 이 기간을 그냥 보내면 안됩니다. 신속히 항체검사를 시작해 볼 필요가 있습니다.

얼마 전 신종 코로나 진단을 위하여 기존 PCR 검사에 항체검사를 추가하는 방안이 논의된 적이 있었습니다. 여기서 이야기하는 항체는 감염 초기에 만들어지는 IgM 항체를 말합니다. 이론적으로는 PCR과 IgM 항체를 같이 검사하면 감염자를 찾는 그물이 더 촘촘해집니다. 따라서 모든 감염자를 선제적으로 찾아 격리하고자 하는 우리나라 대응 기조와 잘 맞다고 볼 수 있습니다. 하지만 항체검사의 경우 저렴한 비용으로 대규모 검사는 가능하지만 정확도가 떨어지기 때문에 개인 진단 목적으로 사용하면 그로 인한 다른 복잡한 문제들이 발생 가능합니다.

지금 이 글에서 이야기 하는 항체검사는 IgM 항체가 아니라 IgG 항체를 의미합니다. 현재 감염 여부를 알려주는 IgM 항체와는 달리, IgG 항체는 이미 지나간 감염을 알려주죠. 신종 코로나로 진단받았다가 완치된 사람들은 IgG 항체를 가지고 있습니다. 그런데 이 사람들만 IgG 항체를 가지는 것이 아닙니다. 무증상자와 경증 환자 비율이 높은 신종 코로나 바이러스가 가지는 특성상, 자신도 모르는 사이 바이러스에 감염되었다가 나은 사람들도 적지 않게 우리 주위에 있을 것으로 추정되는데요, 이들도 역시 IgG 항체를 가지고 있습니다.*

2월 말 대구에 유명한 31번 환자가 등장하고 신천지 사태가 발생했을 때입니다. 대구시민 37,000명에 대한 선제 PCR 검사 계획 발표를 보고, 여러 경로를 통하여 대구시민들을 대상으로 IgG 항체 검사부터 해봐야 한다는 의견을 전달한 바 있습니다. 중국 우한에서 코로나 환자의 공식적인 첫 보고는 12월 말이었습니다만 이미 11월부터 정체불명의 폐렴 환자들이 증가했고, 무증상과 경증 환자의 비율이 높아서 상당수 대구 시민에게 바이러스가 항체만 남기고 사라졌을 가능성이 있다고 판단했었죠. 하지만 의사 결정을 하시는 분들이 보기에는 아직 때가 아니라고 판단했었던지 별 반응이 없더군요.

그로부터 다시 한 달 이상이 지났습니다. 이제는 확실히 때가 온 듯합니다. 인구집단에서 IgG 항체 형성 수준을 파악하는 것은 감염병에 대한 사회적 대처 수준을 합리적으로 결정하기 위하여 반드시 필요합니다. 기사를 검색해보니 이탈리아, 미국, 독일 등과 같은 나라에서는 이미 시작했거나 계획 중에 있군요. 지금까지 우리 정부가 보여준 기동력이라면 이번 거리두기 기간 내에 대략적인 윤곽 정도는 잡을 수 있을 겁니다.

초지일관 집단면역이 일정 수준 올라오지 않고는 신종 코로나

---

* 코로나19 바이러스의 경우 노출되어도 항체를 만들지 않는 경우도 많은 것으로 보고된다.[12] 예를 들어 호흡기 점막면역계만으로 바이러스를 충분히 이겨냈다면 굳이 특이 항체를 만들 이유가 없다. 즉, 건강할수록 노출되어도 항체가 음성으로 나오는 아이러니로 이어질 수 있다. 항체양성률로 집단면역 수준을 판단하는 것이 오류인 이유다.

사태의 해결은 난망하다고 주장했던 역학자로서 집단면역에 대한 국가 간 입장 차이도 관심 있게 지켜보고 있습니다. 최근 이슈는 스웨덴이었죠. 오늘 영국에 이어 스웨덴의 집단면역 정책도 실패했으며 강력한 사회적 거리두기로 선회한다는 기사가 엄청나게 올라오더군요. 그런데 거리두기 강도를 높이면 집단면역의 실패를 의미하는 건가요? 완화전략에서 집단면역은 필연적 결과물로 거리두기 강도를 높인다고 해서 집단면역의 포기를 의미하는 것이 아닙니다. 의료시스템 과부하가 예상되어 집단면역 생성 속도를 늦추는 것일 뿐이죠.

현재 대부분 사람들이 집단면역을 국가가 아무것도 하지 않고 방치하는 것의 다른 이름이라고 생각하시는 듯합니다. 하지만 집단면역이란 완화전략의 감춰진 다른 이름일 뿐입니다. 신종 코로나와 같은 특성을 가진 바이러스가 지금처럼 온 지구를 휩쓸면 집단면역은 더 이상 선택사항이 아닙니다. 불편한 개념이라고 무조건 부정하고 외면할 것이 아니라, 우리 사회에 가장 도움되는 방향으로 이 개념이 작동할 수 있도록 진지하게 고민해야 할 시점이라고 생각합니다.

BCG백신이 면역계 훈련을 시킬 수 있는 사실은 다수의 실험 연구에서 입증되었으나[13] 그 효과를 역학연구에서 신뢰성있게 입증하는 것은 매우 힘들다. 면역시스템 훈련이란 BCG 백신만이 할 수 있는 것이 아니며 다른 생백신들은 물론이고 환경 중에 존재하는 결핵균이나 다른 미생물들 중에서도 BCG 백신과 유사한 기전으로 작동할 수 있는 종류가 셀 수 없이 많기 때문이다. 사람들은 역학이라는 학문이 가진 치명적 한계에 대하여 제대로 알지 못한다.

그 시절 불주사가 정말 신종 코로나와 관계있을까?

예상 외로 심각하게 번져나가고 있는 듯한 유럽과 미국의 코로나 상황을 두고 해석이 분분합니다. 특히 아시아권 국가들과 비교하여 눈에 띄게 높은 사망률을 볼 때, 뭔가 다른 이유가 있지 않을까 하는 의문을 가지게 됩니다. 며칠 전 흥미로운 기사[14] 하나를 읽었습니다. 결핵 백신인 BCG 접종 여부가 그 차이를 설명할 수 있다는 것으로 BCG 백신을 의무 접종하지 않는 나라의 신종 코로나 사망률이 의무접종을 하는 나라보다 20배 이상 높다고 합니다. 늘 그렇듯 전문가들의 부정적인 코멘트로 기사를 마무리했지만, 논문을 한번 직접 읽어봐야 되겠다 싶더군요.

검색해 보니 아직 정식으로 저널에 발표된 것은 아니었고 medRxiv라는 사이트에 저자들이 직접 올려놓은 논문[15]이더군요.

그렇다 하더라도 공식적으로 발표된 정보를 기반으로 한 분석으로 논문 결과를 못 믿을 이유는 없습니다. 과연 높은 사망률을 보이는 대부분 서구권 국가들은 BCG 백신 의무접종을 애초부터 도입하지 않았거나, 이미 수십 년 전에 중지한 국가들이더군요. 애초부터 도입하지 않는 대표적인 나라가 이탈리아, 벨기에, 네덜란드, 미국 등입니다. 아랍권 국가 중에서 높은 사망률을 보인 이란의 경우, BCG 백신 의무접종을 시행하고 있기는 하나 다른 아랍권 국가에 비하여 아주 늦은 시기에 도입했고요.

하지만 현재 신종 코로나 대응 수준은 국가별로 천차만별입니다. 아직 진행 중인 상황이기도 하고요. 따라서 BCG 접종이 아니더라도 결과에 대한 다양한 해석이 가능할 듯했고, 저널에 발표하기 위해서는 상당한 추가 분석이 필요한 논문으로 보였습니다. 그런데 추가 분석 결과가 어떻든, 일견 이 논문에서 주장하는 바는 매우 황당해 보입니다. 보통 생후 4주 이내에 맞은 BCG 백신이 현재 성인들에게서 주로 발생하는, 그것도 결핵과 전혀 다른 병원체인 신종 코로나 바이러스 감염으로 인한 사망에 영향을 미친다는 것은 말도 안 되는 억지처럼 들리기도 합니다. 그러나 이 주장은 과학적으로 충분히 근거가 있다고 생각됩니다.

백신이 원래 목표로 했던 감염병뿐만 아니라 비특이적으로 다른 감염병으로 인한 사망까지 낮출 가능성이 있다는 사실은 오래 전부터 관찰되고 있던 현상이었습니다. 첫 보고[16]가 언제 되었는지를 찾아보니 무려 1932년까지 거슬러 올라가네요. 그 당시 파스퇴르 연구소 발표에 의하면, BCG 접종을 한 영유아의 사망률이 접종하지 않는 영유아보다 월등히 낮았는데 놀랍게도 결핵보다 다른 감염병으로 인한 사망이 엄청나게 줄어들었다고 합니다. 그 후 비슷한 결과가 홍역과 천연두 백신에서도 연이어 보고되었고, 특히 아프리카에서 시행된 백신 무작위 배정 임상시험에서까지 확인되면서 이 현상은 현재 거의 정설로 받아들여지고 있습니다.[17] 흥미로운 것은 이런 효과가 주로 생백신에서만 보인다는 사실입니다. BCG, 홍역, 천연두 모두 대표적인 생백신으로, 생백신이란 무증상 혹은 경미한 자연감염과 매우 유사하죠.

그런데 도대체 어떤 기전으로 생백신들이 원래 자신들이 목표로 했던 놈뿐만 아니라 다른 놈들의 공격까지 막을 수 있는 걸까요? 이유는 생백신들이 면역세포 훈련에 이용되기 때문입니다. 특히 상대를 가리지 않고 광범위하게 작동하는 선천면역은 인류가 한 번도 경험하지 못한 신종이 등장하면 매우 중요한 역할을 하며 영유아 시기에 경험하는 면역세포 훈련은 후성유전학적 변화를 통하여 전 생애에 걸쳐 영향을 미칠 수 있습니다.

여기서 우리는 생백신이 보여주는 놀라운 효과가 의미하는 바에 대하여 주목할 필요가 있습니다. 이 결과는 사람들이 평소 바이러스나 박테리아와 같은 미생물을 어떻게 접근하는 것이 가장 현명한가에 대한 노하우를 알려주고 있기 때문입니다. 지구상에 존재하는 모든 유기체는 단 한순간도 쉬지 않고 엄청난 수의 미생물에 일상적으로 노출되면서 살고 있으며 이 중에는 당연히 생백신과 유사하게 무증상, 경한 증상 감염을 유발하는 놈들도 혼재되어 있습니다. 따라서 평소에 가능한 한 다양한 미생물에 많이 노출되면서 사는 것이 역설적이게도 미래의 감염병을 예방하는 가장 좋은 방법이며, 미생물을 피하는 데 초점이 맞춰진 삶은 스스로 온갖 감염병에 취약하게 만드는 지름길입니다.

현대 사회에서 감염병과 관련된 가장 큰 오해는 대부분 사람들이 어떤 상황에서도 감염병은 걸리지 않는 것이 최선이라고 믿고 있다는 것입니다. 치명률이 높은 감염병은 당연히 감염이 되면 안 됩니다. 그러나 치명률이 낮은 감염병은 감염이 안 되는 것이 100점이 아닙니다. 한 개인의 입장에서는 감염이 되었으나 무증상이나 가볍게 앓고 지나가면 그것이 100점입니다. 그리고 사회 전체적으로 볼 때도 이런 사람들이 올려주는 집단면역이 유행을 안정화시키는 데 핵심적인 역할을 합니다.

사스, 신종플루, 메르스, 그리고 신종 코로나까지... 최근 우리 사회를 공식적으로 방문했던 신종 감염병들입니다. 그런데 저는 이런 놈들은 영리하지 못해서 재수 없게 인간들에게 발각된 종류들일 뿐이라고 생각합니다. 병원체의 IQ는 독성과 반비례하죠. 미생물들의 유전자 변이 속도를 생각해보면 그 외에도 무수한 바이러스들이 인간들을 찾아왔다가 사라졌을 거라고 봅니다. 다만 독성이 엄청나게 낮아서 우리가 알아채지 못했을 뿐이죠. 혹시나 미래에는 이런 똑똑한 놈들까지 다 검사해서 찾아내겠다는 만용을 인간들이 부리지 않을까... 하는, 남들은 아무도 하지 않는 걱정까지 하느라고 나날이 제 인생이 피폐해지고 있군요. 이번 신종 코로나 사태가 끝나고 나면, "상자 밖에서 감염병 바라보기"를 같이 할 수 있는 사람들의 숫자가 아무쪼록 많이 늘어나 있으면 좋겠습니다.

2020년 5월 1일

K방역이 총선 승리로 이어진 듯 했다. 정부의 K방역에 대한 집착이 더욱 심해질 것 같았다. 앞으로 확진자가 다수 나오게 되는 상황이 발생하면, 정부의 성과를 망친 비난과 혐오의 희생양으로 삼지 않을까라는 우려가 댓글로 달렸다. 그리고 며칠 후 이태원 클럽 사태[18]가 발생한다. 이태원 클럽 주변 휴대전화 기지국에 접속한 사람들의 통신정보를 기반으로 감염자를 추적하는 참으로 믿기 어려운 일이 벌어진다.

우리는 왜 개학을 못하는가?: 흰 운동화 딜레마

흰 운동화 딜레마라는 것이 있습니다. 다들 힘들게 살았던 그 옛날 학창 시절, 꼬질꼬질한 때로 색깔 분간조차 힘든 헌 운동화를 버리고, 흰 운동화를 새로 사면 아주 뿌듯합니다. 그런데 한동안은 이게 족쇄입니다. 더럽혀질까 싶어 마음대로 나가서 뛰어 놀지도 못하거든요. 그러다가 만원 버스에서 누군가에게 밟혀버리면 당장은 속상하지만, 오히려 그때부터 집착에서 벗어나 마음 편하게 여기저기 다닐 수 있죠. 저는 흰 운동화를 처음 신고 간 날 일부터 친구들에게 밟아달라고 하곤 했어요. 어차피 망가질 것, 노심초사하면서 지내고 싶지 않았거든요.

사람 목숨이 오가는 감염병을 두고 고작 신발 따위에 비유한다고 분노하시는 분들도 계실 것 같습니다. 하지만 저는 이미 팬데믹 선언이 한참 된 전파력이 강하면서 무증상과 경한 증상이 대부분인 감염병을 상대로, 아직까지 확진자 한 명, 한 명에 초점을 맞추고 있는 우리나라의 방역 정책을 보고 있으면 흰 운동화 딜레마가 떠 오릅니다. 원시 부족사회로 돌아갈 것도 아니고 어차피 나라 문은 열 수 밖에 없습니다. 지금처럼 모든 입국자를 검사하고 격리하는 것도 불가능합니다. 즉, 만원 버스 타고 학교를 갈 수밖에 없는, 눈이 부시게 흰 운동화를 신은 그 시절 여학생의 처지와 그리 다르지 않습니다.

현재 우리나라는 대표적인 방역 모범국입니다. 그러나 저는 이 단어가 족쇄가 될 것이라고 봅니다. 신천지 신도 전수조사로 급증했던 확진자 수가 줄어들면서, 두 자리, 한자리 숫자까지 확진자 수가 떨어진 지가 꽤 되었습니다. 그러나 여전히 정부에서는 강력한 사회적 거리두기를 이야기하고 학생들은 개학도 하지 못하고 있습니다. 다시 유행이 시작될까 두려워서입니다. 우리나라와 함께 방역 모범국으로 꼽히던 싱가포르가 개학 후 확진자 수가 급증하는 것을 보면서 더욱 몸을 사리게 된 것 같습니다.

하지만 신종 코로나와 같은 감염병을 상대로 단순히 확진자 수가 늘어나는 것을 두려워하면 아무것도 할 수 없습니다. 확진자 수가 아니, 진짜 환자수가 의료시스템이 감당할 수 있는 수준인가? 에 초점이 맞추어져야 합니다. 전 세계적으로 수백만 명의 확진자가 존재하고 그보다 훨씬 큰 규모의 빙산 아래 무증상 감염자가 있다고 추정되는 감염병을 상대로, 확진자 한 명 나왔다고 동선 조사하고, 접촉자 조사하고... 이런 일을 지금도 계속하고 있다는 것은 솔직히 말하면 난센스에 가깝습니다. 지금처럼 확진자 수에 과한 의미를 두게 되면 일상으로 돌아가기는 점점 더 힘들어집니다. 개학을 했다가도 확진자 한 명만 나오면 다시 문을 닫는 그런 일이 반복될 겁니다.

제가 앞서 글*에서 적었듯 건강한 사람의 면역력이란 에이즈 바이러스까지 없애버릴 수 있을 정도로 강력합니다. 하지만 지구 탄생 이래 모든 생명체가 끊임없이 연마해왔던 이 엄청난 능력은 사용할 생각조차 못하고, 무조건 피하고 박멸하는 것만이 살 길이라고 생각하게 된 데는 결국 '방역'이라는 구시대 패러다임이 우리 사회를 지배해버렸기 때문입니다. 코로나 관련 글들을 올리면서 상자 밖으로 나와서 감염병을 바라볼 수 있는 사람들이 늘어날 수 있기를 바랐습니다만 이번 사태를 통하여 우리 사회는 더욱더 견고한 상자 안에 갇혀 버린 듯합니다. 특히 방역 모범국이라는 타이틀은 결코 포기할 수 없는 매력적인 카드가 되어 버렸군요.

현재 개학을 두고 학부형들 사이에도 의견이 첨예하게 나누어지는 듯합니다. 곳곳에 사람들이 북적이는데 학교만 안 간다는 것이 아이러니하기도 합니다. 정부가 어떤 식으로든 결정하겠지만, 최소한 개학 후 지금까지 우리 사회가 사용해왔던 역학조사 방식을 고수하면 안 됩니다. 예를 들어 확진자 한 명 발생했다고 바로 역학조사관이 달려가서 감염원 추적, 동선공개, 광범위한 접촉자 조사 등과 같은 일을 벌이게 되면 의미없는 책임소재 공방부터 시작하여 사회는 더욱 혼란에 빠지게 될 겁니다.

흰 운동화 딜레마에서 벗어나기 위해서는 방역 모범국이라는 타이틀에 더이상 집착해서는 안 됩니다. 매년 사망자 수가 30만 명

---

* 브런치 글 참고.
  "건강한" 사람들에게는 가장 쉬운 상대가 감염병입니다 (2020년 2월 7일)

에 이르는 나라입니다. 이 정도까지 잡았으면 좀 더 거시적인 관점에서 이 바이러스를 대우하는 것이 합리적입니다. 의료계는 환자들의 신속한 진단과 치료에 집중하고, 건강한 사람들은 개인 면역을 높여가면서 아무쪼록 다가오는 여름을 현명하게 보낼 수 있기를 바랍니다.

"죽을만큼 아파야 검사해준다"…일본 코로나 검사 축소, 도쿄 코로나19 검사 양성률 56%, '진술 의존' 일본 코로나 역학조사…도쿄 62%가 감염경로 불명, 2020년 3,4월경 일본에 대한 국내 기사 제목들이다. 유행 초기 한국에서는 이런 일본 상황을 보면서 곧 의료시스템 붕괴가 발생하고 엄청난 수의 사망자들이 나올 것이라고 예상했다. 그러나 그런 일은 결코 발생하지 않았다. PCR검사를 제한하고 확진자의 자발적 진술에 의존하여 제한적인 역학조사만을 했던 세계 최고령국 일본의 별일없음은 다이아몬드 프린세스 유람선의 결과와 함께 한국에게 너무나 중요한 의미가 있었던 정보였다. K방역에 깊이 관여하고 있던 몇몇 교수들에게 이 글을 보냈지만 아무런 반응도 없었다. 당시 한국인들은 감염병보다 강제 동선추적과 공개를 더 두려워했고, 확진되었다고 퇴사를 종용당하고, 확진자가 다녀간 식당은 폐업을 해야 했던 시절이었다. 'K-방역모델의 국제 표준화'를 추진한다는 뉴스가 밤낮으로 나왔고 국민들은 드디어 한국이 진짜 선진국이 되었다고 자랑스러워했다.

왜 일본은 신종 코로나 사망이
폭발하지 않을까?

한국과 일본은 매우 다른 방역정책을 가진 나라라고 할 수 있습니다. 우리나라는 유행 초기부터 광범위한 선제 검사를 기조로 접촉자를 신속히 추적하고 격리하는 방역대책을 선택하여 지금까지 유지하고 있습니다. 그러나 일본은 증상이 있다고 의심되는 환자들조차도 아주 엄격한 기준을 적용하여 PCR 검사를 제한적으로 해왔죠. 두 국가의 PCR검사 양성률을 비교해보면 일본은 기본적으로 한국보다 10배쯤 높고 어떤 시기에는 양성률이 50%를 넘을 정도로 지역사회 전파가 많이 된 국가입니다.

그런 일본을 보면서 많은 사람들이 곧 이탈리아나 미국과 같이 사망자 수가 급증할 것이라고 예상해왔습니다. 그런데 6월에 접어드는 지금까지도 일본의 신종 코로나 사망률은 매우 낮습니다. 사망률이 10만 명당 0.7명 정도로 10만 명당 50명을 훌쩍 넘는 영국, 이탈리아, 스페인과 같은 나라와 비할 바가 아닙니다. 단지 검사를 하지 않아서 그렇다고 볼 수는 없습니다. 총 사망자 수조차 예년 비슷한 시기의 총 사망자 수보다 많지 않기 때문입니다. 최근 기사[19]에 의하면 금년 1~3월까지 사망자 수가 지난 5년간 동일한 시기의 평균 사망자 수보다 오히려 0.7% 적다고 합니다. 이런 결과에 대한 우리나라 국민들의 가장 흔한 반응은 일본이 통계를 조작하고 있다는 것입니다.

그런데 일본만 그런 것이 아닙니다. 아시아 지역의 베트남, 캄보디아, 라오스 등과 같이 의료시스템이 낙후된 나라도 사망률이 매우 낮습니다. 이 역시 우리나라에서는 단지 검사를 하지 않아서 그런 것일 뿐이라고 일축합니다만 현지 의견은 그렇지 않은 듯합니다. 예를 들어 캄보디아 앙코르와트가 있는 지역은 매년 수백만 명의 관광객이 찾아오는 명소이고 거의 모든 주민들이 관광객을 상대로 먹고 삽니다. 신종 코로나 유행이 시작되고 초기 몇 달 동안 여전히 수십만 명의 관광객, 특히 많은 중국 관광객들이 방문했지만 지금까지 특별히 사망자가 폭증하는 징후가 없었다고 전합니다.[20]

어떻게 이런 일이 가능할까요? 정말 이 모든 것은 검사를 하지 않고 통계를 조작했기 때문에 나온 결과일 뿐일까요? 이쯤에서 최근

『셀Cell』에 발표된 논문 한 편[21]을 소개드릴까 합니다.* 미국 샌디에고 라호야 알레르기 면역 연구소와 캘리포니아 대학 팀에서 발표한 연구결과입니다. 결론만 요약하자면 예전에 다른 종류의 코로나 바이러스에 노출되었던 사람들은 이번 신종 코로나에 면역을 가지고 있다는 이야기입니다.

보통 특정 감염병에 대한 면역은 특정 항체가 있어야만 가능하다고 생각합니다. A'에 대한 특정 항체는 A'이라는 감염병에 걸리거나 백신접종으로 만들어질 수 있습니다. 그러나 반드시 특정 항체가 있어야만 A'에 대한 면역을 가지는 것이 아닙니다. A'와 비슷한 A" 혹은 A'''에 감염된 적이 있어도, 세포성 면역을 통하여 A'에 면역을 가질 수 있습니다. 교차면역cross-immunity이라고 부르는 개념입니다. 사실 이 개념은 전혀 새로운 것이 아닙니다. 제너가 우두에 감염된 소젖 짜는 여자들의 진물을 천연두 예방을 위하여 이용하던 시기부터 존재했던 개념이죠. 천연두와 우두의 관계가 A'과 A"의 관계라고 볼 수 있습니다.

최근 등장한 코로나 관련 신종 감염병은 모두 아시아권에서 시작되었습니다. 바이러스 변이 속도를 생각해보면 인간들의 레이다망에 걸리지 않았을 뿐이지, 다른 경미한 코로나 변종들도 계속 출몰했었을 것으로 봅니다. 즉, 교차면역 관점에서 보았을 때 아시아권에 사는 사람들은 과거 다양한 코로나 바이러스에 대한 접촉 경험들로

---

* 이 논문 후에도 교차면역이 존재함을 입증하는 많은 논문들이 발표되었다. 현재 의학논문 검색사이트에서 "cross-immunity covid"를 키워드로 검색해보면 60여 편의 논문이 뜬다. 교차면역에 대한 논문은 2009년 신종플루 유행시에도 발표된 바 있다.

인하여 다른 지역에 사는 사람들보다 이번 신종 코로나에 더 큰 저항력을 보유하고 있을 가능성이 있습니다.*

그런데 교차면역 개념은 훨씬 더 광범위하게 적용될 필요가 있습니다. A'과 전혀 다른 B나 C에 감염된 적이 있더라도 A'에 어느 정도 저항력을 가질 수 있기 때문입니다. 제가 "그 시절 불주사가 정말 신종 코로나와 관계있을까"라는 글에서 BCG 생백신이 면역 시스템을 훈련시킴으로서 결핵균과 전혀 관계없는 코로나 바이러스에 저항력을 제공할 수 있다고 설명드린 바 있습니다. 이 역시 논문으로 확인하고 싶으신 분을 위하여 최근 『네이처 리뷰 면역학 Nature Reviews Immunology』에 발표된 논문 한 편[23]을 링크합니다. BCG 생백신은 하나의 예일 뿐입니다. 모든 생백신 혹은 자연감염은 이와 비슷한 역할을 합니다.

이번의 뜨거운 경험 덕분에 향후 찾아올 신종 감염병에 대하여 인류가 어떻게 대응할 것인가? 가 전 지구적인 초미의 관심사로 등장했습니다. 포스트 코로나 시대의 뉴 노말을 강조하면서 마스크와 함께 하는 일상, 재택근무, 비대면 서비스 등을 이야기합니다. 아마도 우리나라는 더욱더 개인을 신속히 추적할 수 있는 시스템 구축에 올인할 듯합니다. 하지만 이런 빈약한 지성으로는 인류가 이 격동의 21

---

* 동아시아권에 사는 사람들은 코로나 바이러스에 대한 노출이 타지역보다 흔했을 가능성을 보고하는 논문[22]들은 그 후 발표된다. 그 중 하나가 2만 년 전 동아시아권에 코로나19와 유사한 감염병이 휩쓸고 갔으며 그 증거를 유전자 분석에서 찾았다는 것이다. 그러나 교차면역의 핵심은 '동아시아인의 유전자'에 있는 것이 아니라 '동아시아 지역에 거주하면서 노출 경험을 가지는 것'에 있다.

세기를 무사히 지나갈 수 있을 것 같지 않습니다.

인류가 진정으로 신종 감염병에 대처하는 방법을 찾고자 원한다면 먼저 상자 밖으로 나와서 생각할 수 있어야 합니다. 감염병은 무조건 피하고 박멸하는 것만이 살길이 아닙니다. 현실적으로 가능하지도 않을 뿐더러, 장기적으로 폐해가 더 큽니다. 반복해서 강조하지만 감염병은 안 걸리는 것이 100점이 아니라 무증상이나 경한 증상으로 지나가는 것이 100점입니다. 그런 점에서 무조건적인 감염 최소화를 지향점으로 하는 현재 우리나라 방역대책은 방법론적으로는 최첨단의 기술을 접목했을지언정 그 기본 관점은 19세기적이라고 볼 수 있습니다. 향후 찾아올 더 치명률이 높은 신종 감염병에 국민들을 취약하게 만들 뿐 아니라, 각종 만성병의 위험도 높이게 됩니다.

자라 보고 놀란 가슴, 솥뚜껑 보고 놀란다는 속담이 있습니다. 혹시 우리나라가 유럽권 국가나 미국의 상황만을 보면서 이 바이러스에 과도한 공포심을 가지고 진퇴양난의 딜레마를 스스로 만들어 내고 있는 것은 아닌지 질문을 던져 볼 필요가 있습니다. 아시아 각국의 상황에 대한 주도면밀하고 냉정한 분석을 통하여 우리나라 상황에 맞는 새로운 방역대책을 시급히 고민해봐야 할 시점입니다.

이 허술하기 짝이 없는 항체조사 결과가 급하게 발표된 배경에는 다음 글에 소개하는 대구 항체조사가 있었다고 지금도 믿고 있다. 방역당국은 가능한 한 항체조사를 천천히 하고 싶어했고 심지어 항체조사 무용론까지 이야기했다.[24] 그러나 대구 항체조사 소식을 듣고 더 이상 미룰 수가 없었을 것이다. 당시 해외에서 시행된 항체조사에서 모르고 지나간 감염자수가 공식 확진자 수의 10배 이상이라는 보고들이 줄을 이었지만, 그들은 한국만은 K방역 덕분에 모르고 지나가는 경우가 없다고 주장했고 대다수 국민들은 당연히 진실이라고 믿었다.

0.03%?
우리나라 코로나 항체
양성률 뒤집어보기

"못 찾은 환자, 거의 없다" 어제 발표된 우리나라 코로나 항체 양성률에 대한 기사 제목입니다.[25] 3,055명을 대상으로 항체조사를 해보았더니 단 1명만이 양성으로 나왔다고 합니다. 따라서 항체 양성률은 0.03%로 추정되고, 인구 5천만 명에 0.03%를 곱한 수가 1만 5천 명 정도이니 지금까지 확진자 총수인 1만 3천 명과 별 차이가 없다는 해석입니다. 방역당국에서는 다른 나라와 달리 우리나라는 K방역 덕분에 놓치는 환자 없이 완벽하게 찾았다고 자랑하고 싶어하는 것 같았습니다.

그런데 뭔가 좀 이상합니다. 깜깜이 환자 비율은 계속 증가하고 있다는데 못 찾은 환자가 거의 없다뇨? 못 찾은 환자가 없다면 깜깜이 환자가 있을 턱이 없겠죠. 그 유명한 신천지 발 31번 환자도 깜깜이고 이태원 발 66번 환자도 깜깜인데요? 지금부터 어제 발표된 국내 항체 양성률 조사를 한번 뒤집어보겠습니다.

일단 3,055명 중 1명에 기반하여 산출된 0.03%는 신뢰성 있는 추정치가 될 수 없지만, 표본크기에 대한 논의는 여기서 생략하겠습니다. 인구집단을 대표하는 표본일수록 좋다는 것도 너무나 당연한 이야기이므로 언급하지 않겠습니다. 이보다 더 중요한 근본적인 이슈들이 존재하기 때문입니다.

항체조사에서 중요한 것은

(1)어디서 했는가?

(2)언제 했는가?

(3)어떻게 했는가?입니다.

먼저 (1)어디서 했는가? 입니다.

방역당국도 인정했듯 이번 항체조사에서 대구는 제외되었습니다. 그런데 우리나라 전체 확진자의 절반 이상이 대구에서 발생했습니다. 그렇다면 최소한 대구 확진자 수는 빼놓고 비교해야 양심적이죠. 현재 대구를 제외한 지역의 총 확진자 수가 6천 명 정도이니 "못 찾은 환자, 거의 없다"가 아니라, 전국적으로 놓치고 지나간 감염자 수가 대구를 제외해도 약 9천 명쯤은 되는 것 같다고 해석하는 것이 맞겠죠. 물론 이 해석은 (1)번의 문제점만 고려했을 때의 이야기입니다.

다음은 (2)언제 했는가? 입니다.

대구가 아닌 다른 지역에서 확진자들이 나오기 시작한 시점은 5

월이 지나서인데, 수도권의 경우 이태원 발 첫 확진자가 나온 날짜가 5월 6일입니다. 충청권과 전라권의 경우 6월이 되어서야 확진자들이 집중적으로 나오기 시작했습니다. IgG항체가 안정적으로 검출될 수 있는 시기를 고려했을 때, 최소한 수도권은 5월 말, 다른 지역은 6월 말은 되어야 항체가 제대로 검출될 수 있다고 봅니다.

그런데 3,055명 중 전국을 대상으로 한 국민건강 영양조사 참여자 1,555명의 혈청이 수집된 시점이 4월 21일부터 6월 19일 사이입니다. 즉, 상당 기간이 IgG항체 검출에 적합하지 않은 시기로 국민건강 영양조사 잔여 혈청은 제 아무리 대표성 있는 표본에서 나온 것이라 하더라도 이번 항체조사에 포함되어서는 안 되는 시료라고 봅니다.

한편 3,055명 중 나머지 1,500명은 5월 25일과 28일 사이 서울의 특정 의료기관을 찾았던 서남권 5개 구 거주자의 혈청입니다. 시기적으로 항체조사가 가능한 것으로 판단됩니다. 그렇다면 서울 서남권 5개 구 거주자에서 수집된 결과만 분리하여 서울에만 초점을 맞추어서 해석해야 합니다. 즉, 전국 3,055명 중 1명이 아니라 서울시 1,500명 중 1명이 검출되었다고 발표해야 맞습니다. 물론 5월 말이 아니라 6월 말에 채취한 혈액을 가지고 항체검사를 했더라면 더 많은 양성자가 나왔겠지만...

어쨌든 특정 의료기관을 찾았던 사람들이 서울시 인구를 대표한다고 가정(물론 어이없는 가정입니다만)하면 5월 말 기준 서울시 항체 양성률은 0.067% 정도로 산출됩니다. 서울시 인구 천만 명에 적용하면 약 6,600명의 감염자가 존재했었다는 의미입니다. 지금까지 서울시 누적 확진자 수가 1,400명 정도입니다. 즉, 어제 발표된 국내 항체 양성률은 "못 찾은 환자, 거의 없다"가 아니라, 5월 말 기준으로 서울에서만 모르고 지나간 감염자가 최소한 5천 명 이상 존재할 것으로 본다고 해석해야 그나마 정직한 해석입니다.

마지막으로 (3)어떻게 했는가? 라는 문제가 남아 있습니다. 방역 당국에서는 최종 양성 판정을 중화항체검사를 이용했다고 발표하 더군요. 항체는 크게 결합항체와 중화항체로 나눕니다. 정부 발표 에 의하면 결합항체를 측정하는 선별검사에서는 3명이 양성으로 나왔는데, 중화항체를 측정하는 최종 검사에서 1명만 양성으로 판 정되었다는 것입니다.

그런데 일반적으로 중화항체는 코로나에 걸렸다가 회복된 환자 들을 대상으로 혈장 치료나 백신 개발과 같은 특수한 목적을 가지 고 하는 연구에서나 측정하는 것입니다. 모르고 지나간 감염자 규 모를 추정하기 위하여 시행하는 대규모 항체검사를 중화항체로 하 는 것은 전례가 없다 해도 과언이 아닙니다. 선별검사는 이 규모를 과대 추정할 우려가 있다면, 중화항체검사는 필연적으로 이 규모 를 과소 추정하게 됩니다.

결론적으로 저는 앞서 설명한 3가지 이유로 인하여 어제 발표된 우리나라 코로나 항체 양성률은 심각하게 과소 추정된 것이며, 5월 말을 기준으로 하더라도 놓치고 지나간 상당한 규모의 감염자가 존재했다고 봅니다. 지금은 훨씬 더 늘어나 있을 겁니다. 원래 방역 당국에서는 국민건강 영양조사와 연계한 항체조사를 올해 말까지 하겠다는 계획을 여러 번 발표한 바 있습니다. 그런데 6월 중순, 갑 자기 계획을 변경하여 기존에 보관하고 있던 시료로 긴급 항체검사를 시행하는 과정에서 무리수가 있었다고 봅니다. 우리도 항체 검사했다는 면피용이 아니라, 진정으로 놓치고 지나가는 감염자 규모를 알고자 했다면 6월 중순 이후 혈액을 채취하여 제대로 했었어야 했습니다.

어떤 국가도 그 나라에서 가장 많은 환자가 발생한 지역을 제외한 결과를 국내 항체 양성률이라고 발표하지 않습니다. 이번 조사에 포함되지 못한 대구의 항체 양성률은 다른 지역과는 비교도 할 수 없을 만큼 높을 겁니다. 아니 높습니다. 제가 이렇게 단정적으로 이야기할 수 있는 이유는 정부에서 항체조사해 주기를 기다리다 기다리다 지쳐서, 얼마 전 일부 대구시민을 대상으로 직접 해보았기 때문입니다. 더 구체적인 내용은 논문으로 발표되면 다시 올리겠습니다. 우리나라에서 유행 시작부터 지금까지 K방역이라는 이름으로 열심히 하고 있는 정밀 역학조사라는 것, 구멍 뚫린 그물 맞습니다. 의미 없는 동선추적, 전수조사, 선제 검사 그만두고 장기적으로 유지 가능한 방역대책으로 시급히 바꿔야 합니다.

이 논문을 두고 질병청은 표본 크기가 작고 대표성이 없다고 그냥 덮어 버렸다.[26] 그러나 7.6% 항체 양성률은 표본 크기가 더 작고 대표성이 더 부족하다 하더라도 결코 덮어버릴 수 없는 중요한 정보였다. 당시 질병청에서는 K방역 덕분에 놓치는 감염자가 없다고 주장하고 있었기 때문이다. 모든 백조가 흰색이라고 우기는 상황에서는 검은 백조가 한 마리만 있어도 반박이 가능하다.

대구의 코로나
항체 양성률: 0.03%
국내 항체 양성률에 대한 화답

정부에서 0.03% 국내 항체 양성률을 발표한 다음 날, 대구 항체 양성률 논문[27]이 저널에 게재 승인되었다는 소식을 들었습니다. 여러 가지 사연은 많지만 결론만 알려드리겠습니다. 코로나로 진단받은 적이 없으면서 현재 코로나 관련 증상도 없는 198명의 대구 시민을 대상으로 항체검사를 해 보니 15명이 양성으로 나왔습니다. 즉, 항체 양성률이 7.6%로 추정되었습니다. 과거에도 코로나 관련 증상이 없었고 주위에 코로나 확진자도 없었던 사람들입니다. 비록 대표성이 부족한 작은 표본이지만, 대구 전체 인구수로 확대해보면 최소한 18만 명 이상의 모르고 지나간 감염자들이 존재했다는 해석까지 가능합니다.

이 조사는 연구비를 받아서 한 것이 아닙니다. 정부가 항체조사를 해줄 때까지 도저히 기다릴 수가 없어서 연구자들이 자체적으로 진행한 조사입니다. 인력과 예산 없이 의사들이 일하는 틈틈이 외래환자들과 보호자들을 대상으로 한 조사라서 제한점은 당연히 있습니다. 제가 앞서 글에 적었듯 지난주 정부가 발표한 중화항체검사에 기반한 0.03%는 항체 양성률을 과소평가한 것이라면, 선별검사만 시행한 이번 조사는 이를 과대평가한 것으로 볼 수 있습니다. 혹은 시간이 지나감에 따라 항체가 사라지는 경우가 많다는 점을 고려하면, 2월 말에 유행 정점을 보인 대구는 7.6%조차 과소평가일 수도 있습니다. 즉, 이런저런 제한점을 다 고려한다 하더라도 엄청난 숫자의 모르고 지나가는 무증상 감염자들이 존재한다는 사실은 변함 없습니다.

지난주 방역당국에서는 항체 양성률을 발표하면서 지금까지 놓친 감염자가 거의 없다는 메시지를 던졌습니다. 그리고 대구가 제외되었다는 점을 조사의 제한점으로 덧붙였습니다. 하지만 확진자의 절반 이상이 발생한 대구를 제외한 항체 양성률을 발표하면서 조사의 제한점이라고 포장하면 안 됩니다. 참치를 뺀 김치찌개는 제한점이라고 해도 되지만, 김치를 뺀 김치찌개는 제한점이 아니죠. 그냥 김치찌개가 아닌 겁니다.

대구를 뺀 0.03%의 항체 양성률을 어떤 사연으로 발표하게 되었는지는 모르겠습니다. 서울의 특정 의료기관을 방문한 1,500명 혈청을 포함하여 항체 양성률을 추정할 거였다면, 대구의 특정 의료기관을 방문한 사람들의 혈청도 같이 포함시켰으면 되는데 그걸 하지 않았더군요. 이건 매우 쉬운 일입니다. 연구윤리심의위원회의 승인을 받고 참여자들의 동의를 일일이 구해서 혈액을 뽑아야 했던 198명의 조사보다 훨씬 더 쉬운 일입니다.

여론조사 결과에 의하면 우리나라 국민들은 코로나 사태에 대한 정부의 대응에 매우 만족하고 있다고 합니다. 개인정보를 샅샅이 털어서 하는 동선추적에 대한 거부감도 별로 없습니다. 거부감은 커녕 자부심까지 가지고 있는 듯합니다. 마스크와 사회적 거리두기가 불편하긴 하지만 유럽과 미국의 높은 사망률을 보면서 위로를 받습니다. 건강한 사람이 경험하고 지나가는 무증상, 경한 증상 감염에 대해 특별한 개입을 하지 않았던 일본과 엄청난 인적, 물적 자원을 투자한 우리나라의 코로나 사망률이 고작 1.3배밖에 차이가 나지 않는다는 사실을 두고 어떤 의문도 가지지 않습니다. 단지 일본이 통계를 조작하기 때문이라고 믿어버립니다. 항체 양성률 0.03%조차 방역을 너무 잘했으니 당연한 결과라고 기꺼이 받아들입니다.

아마도 지금쯤은 방역당국이나 관련 전문가들도 무조건적인 감염 최소화를 지향점으로 하는 우리나라 방역대책의 문제점을 눈치챘을 겁니다. 아시아권의 코로나 양상은 유럽이나 미국과 다르다는 사실도 인지했을 것이라고 봅니다. 하지만 아직까지 대다수 국민들이 현재의 방역대책을 절대 지지하고 있으니 방역당국에서는 굳이 문제점을 들춰내고 싶지 않을 겁니다. 심정적으로는 이해가 갑니다. 그러나 우리 사회의 미래를 생각했다면 출구전략을 모색했어야 했습니다.

제대로 된 항체조사를 했었더라면 왜 개인을 밀접 추적하는 현재의 방역정책을 바꿔야만 하는지 국민들을 설득할 수 있었을 겁니다. 코로나 같은 특성을 가진 바이러스를 상대로 우리나라와 같은 방식으로 장기간 대응하는 것은 자충수가 될 수 있다는 점도 납

득시킬 수 있었을 겁니다. 고위험군은 보호하되, 건강한 사람들은 면역력 강화에 힘쓰면서 일상 생활을 하는 편이 개인에게도 사회 전체적으로도 바람직하다는 사실을 이해하는 사람들도 늘었을 겁니다. 그런데 0.03% 항체 양성률 조사에 기반하여 이 모든 기회를 다 날려버린 겁니다.

지난 주말 복지부 장관께서 나와서 우리나라는 항체 보유자가 거의 없어서 코로나 사태의 장기화가 불가피하며 백신과 치료제 개발이 되는 그 날까지 계속 지금처럼 살아야 한다고 발표하더군요. 그런데 저는 계속 이렇게 살기가 싫습니다. 생명체 탄생 이래부터 지금까지 끊임없이 연마시켜왔던 슈퍼 AI급 유기체의 엄청난 능력을 통조림 깡통 급으로 전락시켜 버리는 현대 사회의 방역이라는 개념에 자존심마저 상할 지경입니다. 우리가 진정으로 배워야 할 것은 그동안 까맣게 잊고 있었던 유기체의 능력을 일깨우면서 이 놈들과 함께 살아가는 방법입니다. 신종 코로나 정도의 바이러스라면 충분히 그럴 수 있습니다. 현재 우리와 공존하고 있는 그 수많은 바이러스, 박테리아, 곰팡이들과 그러하였듯... 말입니다.

K방역에 자부심을 가진 듯한 스웨덴 거주 교포가 이 글에, 특히 제목에 심한 불쾌감을 표시했다. 그 외에도 많은 분들이 스웨덴을 칭찬하는 이 글에 격분했다. 그럼에도 불구하고 스웨덴의 방향성은 옳았으며, 이런 바이러스를 상대로 우리나라처럼 전파 최소화를 목표로 개인을 추적하는 방역정책을 장기간 유지하는 것은 매우 어리석다고 답변할 수밖에 없었다. 그리고 '버텨주어서 고맙다'는 표현은 나 자신한테 건네는 위로의 말이기도 하다고 덧붙였다. 종종 스웨덴의 대응을 두고 도박 혹은 실험이었다고 평가하는 시각도 있으나, 이는 사실이 아니다. 오히려 스웨덴은 코로나 유행 이전에 존재했던 호흡기계 감염병 팬데믹에 대한 표준 프로토콜[28]을 따랐던 거의 유일한 국가다. 이 표준 프로토콜에 의하면 어떤 경우에라도 K방역의 핵심이었던 동선추적과 선제격리와 같은 일은 권장하지 않는다고 되어있다.

지금까지 버텨준
스웨덴이 고맙다

최근 스웨넨의 코로나 대응방식이 다시 화제가 되기 시작하는 듯합니다. 부정적인 의미가 아니라 긍정적인 의미에서 그렇습니다. 5월경 제가 스웨덴을 조롱하는 기사들을 비판한 글에서 세부적으로 개선되어야 할 점이야 있겠지만 향후 스웨덴의 방역대책은 재조명될 것이라고 예상한 바 있습니다. 그런데 생각보다 그 시기가 빨리 온 것 같습니다.

유행 초기부터 스웨덴의 목표는 한결같았습니다. 장기간 유지 가능한 방역대책입니다. 그 결과 의료시스템의 과부하가 걸리지 않는 수준에서 환자의 진단과 치료에 집중하는 동시에 고위험군은 보호하되, 건강한 사람들은 일상 생활을 하는 쪽으로 방향을 잡았죠. 한국과 같이 확진자 동선추적하고 접촉자 선제검사하여 격리하는 방식은 사용하지 않겠다고 처음부터 못 박았고요.

이런 스웨덴의 선택은 제가 유행 초기부터 주장했던 신종 코로나에 대한 합리적 대응 방식과 매우 유사했기 때문에 스웨덴의 상황을 계속 주의 깊게 보고 있었습니다. 중간에 두어 번 위기가 있었습니다. 아마 다른 나라였다면 일찌감치 포기하고 남들 하는 대로 따라갔겠지만, 스웨덴은 꿋꿋하게 버텨주더군요.

첫 번째 위기는 유행 초기 노인요양시설에 대한 보호 실패로 많은 사망자가 나오면서 찾아왔습니다. 이때 스웨덴의 선택은 엄청난 비난을 받게 됩니다. 락다운을 하고서도 스웨덴보다 높은 사망률을 보인 나라들이 여럿 있었지만, 오로지 스웨덴만 락다운을 하지 않은 결과로 해석되었죠. 만약 스웨덴이 락다운을 하고도 이런 사망률을 보였다면 그토록 거친 단어들로 비난하지는 않았을 겁니다. 단순히 사망률이 높기 때문이 아니라 스웨덴의 나홀로 행보가 괘씸죄로 추가되었기 때문으로 봅니다.

두 번째 위기는 스웨덴의 항체 양성률이 예상보다 낮게 나왔을 때였습니다. 스웨덴의 방역대책은 필연적으로 인구집단의 항체 보유율을 올리는 쪽으로 작동하게 됩니다. 그런데 5월경 스톡홀름 항체 양성률이 고작 7.3%밖에 되지 않는다는 사실이 보도되면서 또한 번 위기를 맞게 됩니다. 아마 이때가 스웨덴으로서는 가장 힘들었을 상황이었다고 생각됩니다. 특히 그 당시는 집단면역을 위해서는 인구의 60~70%가 항체를 가지고 있어야 하고 집단면역을

Yes, No의 이분법으로 판단하는 고정관념이 지금보다 훨씬 만연했었던 시점이었습니다. 다른 국가들의 비난이나 조롱도 대단했지만, 스웨덴 스스로도 실망하는 기색이 역력했죠.

그런데 반전은 다른 곳에서 시작됩니다. 첫 번째 반전은 교차면역에 대한 논문이 발표되면서부터입니다. 즉, 감기와 같이 다른 코로나 바이러스를 과거에 경험한 적이 있다면 T세포 면역을 통하여 이번 신종 코로나에 대하여 저항력을 가질 수 있다는 연구결과입니다. 사실 교차면역은 제너가 천연두 예방을 위하여 우두를 사용하던 그 시절부터 알고 있었던, 그러나 최첨단 과학이 지배하는 현대사회에서는 까맣게 잊힌, 상식에 가까운 면역학 원리라고 할 수 있습니다. 거기에다 신종 코로나에 감염되었을 때도 항체보다 T세포를 통한 면역이 훨씬 더 중요한 역할을 한다는 사실[29]이 알려집니다. 마지막으로 집단면역 기준치로 널리 알려진 60~70% 항체 양성률은 모든 사람의 민감도와 노출 확률이 동일하다는 잘못된 가정 하에서 추정된 값이고 현실에서는 20~30%까지 낮아질 수 있다는 연구결과[30]까지 발표됩니다.

그와 함께 스웨덴의 코로나 사망자 추이가 새롭게 주목을 받게 됩니다. 5월부터 스웨덴의 사망자 수가 서서히 감소하여 현재는 거의 0에 수렴하고 있기 때문입니다. 스웨덴은 처음부터 끝까지 방역대책에 거의 변화가 없었습니다. 50명 이상 모임을 금지하고 고등학교와 대학교만 온라인 교육을 할 뿐 대부분 일상은 자율에 맡겨졌습니다. 칩거생활이 아닌 운동과 야외 활동을 적극적으로 권장했습니다. 뿐만 아니라 스웨덴은 건강한 사람들은 마스크도 할 필요가 없다고 공식적으로 이야기하는 나라이고 실제로도 마스크를 착용하는 사람들이 거의 없습니다. 과연 무엇이 이러한 사망자 감소 추이를 합리적으로 설명할 수 있을까요?

제가 앞서 글*에서 5월 말 BLM^{Black Lives Matter} 운동으로 인한 대규모 시위와 폭동에도 불구하고 확진자가 늘어나지 않는 현재 뉴욕주의 상황을 보여주면서 뉴욕 주는 현재 일시적으로 집단면역이 형성된 상황일 가능성이 크다고 적은 바 있습니다. 스웨덴도 마찬가지라고 봅니다. 흔히 이야기하는 집단면역 기준치인 60~70%에 한참 못 미치나 두 지역 모두 바이러스가 감염시킬 수 있는 사람들을 쉽게 찾기 힘든 환경이 되었을 겁니다.

최근 많은 유럽권 및 아시아권 국가에서 락다운 완화와 함께 확진자 수가 다시 급증하고 있습니다. 이를 두고 락다운이 한번 더 필요하다는 주장도 있지만, 사망자가 아닌 확진자 수의 증가는 우려할 일이 아닙니다. 아니, 확진자 수는 증가하고 사망자 수는 감소하는 것이 가장 이상적인 상황에 가깝다고 볼 수 있습니다. 특히 일본은 7월부터 확진자 수 급증을 보이고 있는 상황에서 전국적인 여행 장려 캠페인을 시작하여 많은 사람들을 의아하게 만들었죠. 일본은 확진자 수 증가에도 불구하고 여전히 사망률이 매우 낮은데, 이는 교차면역의 특성이기도 합니다. 일본 정부는 찬 바람이 불기 전에 젊은 사람들을 중심으로 자연감염 경험을 가지는 사람들이 많이 늘어나기를 원하고 있는 듯합니다. 여름은 이런 목적에 가장 적합한 계절이죠.

---

* 브런치 글 참고.
　왜 뉴욕은 대규모 시위에도 유행이 다시 시작되지 않나? (2020년 6월 21일)

그동안 우리나라에서는 스웨덴에 대한 기사가 뜨기만 하면 스웨덴을 비웃는 댓글들이 폭주하곤 했습니다. 최신 IT기술과 접목하여 개인의 동선을 강제 추적하는 K방역에 대한 자부심이 너무 커서, 스웨덴의 방역대책이란 것이 너무나 하찮아 보였던 것 같습니다. 하지만 저는 이번에 인류는 스웨덴한테 큰 빚을 졌다고 봅니다. 그 엄청난 원색적인 비난에도 불구하고 포기하지 않고 버텨준 덕분에, 마음이 열린 사람들에게 감염병 유행을 새로운 시각으로 볼 수 있는 기회를 제공할 수 있을 듯합니다. 만약 스웨덴이 중간에 포기했더라면 인류는 끝이 보이지 않는 신종 코로나의 마수에 휘말려 버렸을 겁니다.

치명적인 질병으로부터 국민 생명을 지키기 위하여 불철주야 노력하는 정부를 폄하한다고 비난하는 댓글들이 줄을 이었다. 이 시기 많은 국민들은 코로나19를 흑사병급으로 생각했고, K방역 덕분에 자신들이 살아있다고 믿고 있었다. 그런 점에서 K방역은 소기의 목적을 달성한 매우 훌륭한 정책이었다. 또 다시 휴대전화 기지국에 접속한 사람들의 통신정보를 이용하여 특정 집회에 참석한 사람들을 대상으로 감염자를 대대적으로 추적하는 일이 벌어졌다. 앞으로 조지 오웰이 『1984』에서 묘사했던 일들이 이 땅에서 벌어진다 하더라도 전혀 이상하지 않을 듯 했다.

동아시아의 낮은 코로나 사망률, 방역대책 덕분?: 왜 "방역 1등 국가"라는 타이틀은 독이 든 성배일까?

방역당국에서는 오늘도 변함없이 구멍 뚫린 그물에 걸린 확진자 한 명 뜨면 직장과 학교 폐쇄하고 동선추적해서 1차 전파, 2차 전파 헤아리는 일을 계속하고 있군요. 유행 초기에나 의미 있는 이런 방역대책을 지금까지 고수하고 있는 것은, 꼭 그렇게 해야만 하는 말 못 할 속사정이 있을 거라고 이해하고 싶습니다. 하지만 전방위적으로 피폐해지는 사회를 지켜보는 것이 이제는 고통스럽기까지 하군요.

단순히 경제가 망가진다는 이야기가 아닙니다. 보통 국난은 국민 대통합의 기회로 이용된다는데, 우리나라 코로나 사태는 국민 대분열의 결과로 이어질 듯 싶습니다. 우리나라와 같이 개인을 추적하는 방역대책을 장기간 지속하면 필연적으로 불신, 반목, 혐오, 증오가 사회에 만연하게 되어 있습니다. 어떻게 죽어도 괜찮으나 코로나로는 죽으면 안 되는 세상이 되어버린 이 현실에서, 반년 이상 코로나라는 화두만 잡고 용맹정진 중인 국민들이 어느 날 번개처럼 화두를 깨치는 날이 오기만을 바랄 뿐입니다.

제가 올린 스웨덴 관련 글의 댓글에서 많은 사람들이 거리낌 없이 "우리나라 인구수 x 스웨덴 사망률 = 3만 명 사망"으로 적는 것을 보고, 중요한 사실 하나를 다시 한번 짚어주어야 할 필요성을 느꼈습니다. 아시아권과 서구권의 코로나 유행양상은 매우 다르다는 점입니다. 특히 동아시아권 국가들은 잘 살거나 못 살거나 대부분 사망률이 인구 10만 명당 1명 내외입니다. 거기에 비하여 많은 서구권 국가들은 인구 10만 명당 50명도 훌쩍 넘습니다. 2, 3배 차이가 아닙니다. 50배도 넘는 차이입니다.

이러한 엄청난 차이는 방역대책의 차이로 설명할 수 있는 성질의 것이 아닙니다. 이걸 아시아권 국가들의 방역대책 덕분으로 설명하고자 하는 것은 수능 1등과 꼴찌 차이를 과외선생 혹은 참고서 덕분이라고 이야기하는 것과 똑같습니다. 특정 감염병 유행이 어떤 방식으로 진행되는가에 가장 큰 영향을 미치는 것은 그 인구집단이 기본적으로 가지고 있는 저항력 수준입니다. 저항력을 가진 사람이 많으면 많을수록 유행의 충격은 경미합니다. 지금 동아시아권 국가들처럼 말입니다.

그럼, 인구집단이 가지는 기본적인 저항력은 무엇이 결정할까요? 다양한 요소가 있을 수 있지만 가장 중요한 것은 바로 과거에 그 인구집단이 어떤 감염들을 경험하면서 살았는가? 입니다. 앞서 여러 번 설명드린 바 있는 교차면역의 핵심 개념이죠. 교차면역 관점에서 볼 때 시종일관 감염 최소화를 지향점으로 해왔던 우리나라 방역대책은 전형적인 근시안적 정책입니다. 감염 최소화는 대중들을 쉽게 이해시키고 만족시킬 수 있습니다. 그러나 면역시스템 훈련 기회를 빼앗기 때문에 장기적으로 보았을 때는 향후 찾아올 다른 감염병에 국민들을 가장 취약하게 만드는 일입니다. 이것이 바로 감염병 유행시 과소도 과잉도 아닌 '적정 방역'으로 대응해야 하는 중요한 이유이고, '방역 1등 국가'라는 타이틀이 독이 든 성배인 이유입니다.

그런데 굳이 그때까지 기다릴 것도 없을 듯합니다. 이번 유행에서조차 모든 사회적 역량을 총 투입하고 있는 우리나라와 설렁설렁 대응했던 다른 동아시아권 국가들의 최종 성적표가 큰 차이가 없을 가능성이 큽니다. 그렇다면 우리나라로서는 꽤나 억울한 일이 될 겁니다. 고액 족집게 과외선생 모시고 일주일 꼬박 밤샘하고 시험을 봤는데 매일 놀러 다닌 친구와 성적이 비슷할 때 느끼는 감정이랑 비슷할 겁니다. 그런데 문제는 계속 지금처럼 하다가는 훨씬 더 중요한 다음 시험을 망칠 가능성이 크다는 것입니다.

신종 코로나의 독성이 많이 약해지고 있는 듯합니다. 상대가 약해졌을 때 노출 경험을 많이 해 놓아야만 진짜 센 놈이 나타났을 때 우리를 진정으로 보호할 수 있습니다. 하지만 지금처럼 증상이 있건 없건 모든 감염자를 발본색원해서 탈탈터는 것을 목표로 하는 방역대책 하에서는 어불성설입니다. 전쟁에서 승리하기 위하여 상대방의 전의와 전력을 파악하는 능력이 무엇보다 중요합니다. 상대방은 그럴 의사가 없는데 우리만 아직까지 사생결단의 비장함을 가지고 대응하고 있는 것은 아닌지 고민해 볼 필요가 있습니다.

2020년 10월 4일

이 글은 2022년 북한의 코로나19 유행을 보면서 다시 인용된다. 공중
보건학을 전공하고 현재 아프리카 탄자니아에 살고 있다는 독자가 댓
글을 남겼다. 검사도 방역도 없지만 평화롭게 살아가고 있는 듯 했다.
다른 독자가 남겨준 글귀다.

"건강한 사람은 단 한명도 남아 있지 않을 만큼 의학은 발전했다"
 − 올더스 헉슬리

왜 코로나는
아프리카를
초토화시키지 않을까?

  유행 초기 많은 사람들이 코로나가 아프리카 대륙에 상륙하는
순간, 바로 시한폭탄이 될 거라고 예상하였습니다. 열악한 의료시
스템, 만성적인 영양부족, 심각한 거주환경, 오랜 내전, 신뢰성 있
는 정부의 부재 등을 고려하면 충분히 이해할만한 우려였습니
다. 그러나 반년을 넘긴 지금 시점, 아프리카 상황은 그리 나빠 보
이지 않습니다. 심지어 미국이나 유럽권 국가들보다 좋아 보이기
까지 합니다. 아무것도 없는 아프리카의 코로나 사망률이 최첨단
의학의 본산지인 미국이나 유럽보다 낮다면 납득이 가시나요? 오
로지 아프리카에서 나온 통계이므로 생각해 볼 가치도 없다고 생
각하시나요?

  실제로 상당기간 아프리카 자료는 전혀 못 믿을 정보로 생각하

여 그 누구도 관심을 두지 않았습니다. 그러나 최근 들어 더 이상 통계자료의 부실함만으로는 아프리카 상황을 설명할 수 없다고 판단하고 그 이유를 찾기 위한 다양한 움직임이 있습니다. 상당수 아프리카 국가에서 코로나는 늘 곁에 있어 왔던 수많은 감염병에 추가된 또 하나의 감염병 정도에 불과한 듯 합니다. 모든 것이 열악하기 짝이 없는 아프리카 사람들이 가진 저항력의 원천은 무엇일까요? 가장 흔하게는 젊은 인구가 많고 비만과 당뇨병과 같은 만성질환자가 적어서 그렇다는 것입니다. 하지만 저는 아프리카 역시, 앞서 설명드린 교차면역이 매우 중요한 역할을 했을 것으로 봅니다. 즉, 과거 다양한 감염의 경험이 아프리카인들에게 신종 코로나를 이길 수 있는 저항력을 제공할 수 있습니다.

가끔 강의를 할 때 면역력을 높이는 가장 좋은 방법을 아느냐고 질문을 던져봅니다. 수많은 답변들이 나오죠. 운동, 스트레스 관리, 햇빛, 수면, 각종 식품들 등이 빠지지 않고 나오는 답변들입니다. 이러한 건강한 생활습관의 중요성은 아무리 강조해도 지나치지 않습니다. 하지만, 정답은 아닙니다. 우리의 면역력을 높이는 가장 좋은 방법은... 다름 아니라 감염 그 자체를 많이 경험하는 것입니다. 제가 늘 슈퍼 AI라고 표현하는 유기체의 면역시스템은 끊임없는 훈련을 필요로 합니다. 감염을 통한 실전 훈련 없이는 제아무리 슈퍼 AI라도 작동법을 망각해버립니다. 제가 계속 감염병은 안 걸리는 것이 100점이 아니라 무증상으로 지나가는 것이 100점이라고 이야기하는 이유입니다. 앞서 나온 건강한 생활습관이란 슈퍼 AI가 훈련의 기회를 가질 때 가능한 한 무증상으로 넘어갈 수 있게 도와주는 방법들이고요.

현재 우리 주위에는 상상을 초월하는 숫자의 바이러스, 박테리아, 곰팡이 등이 일상적으로 존재하고 있습니다. 한 사회 내에서 이들을 피하기 위하여 특별히 노력하면서 살 필요가 없는 건강한 면역 시스템을 가진 사람들이 많을수록 그 사회도 점점 더 건강한 사회가 되어가는 겁니다. 그 사람들 덕분으로 맞서 대처할 수 없는 약한 사람들까지 보호하는 결과로 이어지게 되죠. 이것이 인류를 지금까지 지켜온, 하지만 지금은 금기어가 되어 버린 집단면역의 핵심 개념이며 이들의 진가는 지금과 같이 신종 감염병이 등장했을 때 더욱 빛을 발합니다.

반면 현대사회의 방역대책은 모든 사회 구성원들에게 훈련 기회를 원천 봉쇄하는 데 초점이 맞추어져 있습니다. 또한 전파를 방지하기 위하여 대중들에게 의무적으로 요구하는 일들은 대부분 사람들을 신체적으로, 정신적으로 서서히 병들게 만드는 일들입니다. 비대면 사회, 소독제의 일상적 사용, 장기간 마스크 착용과 같은 일들이죠. 그 와중에 대중들은 자신의 몸에 기본으로 장착된 슈퍼 AI급 면역시스템의 작동법은 까맣게 잊고, 19세기 감염병 패러다임의 부산물인 방역과 언제 나올지 모르는 백신만이 자신을 지켜줄 것이라는 착각에 빠져 버렸죠.

얼마 전 질병관리본부가 질병관리청으로 승격을 했습니다. 감염병을 지금처럼, 아니 지금보다 더 정교한 방식으로 관리하는 일로 먹고사는 사람들의 수가 많이 늘어난다는 의미인 듯합니다. 현재의 감염병 패러다임에 대한 일말의 의구심도 없는 상황에서 만들어진 거대 조직이 저는 매우 우려스럽습니다. 신종이 찾아올 때마다 이번처럼 대응하다가는, 우리 사회는 신종 감염병 때문이 아니라 스스로 만든 방역대책이 초래한 사회적 혼란으로 인하여 자멸하고 말 겁니다.

한편 지난주 시사인에 실린 코로나 중앙임상위원회 위원장이신 오명돈 교수님의 인터뷰 "지속 가능한 방역에 대한 어느 의사의 질문"에 대한 방역당국의 공식적인 답변이 있었군요. 예상대로 현재의 방역대책을 여전히 고수하겠다는 것이었습니다. 정치적 입장에 관계없이 이미 한계상황에 와 있는 사회와 모순투성이 방역대책을 걱정스럽게 바라보는 국민들이 늘어가고 있지만 크게 개의치 않는 듯합니다.

지금까지 방역당국에서는 오로지 서구권 상황만을 염두에 두고 의사결정을 해 왔습니다. 대중들도 지금처럼 하지 않았으면 우리나라도 3,4월의 이탈리아, 뉴욕 꼴 났을 것이라고 생각하면서 위로를 받아왔죠. 하지만 더 이상 사과와 오렌지를 비교하면서 현재의 방역정책을 정당화해서는 안 됩니다. 그동안 무시해왔던 다른 국가들의 경험에 눈을 돌려 보면 미처 몰랐던 새로운 깨달음이 찾아올 겁니다.

이 선언문을 작성했던 3명의 교수는 그 이후 대부분 언론과 SNS에서 생명을 하찮게 여기는 악마적 인물로 묘사되었다. 스웨덴은 그레이트 배링턴 선언문의 내용에 가장 근접한 방역정책을 가졌던 국가다.

그레이트 배링턴 선언문: 고위험군 집중 보호전략으로 바꿔야 한다

바이러스 전파 방지에 초점이 맞춰진 현재의 코로나 대응방법에 깊은 우려를 표명하며 대안을 제안하는 공동선언문이 발표되었군요. 하버드대학의 마틴 쿨도르프Martin Kulldorff 교수, 옥스퍼드대학의 수네트라 굽타Sunetra Gupta 교수, 스탠퍼드대학의 제이 바타챠리아Jay Bhattacharya 교수가 주축이 되어 미국 매사추세츠주의 작은 도시인 그레이트 배링턴에서 작성했다고 "그레이트 배링턴 선언문Great Barrington Declaration"이라고 부릅니다. 현재 15,000여 명의 연구자나 의사들이 서명을 했군요.

세 사람 모두 일찍부터 건강한 사람들이 올려주는 집단면역의 중요성을 강조했던 전문가들이었습니다. 감염병 유행에서 자연감염을 통하여 올라가는 집단면역의 역할을 부정하는 것은 중력의 존재를 부정하는 것과 동일하다고 주장했지만, 극소수 의견으로 대중에게는 거의 알려지지 못했죠. 이 선언문 내용은 그동안 제가 해왔던 주장과 매우 유사합니다만 두어 군데 좀 더 주의를 기울여서 봐야 할 부분이 있습니다.

첫째, 집단면역의 개념을 "... herd immunity — i.e. the point at which the rate of new infections is stable — ..."로 적고 있습니다. 보통 집단면역이라고 하면 환자가 단 한 명도 나오지 않는 박멸의 상황만을 상상하는 듯합니다. 감염과 전파를 막을 수 있는 백신을 통한 집단면역은 이런 목표를 가질 수도 있습니다. 그러나 자연감염을 통한 집단면역이란 그렇지 않습니다. 한 인구집단에서 치료를 필요로 하는 환자 발생이 일정 수준으로 유지되는 상황이면 충분히 목표를 달성한 것입니다. 이를 "Endemic equilibrium"이라고 표현하는데, 현재 우리 곁에 존재하는 수많은 감염병들은 백신이 있는 상황에서도 박멸된 것이 아니라 "Endemic equilibrium"상태로 있는 거죠.

둘째, 선언문 그 어디에도 경제의 "경"자도 나오지 않는다는 것입니다. 집단면역에 대한 수많은 오해가 있는데 그중 하나가 경제를 살리기 위하여 생명을 포기한다는 관점이죠. 그러나 코로나 바이러스 전파방지 하나에만 초점을 맞춘 현재의 방역정책은 사람들의 건강에 전방위적으로 악영향을 끼치게 되며 그로 인한 건강상 피해만으로도 코로나보다 훨씬 더 심각합니다. 즉, 경제와 아무 관계 없이 현재의 전파방지 정책은 재고되어야 합니다.

셋째, 저위험군뿐만 아니라 위험도가 다소 높은 사람들도 "본인이 원한다면" 집단면역을 높이는 데 참여할 수 있다고 적고 있습니다. 몇달 전 스웨덴 소식을 전하는 뉴스에서 고위험군이 분명한 노부부가 야외 카페에서 평화롭게 식사를 즐기는 거리 풍경을 보았습니다. 그 노부부에게 당신들은 고위험군이므로 유행이 끝날 때까지 외출을 해서는 안 된다고 국가가 강제할 권리는 없다는 것입니다.

충분히 예상할 수 있듯, 이 선언문에 대한 비난도 엄청납니다. 흥미롭게도 백신 없는 집단면역이란 있을 수 없다고 비판하는 전문가들이 봉쇄전략의 성공사례로 드는 국가에 종종 우리나라가 포함됩니다. 해외에서는 아직까지 동선추적 K방역이 가진 문제점에 대하여 잘 모르고 있는 듯합니다. 동아시아권의 낮은 사망률이 오로지 방역대책 덕분이라는 환상을 가지고 있는 듯하고요. 어쨌거나 유행이 시작된 지 1년이 다 되어가는 지금까지도 신종 코로나와 같은 바이러스가 봉쇄전략의 대상이 될 수 있다고 믿고 있다는 점이 가장 놀랍습니다.

선언문을 그대로 링크만 하려다가 다소 의역하여 우리말로 풀어 보았습니다. 직접 쓰는 것보다 번역이 훨씬 더 힘드네요. 영어가 되시는 분들은 어색한 번역문보다 링크를 따라 원문 그대로 읽어 보시기 바랍니다.[31]

그레이트 배링턴 선언문

감염병 역학과 공중보건 전문가로서, 우리는 현재의 코로나19 대응전략이 초래하는 신체적, 정신적 피해에 대하여 심각한 우려를 하고 있으며 고위험군 집중 보호 전략으로 수정이 필요함을 제안하고자 한다.

정치적 입장에 관계없이 우리는 지금까지 사람들의 건강을 보호하기 위하여 헌신적으로 일해왔다. 그러나 현재의 락다운 정책은 단기적 그리고 장기적으로 공공의 건강에 엄청난 악영향을 끼친다. 예를 들면, 어린이 백신접종률 저하, 심혈관계 질환 악화, 암 조기검진율 저하, 정신건강 악화 등이 있다. 이 문제들은 향후 코로나19보다 훨씬 더 많은 사망자를 양산하게 될 것이며, 젊은 세대에 가장 무거운 부담을 지우게 될 것이다. 특히 학생들이 학교를 가지 못하는 것은 그 자체로 중대한 불평등이다. 백신이 개발될 때까지 이러한 조치를 유지하는 것은 사회 전체에 회복 불가능한 피해를 가져올 것이며, 이때 취약계층의 피해는 가장 심각할 것이다.

다행히 바이러스에 대한 지식이 늘어나면서 우리는 이제 노년층의 코로나19로 인한 사망위험이 젊은 층보다 1,000배 이상 더 높다는 것을 알고 있다. 어린이의 사망 위험은 독감과 같은 다른 흔한 질병들보다도 낮다. 한 인구집단에서 면역을 가지는 사람이 증가하게 되면, 고위험군을 포함한 모든 사람들의 감염 위험도가 낮아지게 된다. 우리는 감염병 유행시 모든 인구집단이 궁극적으로 집단면역 ― 즉, 새로운 감염자가 생기는 속도가 일정해지는 지점 ― 에 이르게 된다는 사실을 알고 있다. 백신은 집단면역을 올리는 데 도움을 줄 수 있지만 유일한 방법은 아니다. 따라서 우리의 목표는 집단면역에 이를 때까지 코로나19로 인한 사망과 사회적 피해를 최소화하는 것에 맞추어져야 한다.

집단면역에 이를 때까지 발생 가능한 위험과 그로 인한 혜택을 균형감 있게 고려한 적절한 방법은 다음과 같다. 고위험군은 보호한 상태에서, 아주 낮은 사망 위험을 가진 사람들은 자연감염을 통하여 바이러스에 대한 면역을 획득할 수 있도록 평소와 같은 삶을 허락하는 것이다. 우리를 이를 고위험군 집중 보호 전략이라고 부른다. 고위험군 보호를 위한 전략들이 코로나19에 대한 공중보건학적 대책의 핵심이 되어야 한다. 예를 들어, 요양원은 면역을 가진 직원을 근무하도록 하고 면역이 없는 직원이나 방문객에 대하여서는 주기적인 PCR 검사를 시행하여야 한다. 또한 직원의 교대는 최소화하여야 한다. 단독으로 거주하는 고령자들에게는 필요한 식료품과 일상 생활용품을 배달하는 서비스를 제공하고, 가족을 만날 필요가 있다면 실내가 아닌 실외에서 만날 수 있도록 도와주어야 한다. 여러 세대가 함께 거주하는 고령자들을 포함하여, 다양한 고위험군을 보호하기 위한 포괄적이고 자세한 수칙들을 마련하여 실행할 수 있다.

한편, 위험도가 낮은 사람들은 손 씻기와 아플 때 집에 머무는 것과 같은 간단한 위생수칙만 지키면서 즉시 정상생활을 시작할 수 있어야 한다. 모든 학교는 대면 강의를 시행하여야 한다. 스포츠와 같은 방과 후 활동들도 재개되어야 한다. 건강한 성인들은 재택 근무가 아닌 정상적으로 출근하여야 한다. 식당과 다른 가게들도 열어야 한다. 예술, 음악, 스포츠, 그리고 다른 모든 문화활동들도 재개되어야 한다. 위험도가 다소 높은 사람들조차 본인이 원한다면 이러한 활동에 참여할 수 있다. 이러한 과정을 통하여 사회는 집단면역을 서서히 올려갈 수 있으며, 이는 결국 고위험군을 포함한 사회 전체를 보호하는 결과로 이어지게 된다.

2020년 11월 16일

마스크가 최선은 아니더라도 차선은 된다는 댓글에 일상에서 마스크 효과는 심하게 과장되어 있다고 답을 했다. 사람들은 '잘 통제된 실험실이나 단기간 특정 장소에서 보이는 마스크 효과'와 '일상에서 장기간 사용하는 마스크 효과'를 구분하지 못한다. 마스크 의무화라는 정책은 한 사회를 거짓과 기만으로 일상을 이어가는 연극판으로 만들 가능성이 매우 크다. 우리나라 국민들은 <실외 마스크 착용률 100% + 실내에서 마스크 벗은 채 먹고 마시고 떠들며 놀기>라는 조합으로 팬데믹 시대를 살면서 역시 감염병 유행을 막는 데는 마스크가 최고라는 집단 환상에 빠지게 된다. 2023년 4월에 와서야 파우치 박사는 뉴욕타임즈 인터뷰[32]에서 아래와 같이 답변한다. "From a broad public-health standpoint, at the population level, masks work at the margins — maybe 10 percent." 아이들한테는 그 10퍼센트 효과조차 보이지 않지만 우리는 자라나는 아이들에게 3년동안 마스크를 강요했다.

마스크 의무화 정책:
업그레이드된 골드버그 장치

그동안 해왔던 마스크 착용의 의미조차 다시 생각해봐야 할 시점에, 마스크 의무화 정책이 시작되었군요. 앞서 '최소의 결과를 얻기 위해 최대의 노력을 기울이는 인간'들을 풍자하기 위하여 만든 골드버그 장치를 소개해드린 바 있습니다. 아마도 방역당국에서는 이 골드버그 장치를 계속 업그레이드하고 싶어 할 것이라고 적은 바 있는데요, 최근 3단계에서 5단계로 늘어난 사회적 거리두기의 디테일과 장소별 마스크 착용 규정들을 보고 있자니 역시나 나뻔 예감은 한 번도 빗나가는 적이 없는 듯합니다.

　유행 초기부터 이런 성격을 가진 바이러스는 공존할 수밖에 없다고 보았습니다. 공존의 원칙은 단순합니다. 이 바이러스에 대한 저항력을 가진 사람들이 그 사회에 많아야 합니다. 앞서 여러 번 소개드린 교차면역을 이용하는 것은 바이러스에 대한 저항력을 높일 수 있는 가장 효과적인 방법입니다. 예를 들어 감기를 일으키는 코로나 바이러스에 자주 노출된 사람들은 그것만으로 이번 신종 코로나에 저항력을 가질 수 있습니다. 감염되어도 무증상 혹은 경한 증상으로 지나갈 가능성이 높아집니다. 그런데 이와 같은 교차면역을 최대한 이용하기 위해서는 일단 마스크를 벗고 일상 생활을 해주어야만 가능해집니다.

　현재 우리를 둘러싼 공기에는 셀 수도 없이 많은 바이러스, 박테리아, 곰팡이들이 존재합니다. 나무, 풀, 꽃, 동물, 곤충과 같이 온갖 생명체들로 가득 찬 산과 들로 나가면 더욱 다양하게 많습니다. 이런 미생물들은 아무 의미 없이 그냥 공기 속에 존재하는 것이 아닙니다. 이들은 모든 생명체의 면역시스템 훈련에 핵심적인 역할을 합니다.

　이제는 장내 미생물이 인체 면역계에 얼마나 중요한 역할을 하는지 모르는 사람은 없을 겁니다. 하지만 수십 년 전까지만 하더라도 그 중요성을 아는 사람들은 극소수에 불과했습니다. 우리 장내에서 발생하는 일과 유사한 일이 우리 호흡기에서도 발생하고 있다고 보면 됩니다. 장내 미생물은 공기 속에 존재하는 미생물보다 분석적 연구의 대상이 되기가 용이하기 때문에, 그리고 비즈니스 모델화하기도 좋기 때문에 쉽게 과학의 영역으로 들어올 수 있었습니다. 그러나 공기 속에 존재하는 미생물들은 아직 갈 길이 엄청나게 멉니다. 하지만 그때까지 기다릴 이유는 전혀 없습니다. 합리적 이성을 가진 사람이라면 누구든 타고난 추론 능력으로 그 중요성을 이해할 수 있기 때문입니다.

장내 미생물을 분석해보면 유익균만 있는 것이 아닙니다. 유익균과 유해균이 동시에 존재하죠. 언뜻 생각하면 오로지 유익균만 있는 것이 가장 좋을 것 같지만, 그렇지 않습니다. 유익균은 유해균이 동시에 존재하기 때문에 제 역할을 하는 것입니다. 공기 속에 존재하는 미생물들도 마찬가지입니다. 그 안에는 사람에게 무증상 감염 혹은 경미한 감염을 유발할 수 있는 다양한 바이러스, 박테리아, 곰팡이들이 존재합니다만 그 놈들이 존재하기 때문에 나의 면역계를 제대로 훈련시킬 수 있는 것입니다.

따라서 건강한 사람들이 오로지 신종 코로나 바이러스 전파를 막기 위하여 마스크를 장기간 착용하는 것은 전형적인 소탐대실 사례라고 생각합니다. 개인에게도 그렇고, 사회 전체적으로도 그렇습니다. 특히 영유아, 어린이, 청소년들에게 장기간 마스크 착용을 강제하는 것은 그냥 소탐대실도 아니고, 극소탐 극대실의 결과로 이어질 것이라고 봅니다. 미생물들과의 끊임없는 상호작용은 면역계 성장과 발달에 무엇보다 중요하기 때문입니다. 이 연령대에서 신종코로나란 걸려도 무증상이 대부분, 증상이 있다 하더라도 감기, 독감보다 경미한 병임을 고려하면 더욱 그러합니다.

현실에서 마스크 착용이 얼마나 기만적으로 이루어지는지 누구나 다 압니다. 실내에서는 마스크 벗고 열심히 먹고 마시고 떠들고 놀다가 가게문을 나서면 그 때부터 모두 주섬주섬 마스크를 끼는 모습에 다들 익숙할 겁니다. 그러나 어른의 감시하에 있는 영유아와 어린이들은 꼼짝없이 하루 종일 마스크 착용을 강요당합니다. 이런 현실에 문제의식과 분노를 느끼는 사람들이 많이 늘어나기를 바랍니다.

마스크란 건강한 사람들, 특히 성장기에 있는 아이들이 하는 것이 아닙니다. 마스크 착용은 기본적으로 감염병에 걸려서 증상이 있는 사람들과 어떠한 이유로든 감염되고 싶지 않은 사람들이 자발적 선택에 의하여 하는 것입니다. 방역당국에서 어떤 효과를 기대하고 유행이 시작된 지 근 1년이 다 되어가는 현시점에 마스크 의무화 정책을 도입했는지 모르겠습니다만 아직도 서구권만 쳐다보면서 사과와 오렌지를 비교하는 일을 계속하고 있는 듯합니다.

얼마 전 마스크 착용을 하면 바이러스 노출량이 줄어들어 백신과 같은 효과가 있을 수 있다는 주장이 제기된 바 있었습니다.[33] '제대로 된' 마스크 착용을 한다면 감염병에 걸려서는 안 되는 사람들, 즉 면역체계가 약한 사람들은 도움을 받을 수도 있을 겁니다. 그러나 건강한 사람들이 마스크로 백신의 효과를 얻으려고 하는 것은 결코 현명한 선택이 아닙니다. 건강한 사람들은 지난 2월에 올렸던 "신종 코로나 대응, 면역력 일깨우는 방법 ABCDE"에 나오는 생활습관으로 나를 강하게 만드는 방법을 터득해야 합니다. 이것이야말로 진정으로 우리가 마스크를 벗고 다시 일상으로 돌아갈 수 있는 길이자, 향후 찾아올 수많은 다른 신종 감염병에 대한 제대로 된 대응법이기 때문입니다.

이 즈음 역학조사에 군, 경찰을 투입한다고 발표했다. 방역 계엄령과 다를 바 없다는 댓글이 달렸다. 국민의 안전을 이야기하면서 각종 방역정책을 의무화하는 정부를 향해 "Security without freedom is called prison"이라고 일갈한 댓글도 있었다.

지난 100년간 결핵 사망률은 왜 감소했을까?: 백신이 있어도 자연감염과 교차면역을 통한 집단면역은 여전히 중요합니다

역학이라는 과목을 강의하는 첫 시간, 학생들에게 거시적 관점의 중요성을 알려 주기 위하여 보여주는 몇 가지 사례들이 있습니다. 그중 하나가 1860년대부터 약 100년 동안 영국의 결핵 사망률 감소 추이를 보여주는 아래 그래프입니다. 일단 화살표가 가리

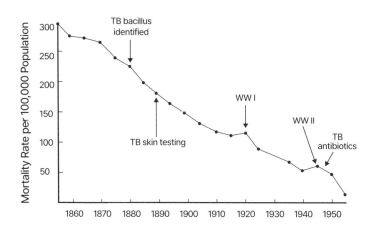

키는 시기의 정보는 가린 상태로 질문을 던집니다. 왜 이렇게 결핵 사망률이 떨어진 것 같냐고?

보통은 항생제, 백신 같은 답변이 제일 먼저 나옵니다. 그러면 항생제나 백신은 모두 20세기 중반에서나 본격적으로 사용되기 시작했다는 것을 알려줍니다. 다음은 영양, 환경개선과 같은 답변들이 나옵니다. 일정 부분 기여한 것은 맞습니다. 그러나 영양과 환경개선만으로는 100년을 걸쳐서 지속적으로 뚝뚝 떨어지고 있는 결핵 사망률 감소 추세를 설명하기에는 한참 부족해 보입니다. 예를 들면, 영양과 위생 모두 열악하기 짝이 없었을 것으로 생각되는 1차 대전과 2차 대전 시기에도 결핵 사망률은 일시적으로 잠깐 증가를 보였을 뿐, 바로 감소 추세로 돌아섭니다.

코흐가 결핵균 존재를 알게 된 시점이 1882년이고 항생제와 백신이 본격적으로 사용되기 시작한 것은 1950년대입니다. 하지만 결핵이라는 병이 왜 생기는지도 몰랐던 시절부터 항생제도 백신도 없었던 기간 동안 결핵 사망률은 줄기차게 감소합니다. 도대체 무엇이 이 결핵 사망률 감소를 보다 합리적으로 설명할 수 있을까요?

한 개인에서 감염의 결과는 병원체와 숙주 면역력의 상호작용에 의하여 결정되듯, 한 인구집단에서 감염병 유행 양상은 병원체와 인구집단의 면역력, 즉 집단면역과의 상호작용에 의해 결정됩니다. 지구상의 모든 생명체들은 단 한순간도 멈추지 않고 공진화의 원리 안에서 생존하고 있습니다. 병원체의 관점에서는 독성을 낮추면서 전파력을 높여 가는 것이 진화의 원리라면, 숙주의 관점에서는 저항력을 높이면서 공존을 모색하는 것이 진화의 원리입니다.

20세기 초 영국 해군 소속 의사인 셀든 두들리Sheldon Dudley 박사는

군함 혹은 기숙사 같이 통제된 환경 내에서 발생하는 다양한 감염병 유행을 장기간 주도면밀하게 관찰한 후 감염병 유행에 있어서 집단면역의 중요성을 상세히 보고한 바 있습니다. 두들리 박사의 주된 연구 주제는 디프테리아, 홍역, 인플루엔자 등과 같이 사람 대 사람으로 전파되는 호흡기계 감염병 유행에 관한 것이었죠. 그가 발표한 최종 보고서[34]의 결론 중 하나가 집단면역이 당시 영국의 호흡기계 감염병 치명률이 100년 전에 비하여 낮아진 이유가 될 수 있다는 것이었습니다.

두들리 박사가 제시한 집단면역의 초기 개념은 제가 앞서 여러 번 설명한 교차면역과 밀접한 관련성이 있습니다. 즉, 인구집단 구성원들의 다양한 감염 경험들이 교차면역을 통하여 인구집단의 저항력을 높이는데 기여하고, 이는 감염병의 치명률을 낮추는 데 중요한 요인으로 작용한다는 의미입니다. 그러나 백신 도입 후 집단면역의 개념은 유행 종식을 위하여 필요한 백신접종률 산출을 위하여 적용되기 시작합니다. 그때부터 집단면역은 '특정 병원체에 대한 특정 항체 양성률'이라는 관점에서만 논의되었으며, 두들리 박사가 제안한 초기의 포괄적 개념들은 완전히 잊혀지죠.

최근 화이자, 모더나 백신접종이 시작되면서 다시 집단면역이라는 단어가 인구에 회자되기 시작하는군요. 60~70% 항체 양성률에 이르기 위해서는 몇 명이나 백신접종을 해야 하는지, 국가별로 언제쯤이면 그 날이 올 건지 열심히 따지고 있군요. 파우치 박사는 무려 인구의 90%가 백신을 맞아야 집단면역이 생긴다는 의견까지 피력했더군요. 결국 모든 사람이 다 백신을 맞아야 한다는 소리같이 들립니다.

코로나 백신이 고위험군에게는 의미 있는 역할을 할 수 있을 것이라고 생각합니다. 하지만 항체가 쉽게 사라지고 늘 변이가 발생하는 특징을 가진 코로나 바이러스를 상대로 백신만으로 집단면역을 높이고 이를 유지한다는 것은 환상이라고 봅니다. 백신이 있다 하더라도 집단면역의 상당 부분은 건강한 사람들이 일상 생활을 하면서 모르고 지나가는 다양한 병원체에 대한 노출 경험에서 나오는 것이고 이들이 제공하는 저항력이 유행을 억제하는 기본 동력입니다. 이런 원리는 1억 년 전에도 그랬고, 100년 전에도 그랬고, 지금도 그렇습니다.

현재 국내 상황이 좋지 않은 듯 보여, 저까지 나서서 코로나 관련 코멘트는 하지 않는 편이 좋을 듯합니다. 다만 저는 이 모든 혼란의 씨앗은 0.03%, 0.07% 항체조사에서 이미 뿌려졌다고 봅니다. 블랙스완의 출현으로 해석했어야 했던 대구 7.6% 항체 양성률은 애써 외면하고, 방역당국 스스로 "K방역 덕분으로 놓친 감염자 거의 없다"라고 믿어 버렸던 그 문제의 항체조사... 생각할수록 아쉽습니다.

2021년
백신

미국에서 코로나19 유행이 막 시작되던 2020년 3월, 존 이오아니디스 John Ioannidis 교수는 샌프란시스코 지역을 대상으로 항체조사를 시행한 후 당시 알려진 치명률보다 실제 치명률은 훨씬 더 낮을 가능성이 있으므로 전면락다운과 같은 과잉대응은 안 된다고 주장했다. 그 날 이후 그 잘 나가던 역학자가 학계와 언론에서 완전히 배제되는 일이 발생했다. 코로나19 사태를 두고 덧셈과 뺄셈 문제를 미적분으로 풀려고 하는 것과 비슷하다는 댓글이 달렸다. 일반인이 가진 상식에 기반한 통찰력이 소위 전문가적 지식보다 사회가 직면한 문제를 이해하는데 더 유용한 경우도 많다.

"동아시아권"에서 코로나19 제자리 찾아주기 : 우리가 현재 알고 있는 치명률은 진짜 치명률이 아닙니다

존 이오아니디스라는 아주 유명한 역학자가 있습니다. 스탠퍼드 의대 교수죠. 구글 스칼라를 검색해보면 h-index가 209이고 논문 총 인용 횟수가 30만 회가 넘습니다. 금세기 가장 유명한 역학자라고 해도 과언이 아닌 그 이오아니디스 교수가 이번 코로나19 사태 와중에 엉터리 과학자의 대명사로 등극했었습니다. Misinformation 으로 유튜브 인터뷰까지 삭제당하는 수모를 겪죠. 왜냐하면 코로나19의 치명률이 과장되었으며 고위험군 중심의 방역대책이 적절하다고 주장했기 때문입니다.

치명률은 '환자 중 몇 명이 사망하는가?'로 산출되는 아주 간단

한 지표입니다. 그런데 유행 초기 통계에 잡히는 환자들은 중증 환자일 가능성이 높기 때문에 당연히 사망자가 많이 나옵니다. 따라서 초기 치명률은 과대 추정된 값일 가능성이 높으므로 이에 근거하여 락다운과 같이 사회 전체적으로 심각한 부작용을 가져오는 방역 정책을 선택해서는 안 된다는 것이 이오아니디스 교수의 주장이었죠. 그 당시 트럼프 대통령의 주장과 흡사한 데가 있어서 정치적으로 더 공격당한 측면도 있습니다.

모든 감염병은 감염의 스펙트럼이라는 것이 있습니다. 똑같은 감염병에 걸려도 (A)아무런 증상 없이 무증상으로 지나가는 사람, (B)경한 증상으로 가볍게 지나가는 사람, (C)심한 증상을 경험하는 사람, 그리고 (D)그 병으로 사망하는 사람까지 있습니다. 유행 초기 치명률은 D/(C+D)로 산출되는 경향이 있습니다. 그런데 진짜 치명률은 D/(A+B+C+D)로 산출되어야 합니다. 앞의 치명률은 영어로 Case Fatality Rate^{CFR}라고 부르고 뒤의 치명률을 Infection Fatality Rate^{IFR}라고 부르죠. A+B에 해당하는 사람 수가 C+D보다 얼마나 더 큰가에 따라서 방역의 난이도와 방향이 완전히 달라집니다.

유행 초기 코로나19와 관련된 대부분 수리모델링은 치명률 1.0%에 맞추어 시행되었습니다. 계절성 독감의 평균 치명률이 0.1% 정도로 알려져 있으니 독감보다 약 10배 정도 치명률이 높다고 전제한 거죠. 거기에 더하여 전파력이 독감보다 훨씬 높다니 전 세계가 난리가 납니다. 여기에 엉터리 모델링으로 기름을 콸콸 들이부은 대표적인 연구자가 영국 임페리얼 칼리지의 닐 퍼거슨 교수이고, 대부분 역학자들이 여기에 동조를 했습니다.

지금부터 이오아니디스 교수가 『Bulletin of the World Health

Organization』에 발표한 진짜 치명률, 즉 IFR 결과를 요약해드리겠습니다. 이 논문[35]이 발표된 저널은 이름만 들어도 짐작하겠지만 WHO에서 발행하는 공식 저널입니다. 유행 초기 닐 퍼거슨 교수의 엉터리 모델링에 근거하여 전 세계에 락다운을 강력하게 권유했던 WHO가 이오아니디스 교수의 논문을 실었다는 점이 WHO 스스로 출구전략을 모색하기 시작했다는 신호탄 정도로 보입니다.

IFR을 산출하기 위하여 필요한 정보가 바로 '항체조사' 결과입니다. 물론 항체조사조차도 여러 가지 제한점은 있지만, 모르고 지나간 A와 B의 숫자를 추정하기 위하여 현실에서 사용할 수 있는 유일한 방법입니다. 이오아니디스 교수는 위 논문에서 그 동안 발표되었던 총 69개 항체 양성률 연구에 기반하여 IFR을 추정했는데, 결과적으로 약 0.2~0.3% 정도 될 것으로 보고했네요.

그런데 위 논문에서 더욱 중요한 결과는 IFR 추정치가 각 국가의 코로나19 사망률에 따라 다르다는 겁니다. 사망률은 '전체 인구수 중 코로나19 사망자 수'로 산출되는 지표입니다. 이오아니디스 교수는 (1)코로나19 사망률이 세계 평균보다 낮은 국가의 IFR은 0.09%, (2)평균보다 높은 국가의 IFR은 0.20%, (3)평균보다 아주 높은 국가의 IFR은 0.57% 정도로 추정했습니다. 이 논문 작성 당시 세계 평균 코로나19 사망률은 인구 백만 명당 118명이었는데 이보다 낮은 사망률을 가진 국가의 코로나19 치명률은 계절성 독감과 다를 바 없다는 의미입니다. 모든 동아시아권 국가가 여기에 속합니다.

우리나라의 경우 코로나19를 독감 유행에 준해서 대응하는 것이 타당하다는 저의 주장에 대한 흔한 반박이 있습니다. (1) 치명률이 비슷해도 전파력이 높기 때문에 독감과 같이 대응할 수 없다 (2)

왜 죽는 숫자만 헤아리냐? 후유증은 어떡할 거냐? 는 논리입니다. 댓글에서 반복해서 답변을 드린 바 있지만 다시 한번 요약해드리 겠습니다.

독감과 치명률이 비슷해도 전파력이 높다는 사실 때문에 그 사 회에 심각한 문제를 일으킨다면 이는 사망률로 드러나야 합니다. 즉, 사망률이 높아져야 합니다. 그러나 모든 동아시아권 국가들은 방역대책, 경제 수준, 의료 수준에 관계없이 코로나19 사망률이 인 구 백만 명당 30명 이하입니다. 세계 평균보다도 한참 낮은 사망률 이죠. 전파력이 높음에도 불구하고 사망률이 이토록 낮은 이유는 감염자 대부분이 무증상 혹은 경한 증상만 경험하고 지나가거나 혹은 감염조차 불가능할 정도로 많은 사람들이 기본적으로 저항력 을 가지고 있기 때문입니다.

현재 사람들이 착각하고 있는 것이 동아시아권 국가들의 낮은 코로나19 사망률이 뭔가 방역대책이 특별나서 그런 줄 안다는 것 입니다. 방역대책이 핵심이 아니라는 것은 일본 상황을 보면 알 수 있습니다. 유행 초기 PCR 검사조차 제대로 하지 않는 일본을 보면 서 많은 사람들이 곧 코로나19 사망자가 폭발할 것이라고 예상했 습니다만 그런 일은 결코 일어나지 않았습니다. 우리나라에서는 이를 단순히 일본이 검사를 하지 않아서 모를 뿐 실제로는 엄청난 사망자가 있었을 것이라고 해석하고 싶어 합니다만, 일본은 예년 에 비하여 초과사망조차 뚜렷하지 않습니다. 즉, 검사를 하지 않았 기 때문으로 해석할 수 없다는 의미입니다. 저는 그 이유를 동아시 아권 국가들의 높은 교차면역 수준에서 찾고 있습니다만, 이유야 어찌 되었든 치명률도 낮고 사망률도 낮다면 그 사회에서 코로나

19의 난이도는 '하'라고 보는 것이 적절합니다.

왜 죽는 숫자만 헤아리냐? 후유증은 어떡할 거냐? 는 반박에 대한 제 답변은 한결같습니다. 독감도 후유증이 있지만, 지금까지 그 누구도 독감 후유증이 두려워서 지금처럼 산 적은 없다는 것입니다. 의학논문 검색 사이트에 가서 "influenza complication"을 키워드로 검색해보면 만 오천 편이 넘는 논문이 검색됩니다. 머리끝에서 발끝까지 온갖 후유증이 다 있지만, 지금까지 건강한 사람들이 독감도 아닌 독감 후유증을 걱정하면서 산 사람은 지구상에 단 한 명도 없었을 겁니다.

만약 독감을 가지고 우리가 코로나19와 마찬가지로 건강한 사람들 사이의 전파를 막기 위하여 PCR 선제 검사를 하고 접촉자를 추적하면서 대응했다고 상상해봅시다. 그러면 독감 난이도는 당장 '상'으로 올라갑니다. 독한 독감이 유행하면 '극상'으로 올라갈 거고요. 아이들의 독감 치명률이 코로나19보다 높으니, 몇몇 극적인 사례들이 언론에 등장하면 사람들은 공포감에 집 밖에도 나가지 못할 겁니다. 즉, 감염병 유행은 감염병 그 자체보다 그 사회가 어떻게 대응하느냐에 따라서 난이노가 전차만별로 달라질 수 있습니다.

전 세계에서 우리나라 국민들이 코로나19에 대한 두려움이 가장 크다는 설문조사 결과가 발표된 적이 있었습니다. 난이도 '하'에 속하는 국가에 사는 사람들의 두려움이 가장 크다는 사실이 아이러니하기조차 합니다. 저는 개인을 추적하는 우리나라 방역대책 그 자체가 사람들에게 절대로 걸리면 안 되는 병이라는 공포감을 심어주었다고 봅니다. 거기에 더하여 방역당국에서 먼저 나서서 코로나19 후유증 사례를 브리핑했을 정도니, 정부에서는 가능한 한 이 문제의 난이도를 '상'으로 포장하고 싶었던 것 같기도 합니다.

최근 정부 발표를 보고 있자니 아직까지 K방역에 미련을 버리지 못하고 있는 듯합니다. K방역은 개인정보를 털어서 하는 밀접 추적이 있어야만 작동 가능한 시스템이므로 결코 미련을 가질만한 훌륭한 방역대책이 아닙니다. 정부의 희망대로 세계 표준이 되기에는 다른 국가에서 거부감이 너무 심하며, 사용한다 하더라도 유행 초기에만 제한적으로 사용 가능한 시스템입니다. 진짜가 나타나면 K방역이 아니라 KKK방역이라도 속수무책일 것이며, 지역사회 전파 후에는 사회적 희생양을 양산할 수 있는 위험한 시스템입니다.

방역당국에서는 유행 시작 후 지금까지 한 번도 동아시아권의 코로나19 난이도 평가를 해 보지 않았던 것 같습니다. 기본적으로 난이도가 다른 유럽과 미국만 쳐다보면서 비교를 해왔죠. 현재 코로나19에 대한 방역대책이 우리 사회 곳곳에 남기고 있는 후유증이 코로나19의 후유증보다 훨씬 더 심각해지고 있습니다. 고위험군을 위한 병상 확충이 마무리되는 대로, 꼭 원점으로 돌아와서 동아시아권 코로나19 난이도 평가를 제대로 한번 해 보기를 바랍니다. 난이도 '상'인 시험인 줄 알고 모든 것을 포기하고 밤낮없이 준비했는데, 알고 보니 난이도 '하'라면 얼마나 허탈하겠습니까?

코로나19 사망 통계가 과장되었다는 일각의 의혹이 있다는 댓글이 달렸다. 이에 대한 나의 답변은 일각의 의혹이 아니라 명백한 팩트라는 것이다. 코로나19 사망 통계의 문제점은 2022년 말이 되어서야 기사[36]로 보도되기 시작한다. 사망 통계가 과장이라면 무증상과 경한 증상이 대부분인 확진자 통계는 어떨까? 확진자 수 통계는 처음부터 kind of trash라고 보았다. 그 trash를 가지고 언론에서는 날마다 중계방송을 하고 전문가들은 현란한 수리 예측모델링이란 것을 했다. 정부에서는 그 결과를 가지고 거리두기 단계를 결정했으며 국민들은 그걸 과학이라고 믿었다. '앞으로 2주가 고비'라면서 1년 이상 끌고온 거리두기 정책으로 생존 위기에 내몰린 자영업자들은 혈서를 쓰면서 항의하는데, 국민들은 여전히 방역만은 한국이 세계 최고라고 환호했다. 스웨덴이나 일본을 비교 대상으로 하여 K방역을 비하한다고 분노하는 댓글들이 줄을 이었다.

2020년 스웨덴 총 사망률, 예년과 크게 다르지 않다

최근 스웨덴에 대한 암울한 뉴스들을 보면서 안도감을 느낀 분들이 꽤나 많았던 것 같습니다. 특히 K방역에 대한 자부심과 안도감 사이에는 기하급수적 비례관계가 있을 듯합니다. 사실 세계 평화를 생각한다면 스웨덴은 반드시 실패해야만 하는 국가입니다. 만약 스웨덴의 2020년이 비극이 아니었던 것으로 드러나면, 수많은 국가들은 그 자체로 '스스로 바보 인증'이 되는 것이고 치열한 책임소재 공방이 시작될 것이기 때문입니다.

유행 초기부터 몇 번 스웨덴에 대한 글을 올린 바 있는데요, 많은 분들이 신문 기사에서 보던 소식과는 너무나 달라서 당혹감을 느끼신 듯합니다. 2021년이 시작되었으니 스웨덴 소식을 업데이트 해드리겠습니다. 스웨덴 국왕이 이렇게 이야기했다, 총리가 저렇게 이야기했다, 이런 데 더 이상 휘둘리지 마시고 팩트에 기초하여 직접 판단해보시기 바랍니다.

아시다시피 스웨덴은 락다운을 하지도 않았고, 우리나라와 같이 개인정보 털어가면서 동선추적을 하지도 않았습니다. 목표가 전파 방지가 아니라 의료시스템 과부하 방지였기 때문에, 병상만 확충하고 계속 사회를 열어두었죠. 50인 이상 모임과 요양시설의 면회는 금지했지만 영유아, 어린이, 청소년들을 위한 보육시설과 학교는 닫지 않았으며, 모든 식당, 상점, 체육시설들도 운영을 계속하였습니다. 마스크 착용을 권장하지 않았으며 감염자들에 대한 강제 격리조치도 없었습니다. 그런 스웨덴에서 2020년 어떤 일이 발생했는지 한번 보겠습니다.

다음 그림은 스웨덴 통계청에서 제공하는 정보를 기초로 그린 2000년부터 2020년까지 사망률 추이 곡선입니다. 처참한 실패를 했다는 2020년, 스웨덴에서 뭔가 엄청나게 비극적인 사건이 발생한 것 같아 보이나요? 공식 통계에 의하면 2020년 스웨덴의 코로나19 사망자 수가 곧 만 명을 넘길 것이라고 합니다. 그런데 어떻게 이런 결과가 가능할까요?

그 이유는 코로나19 사망 대부분이 고령의 기저질환자에서 발생하고 있기 때문입니다. 고령의 기저질환자에서 발생하는 코로나 사망은 코로나가 직접적인 원인이 되어서 발생하는 사망Death from covid19과 코로나와 함께 발생하는 사망Death with covid19을 구분하기가

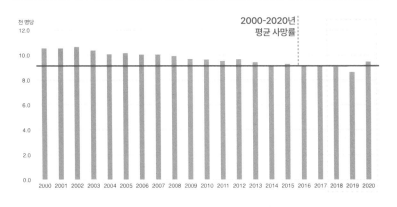

스웨덴 총 사망률 추이, 2000-2020

천 명당
12.0

2000-2020년
평균 사망률

10.0

8.0

6.0

4.0

2.0

0.0
2000 2001 2002 2003 2004 2005 2006 2007 2008 2009 2010 2011 2012 2013 2014 2015 2016 2017 2018 2019 2020

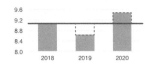

9.6
9.2
8.8
8.4
8.0
2018 2019 2020

힘듭니다. 고령의 기저질환자은 평소에도 독감, 폐렴과 같은 감염병으로 사망하는 경우가 매우 흔한데, 코로나19와 같은 감염병이 유행하면 이런 분들이 이번에는 코로나19로 사망하는 일이 벌어지게 됩니다. 또한 이번 코로나 사태 동안은 다른 원인으로 사망해도 사후 검사에서 PCR 양성으로 나오면 코로나 사망자로 헤아리는 일이 전 세계적으로 벌어졌고, 특히 스웨덴에서는 PCR 검사 양성이 나온 후 1달 이내 발생하는 사망은 어떤 원인으로 사망하든지 모두 코로나 사망자로 헤아렸죠. 이런 이유로 코로나19 사망자가 많더라도 총사망률은 예전과 큰 차이가 없는 결과로 이어질 수 있습니다.

거기에 더하여 스웨덴은 2019년 총사망률이 예외적으로 낮았다는 점이 2020년 코로나19 유행에 직접 영향을 미치는 주요 사건이 됩니다. 따라서 2018년을 기준으로 보면, 2019년 총사망률이 감소한 만큼 2020년 총사망률이 증가했음을 알 수 있습니다. 스웨덴은 2019년 겨울 평소보다 온화한 기온으로 많은 고령자들이 독감으로 인한 사망을 피해 갈 수 있었고 그 덕택으로 2020년 봄까지 생존했던 고령자들이 많았는데, 이들이 코로나19 유행시 일차적인 희생자가 되었을 것으로 봅니다.

다시 한번 모든 감염병 유행은 새옹지마의 원리가 작동하는 세계라는 점을 강조드립니다. 예를 들어, 코로나19가 없었다 하더라도 몇 해 따뜻한 기온 덕분에 상당수 노약자들이 독감으로 인한 사망을 피할 수 있었다면, 이듬해 평상시 기온을 회복하면 사망자가 훨씬 더 많이 나오게 되어있습니다. 인간은 불멸 불사의 존재가 아니기 때문이죠. 그런데 불운하게도 스웨덴은 이 시기가 코로나19 유행과 겹쳐 버린 겁니다.

스웨덴은 스웨덴이고 우리는 우리나라 걱정을 해야겠죠. 최근 방역당국에서는 11월경 백신접종으로 집단면역을 달성할 계획이며 그때까지는 계속 지금처럼 방역수칙을 지키면서 살아야 한다는 발표를 한 바 있습니다. K방역이란 상자 안에 갇혀 밖을 내다볼 능력을 잃어버린 방역당국에서는 왜 스웨덴의 2020년 총사망률이 예년과 별 차이가 없는지, 심지어 일본*의 2020년 총사망률은 예년보다 낮은지 전혀 궁금하지 않은 듯합니다.

현재 사망률이 높은 서구권에서조차 지금까지 해 왔던 코로나19 방역대책에 대한 다양한 문제제기가 되고 있습니다. 그런데 유

---

* 브런치 글 참고.
2020년 일본 총사망률 예년보다 낮다. 그럼 우리는? (2021년 2월 24일)

행초기부터 매우 낮은 사망률을 보여준 동아시아권 국가에서 '방역대책 그 자체'가 아니라 '백신을 통한 집단면역'이 이슈의 정점에 있다는 것이 참으로 놀랍습니다. 결국 생각하기를 멈춘 우리 사회의 수준을 그대로 보여주는 것이라고 봅니다. 안전하고 유효한 백신이 개발되었으면 독감처럼 고위험군 중심으로 접종을 해야 하는 것이고, 건강한 사람들은 일상 생활을 하면서 교차면역이든 뭐든 집단면역을 높여가는 것이 합리적인 접근법입니다만 K방역 치하에서는 어불성설이겠죠... 어쨌거나 아무쪼록 새해에는 이성의 힘으로 코로나19 사태를 바라볼 수 있는 사람들이 많이 늘어나기만을 바랄 뿐입니다.

이 글에서 절규가 느껴져 마음이 아프다고 한 독자가 댓글을 달아주었다. 생각을 쏟아낼 수 있는 이 곳이 없었더라면 코로나19 사태를 어떻게 견뎌냈을까? 생각을 글로 정리해내는 과정을 통해 평정심을 회복할 수 있었고, 닉네임으로만 소통하는 독자들이 남긴 댓글에 위로를 받곤 했다. 그들은 지쳐있는 나를 대신해 진지한 질문에는 미리 답변을 해주기도 했고, 비아냥과 적개심으로 가득한 댓글에는 대신 싸워 주기도 했다.

왜 독감과 감기가 사라졌을까?: 바이러스 간 생존 경쟁, 그리고 코로나19가 살아남았을 뿐...

방역 만능주의자들이 지배한 세상이 우울하다 못해 절망스럽기까지 합니다. 코로나19 유행 후 독감과 감기 환자들이 사라져 버렸다는 뉴스를 본 적이 있을 겁니다. 사람들은 이런 뉴스를 보면서 역시 감염병 예방에는 마스크와 거리두기가 최고라고 이야기합니다. 독감과 감기는 사라졌는데 여전히 코로나19가 유행하는 이유는 이들과 비교할 수 없을 만큼 코로나19가 독한 놈이기 때문이라고 해석합니다. 방역 만능주의자들은 우리 국민들이 방역수칙을 잘 지켰기 때문에 독감과 감기가 사라졌다고 칭찬하고, 이에 고무된 국민들은 더욱 열심히 지켜야겠다고 결의를 다집니다.

그런데 우리나라만 독감과 감기가 사라진 것이 아닙니다. 이는 전 세계 공통적으로 보이는 현상입니다. 그 안에는 우리가 방역 꼴찌 국가라고 비웃고 있는 미국과 유럽권 국가들도 포함됩니다. 하지만 이런 국가들도 락다운, 마스크 착용, 거리두기와 같은 방역을 어떤 형태로든 시행했기 때문에 여전히 방역 덕분이라는 방역 만능주의자들의 주장을 반박하기는 힘듭니다. 그러나 만약 스웨덴에서조차 독감과 감기가 사라졌다면? 그제야 우리는 이런 주장에 의문을 제기할 수 있습니다. 제가 계속 "버텨준 스웨덴이 고맙다"라고 이야기했던 이유입니다.

방역 때문에 독감과 감기가 사라진 것이라면, 마스크를 끼지도 않고 사회를 열어 두었던 스웨덴에서는 어떤 일이 일어났어야 하는가요? 당연히 독감과 감기를 기본으로 깔고 그 위에 코로나19가 창궐했었어야 합니다. 그러나 스웨덴에서조차 독감과 감기가 사라지고 그 자리를 코로나19가 차지했습니다(그림). 그 이유는 바이러스들 간의 싸움에서 독감과 감기가 코로나19에게 자리를 내주었기 때문입니다. 코로나19가 숙주를 선점해버렸기 때문에 이 놈들은 쫓겨난 거죠. 즉, 독감과 감기가 사라진 것은 방역 만능주의자들이 주장하듯 방역 때문이 아니라는 의미입니다.

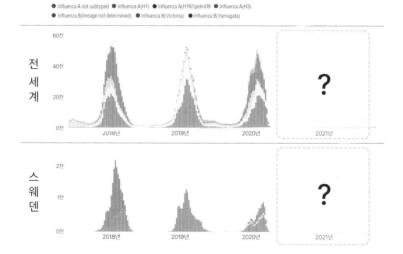

이를 학술용어로는 '바이러스-바이러스 상호작용virus-virus interaction' 혹은 '바이러스 경쟁virus competition'이라고 부릅니다. 이 단어를 키워 드로 해서 검색해보면 관련 논문이 수천 편이 뜰 겁니다. 그 정도 로 오래전부터 보고되어 왔던 현상이라는 의미입니다. 특히 호흡 기계에서 보이는 경쟁구도에 대한 연구가 많은데, 바이러스들뿐만 아니라 박테리아-박테리아, 바이러스-박테리아 사이에서도 흔하게 관찰할 수 있는 일종의 자연현상입니다. 사실 생명체들이 동일한 서식 장소를 두고 벌이는 생존 경쟁은 생태계의 기본 작동 원리죠.

저는 현재 정부와 학계에 포진하고 있는 방역 만능주의자들이 지 구 탄생 이래부터 존재했던 생태계의 핵심 원리들을 정확하게 이해 하고 있다고 생각하지 않습니다. 여기에는 반복해서 설명드렸던 교 차면역, 집단면역, 병원체 간 경쟁구도 등을 다 포함합니다. 그들이 가진 유기체에 대한 이해는 놀라울 정도로 편협합니다. 유기체 스스 로는 아무것도 할 줄 모르는 통조림 깡통이라고 생각하고 있기 때문 에, 자신들이 만든 방역 시스템 없이는 사회가 무너진다는 생각을 하 고 있죠. 방역 정책으로 인하여 오히려 각종 감염병과 만성질환에 훨 씬 더 취약해질 수 있다는 것은 꿈에도 생각하지 못할 겁니다. 그 착 각을 깨트리는 것... 최소한 스스로는 불가능할 거라고 봅니다.

굳이 비유하자면 국가에서 만든 방역 시스템은 주판알, 백신은 탁 상용 전자계산기, 건강한 유기체의 면역시스템은 양자컴퓨터에 기 반한 슈퍼 AI입니다. 지금과 같은 수준의 방역이 의미 있는 시점은 유행 초기 지역사회 전파가 발생하기 전까지고, 지역사회 전파가 시 작되면 유기체의 면역시스템을 핵심 무기로 사용할 수 있어야 합니 다. 그러나 방역 만능주의자들은 유행이 시작된 지 1년이 지난 지금까지 슈퍼 AI는 사용 금지시켜놓고 주판알과 탁상용 전자계산기만 이용하여 바이러스를 상대해야 한다고 대중들을 교육시키고 있습니다. 하지만 공식적으로는 사용금지 딱지가 붙었으나 여전히 모든 슈퍼 AI는 은밀하게 작동하고 있습니다. 기만적인 것은 이 슈퍼 AI가 한 일을 두고, 방역 만능주의자들은 자신들이 준비한 주판알과 전자계산기가 한 일이라고 우기고 있다는 것입니다.

현재 코로나 백신 의무접종, 백신 주민등록증, 백신 여권 법안이 발의되었고 거기에 더해서 수많은 감염병 관련 법안들이 줄이어 기다리고 있습니다. 정치권에서는 여야를 막론하고 감염병 유행을 이용하여 자신들의 이익을 극대화하는 노하우를 체득한 것 같고, 생각하기를 멈춘 방역 만능주의자들과 합심하여 사회를 더욱더 방역이라는 올가미로 옭아매고 싶어 하는 듯합니다. 그 와중에 K방역 덕분에 자신의 목숨을 부지하고 있다고 믿게 된 대중들은 올가미의 힘이 강해지면 질수록 더욱 편안함을 느끼는 경지까지 가버렸고요. 이쯤 되면 이상 사회심리학의 좋은 연구 주제가 될 법도 합니다.

지난 1년 우리는 독감은 걸려 죽어도 괜찮지만, 코로나19는 무증상조차 허락되지 않는 그런 코미디 같은 세상에 살았습니다. 미친 세상에서 다치지 않고 사는 방법은 같이 미치면 되는 것이지만, 최소한 제가 가진 이성은 이를 거부하는군요. 위빠사나 명상을 하듯, 세상에서 멀리 떨어져 앞으로 벌어지는 일을 또렷이 지켜봐야겠습니다.

임상의사로 생각되는 몇몇 분이 중환자실 병상 부족을 이야기하면서 강력한 방역으로 확진자 수를 더 낮춰야 한다는 취지의 댓글을 달았다. 일일 확진자 수가 5,000명도 아닌 500명 내외였던 시기였다. 정부는 그 엄청난 세금을 사용해가면서 그동안 도대체 뭘 했던 걸까? 한국은 OECD국가 중 인구수 대비 병상수가 일본 다음으로 많은 국가지만, 코로나19를 에볼라급 감염병으로 격상시켜 놓은 덕분에 그 많은 병상들이 무용지물이 되었다. 또한 코로나19를 기존 의료체계와 분리하여 특별 취급함으로서 의료 현장에서는 엄청난 혼란이 발생한다. 백신 구입이 늦어짐에 따라 여론이 악화되기 시작했다. 한국은 그동안 코로나19를 무증상도 허락되지 않는 매우 위험한 감염병으로 간주했다. 그렇다면 방역당국에서는 그 무엇보다 백신 확보를 서두르는 것이 합리적이었겠지만 그들은 그렇게 하지 않았다. 외부적으로는 에볼라급으로 취급했지만, 내부적으로는 다른 평가를 하고 있지 않았을까? 이 즈음 군 주도로 백신 유통 모의훈련을 했다. "코로나는 코리아를 이길 수 없습니다"라는 구호로 뒤덮힌 백신수송 훈련차량을 보는 것이 참으로 민망했다.

사면초가에 빠진 우리나라, 현실을 직시해야 합니다.

우리나라 코로나19 사태는 세계적으로 보기 드문 독특한 양상으로 전개되면서 점점 더 미궁 속으로 빠져들고 있습니다. 단순히 백신 구입이 늦어져서 그런 것도 아니고 확진자 수가 줄지 않아서 그런 것도 아닙니다. 가장 본질적인 이유는 유행 시작부터 지금까지 계속 현실을 직시하지 못하고 있기 때문입니다. 못 하는 건지,

안 하는 건지는 알 수 없습니다만...

　지역사회 전파는 감염병 유행의 루비콘 강으로 비유할 수 있습니다. 한 국가의 방역대책은 지역사회 전파 발생 여부에 따라서 완전히 달라집니다. 만약 지역사회 전파가 광범위하게 발생하였음에도 불구하고 이를 인지하지 못하거나 혹은 다른 이유로 인하여 발생하기 전의 방역대책을 고수하고 있으면 감염병보다 훨씬 더 심각한 사회적 피해로 이어질 수 있습니다. 우리나라는 현재 그 가파른 비탈길에 서 있다고 봅니다.

　지역사회 전파 전에는 봉쇄전략이 가능합니다만, 전파 후에는 의료시스템 과부하 방지에 초점을 맞춘 완화전략으로 바꿔나가야 합니다. 팬데믹 선언이라는 것은 그 자체로 이미 광범위한 지역사회 전파가 발생했음을 의미하는 상황입니다. 완화전략 하에서는 병상과 의료진 확충 그리고 고위험군 보호전략이 핵심이며, 건강한 사람들에게는 의료시스템 과부하가 없는 한 국가가 과도한 개입을 하지 않습니다. 이것이 교과서적인 접근법입니다. 최소한 코로나19가 등장하기 전까지는 그랬습니다.

　코로나19에 대한 대응에서 서구권 국가들 중 유일하게 정공법을 따랐던 국가가 바로 우리가 그렇게 비난했던 스웨덴입니다. 그리고 동아시아권에서는 일본이 엉겁결에 그런 경로를 밟게 된 국가라고 볼 수 있고요. K방역에 익숙해진 우리 시선으로 볼 때는 아무것도 하지 않고 방치하는 것처럼 보였기 때문에, 맘껏 욕하고 비웃었던 이 국가들의 방역이 실은 지역사회 전파가 발생한 후의 교과서적인 접근법입니다. 지금까지 나온 결과를 볼 때 스웨덴도 일본도 결코 방역에 실패한 국가가 아닙니다. 마스크도 하지 않고 사회를 열어

두었던 스웨덴의 코로나19 사망률이 수차례 전면락다운을 하고 마스크 의무화 정책까지 가지고 있었던 다른 유럽권 국가들과 유사하고, PCR 검사조차 제대로 하지 않은 일본의 코로나19 사망률이 개인정보와 사생활 털어 가면서 K방역으로 대응했던 우리나라와 별 차이가 없는데 어떻게 실패일 수 있겠습니까?

지역사회 전파가 시작된 후 건강한 사람들 사이에서 발생하는 바이러스 전파는 막을 수도 없고 막을 필요도 없습니다. 일시적으로는 막을 수 있을지언정, 사람들 간 접촉이 시작되면 다시 퍼지기 때문입니다. 오히려 이 사람들이 경험하는 무증상 혹은 경한 증상의 감염은 개인과 사회 모두에게 이득이라는 사실을 정확히 이해할 필요가 있습니다. 한 개인에게는 면역계 훈련의 기회를 제공하고, 사회적으로는 자연감염을 통한 견고한 집단면역 수준을 올려주기 때문입니다. 뿐만 아니라 건강한 사람들이 일상 생활을 함으로써 사회경제적 후유증을 최소화할 수 있다는 점을 고려할 때, 그걸 막겠다고 엄청난 인력과 자원을 투입하여 1년 넘게 대응하고 있는 우리나라는 훗날 반면교사의 사례로 교과서에 등장하지 않을까 싶습니다.

우리나라의 문제는 아직까지 지역사회 전파 가능성을 부인하면서 K방역으로 코로나19를 관리할 수 있다는 착각에 빠져 있다는 것입니다. 유행 초기부터 모르고 지나가는 감염자가 확진자의 최소 10배 이상이라는 연구결과가 세계 각국에서 발표되고 있었음에도 불구하고, 어떻게 우리나라만 예외라고 생각할 수 있는 것인지 참으로 불가사의합니다.

그럼, 우리나라 지역사회 전파는 언제부터 시작되었을까요? 3차 유행시? 2차 유행시? 아닙니다. 저는 대구 신천지 사태가 발생했던

1차 유행 전부터 시작되었다고 봅니다. 그 당시 전수 조사 대상이 된 대구 신천지 신도 만여 명 중 절반 이상이 확진자였는데, 대부분이 젊고 건강한 무증상 혹은 경한 증상자들이었습니다. 그 직전까지 유행 종식을 이야기했을 정도로 사회가 정상적으로 돌아가고 있었기 때문에, 이 수천 명의 감염자들이 수많은 사람들과 접촉했을 것이라는 것은 불문가지입니다. 뿐만 아니라, 신천지 사태 시발점인 31번 확진자가 어디서 누구로부터 감염되었는지 모른다는 것은 그물망에 걸리지 않은 여러 명의 다른 31번이 존재했음을 의미합니다.

그러나 신천지 사태를 개인을 추적하는 K방역으로 대처하면서 확진자 수가 급감하는 경험을 합니다. 비슷한 시기 PCR 검사를 제한했던 일본도 유사한 확진자 수 감소 추이를 보였기 때문에 내부적으로 치열한 토론이 필요했던 시점이었으나, 방역당국에서는 단순히 K방역의 성과로 해석해버렸죠. 특히 이 때는 유럽권과 북미권 유행이 본격적으로 시작된 시기로, K방역이 해외로부터 예기치 못한 주목을 받게 되면서 방역에 대한 국민들의 자부심이 하늘을 찌르게 됩니다. 거기에 더하여 5월 초 이태원 클럽 사태도, 8월 중순 광화문 사태도 강제 동선추적 K방역으로 가볍게 제압하면서 우리나라에서 K방역은 누구도 건드릴 수 없는 성역이 됩니다.

그 와중에 오류로 가득 찬 0.03%, 0.07% 항체조사 결과가 나오면서 K방역 덕분에 놓치는 감염자 없는 안전한 사회라는 착각을 전 국민이 공유합니다. 또한 K방역이 없으면 우리나라도 유럽과 미국 같은 일이 벌어질 거라는 공포가 국민들의 뇌리 속에 깊숙이 자리 잡게 되죠. 일찍부터 동아시아권에서 코로나19는 그렇게 심각한 감염병으로 볼 수 없다는 다양한 증거들이 나오고 있었으나,

아무도 이를 진지하게 확인하고 싶어 하지 않아 했고 K방역은 그렇게 사회 시스템화 되어 버립니다.

그 부산물로 매일 속보로 발표되는 의미 없는 확진자 수와 쏟아지는 재난문자에 일희일비하면서 사회 전체가 점점 나락으로 떨어져 갔지만, 누구든 K방역에 대하여 문제제기를 하면 공공의 적으로 몰리는 상황이 됩니다. 지역사회 전파 후 정밀 역학조사는 특정 개인과 특정 집단이 사회적 희생양이 될 가능성이 매우 큰 위험한 정책이었음에도 불구하고, 역학조사관 양성이 공공 의대 설립 목표가 될 정도로 사회의 전폭적인 지지를 받습니다. 대중들은 최신 IT기술에 기반한 역학조사를 통하여 유행 확산의 주범으로 지목된 집단에 대하여 아낌없는 분노와 증오를 표출하고, 지자체마다 누가 누가 더 신속하게, 더 광범위하게 역학조사를 하는지를 두고 경쟁하는 양상으로까지 발전해버립니다. 그렇게 보낸 1년의 결과가... 바로 현재 상태입니다.

오늘도 변함없이 정부에서는 일일이 기억할 수도 없는 새로운 방역지침들을 쏟아내고, K방역에 이어 K접종, K회복과 같은 신조어까지 만들어내면서 방역을 브랜드화시키는 데 여념이 없는 듯합니다. 하지만 1년이면 충분했습니다. 이제는 현실을 직시해야 합니다. 더 이상 건강한 사람들을 상대로 방역의 관점에서 이 문제를 접근할 때가 아닙니다. 하루빨리 고위험군과 진짜 환자에 집중하는 완화 전략으로 선회해야만 그나마 타다 남은 초가삼간이나마 건질 수 있지 않을까 싶습니다.

언론을 통해서 듣는 전문가들의 의견과 너무 달라서 혼란스럽다는 댓글들이 달렸다. 코로나19 사태에서 다른 의견이 배제된 것은 전 세계적인 현상이긴 했지만, 우리나라는 특히 심했다. 유행초기부터 K방역이 세계 최고라는 망상이 사회를 완벽하게 지배했기 때문이다. 병원급 의료기관을 운영하는 한 의사가 코로나19의 위험성이 과장되었음을 국민들에게 알리고 출구전략을 서둘러야 한다는 의견을 구체적으로 개진했다. 그러나 1년이상 코로나19를 에볼라급 감염병 취급을 해온 정부로서는 목표한 백신접종률에 도달할 때까지 기존 입장을 고수하는 길 밖에는 없다. 그들에게 출구전략이란 필요없다. 자신들의 오류를 세상이 눈치채지 못하게 하는 일이 중요할 뿐...

무분별한 PCR 검사를
하지 않았더라면?

2004년 『네이처 Nature』에 「Cancer without disease」라는 제목의 아주 짧은 에세이 형식 논문이 실린 적이 있습니다.[37] 저자는 주다 포크만 Judah Folkman 교수, 하버드 의대 소속의 유명 연구자로 지금은 작고하신 분이죠. 그런데 제목만 보아서는 무슨 이야기를 하는지 잘 와 닿지 않습니다. 암인데 병이 없는 암이라니... 우리말로 해석하면 아주 어색하게 느껴지는 제목이죠.

이 논문은 이런 이야기로 시작합니다. 살아생전 암으로 진단받은 적이 없는 사람들 중 우연한 사고로 죽은 사람들을 부검해 보면 아주 많은 사람들이 자신도 모르는 암을 가지고 있더라는 겁니다. 40~50대 여자의 3분의 1은 유방암을, 50~70대 대부분은 갑상선암을 가지고 있고, 전립선암도 크게 다르지 않습니다. 현실에서 그 연령대 사람들 중 암으로 진단받는 사람은 1%도 안 되는데 말입니다.

물론 여기서 발견된 암은 상피내암으로 주변 조직에는 침투하지 않고 상피세포층에만 국한되어 있는 상태입니다. 이런 상피내암을 임상적으로 암으로 봐야 하느냐에 대하여서는 논란이 있습니다만 암세포 존재라는 관점에서 본다면 상피내암도 엄연히 암세포가 존재하는 상황입니다. 즉, 대부분 사람들은 자신도 모른 채 "Cancer without disease" 상태로 살고 있다는 의미입니다.

현대의학의 발전은 진단기술의 발전과 밀접한 관계가 있습니다. 예를 들면 피 한 방울로 암을 조기 진단한다는 첨단기술은 연구자들이 아주 선호하는 연구 주제입니다. 그런데 실제로 이런 기술이 상용화가 되면 어떤 일이 벌어질까요? "Cancer without disease"로 살고 있었던 대부분 사람들이 진짜 암환자가 되어 버리는 희대의 비극적인 사건이 벌어질 수 있습니다. 소위 전 인류의 암환자화가 시작되는 거죠.

저는 이번 코로나 사태를 보면서 "Cancer without disease"의 감염병 버전이 나타났다는 생각이 들었습니다. PCR 검사는 극미량 바이러스 조각만 있어도 양성으로 진단할 수 있는 초민감도를 자랑하는 검사방법입니다. 코로나19는 유행 초기부터 무증상과 경한 증상 비율이 매우 높다고 알려져 있었던 감염병이었는데, 자신이 평소 가진 면역력으로 바이러스가 충분한 증식을 하지 못하도록 무력화시킬 수 있는 사람들이 아주 많다는 의미입니다. 이런 사람들이 경험하는 감염은 개인적으로나 사회적으로나 바람직하다고 볼 수 있지만, 증상이 있건 없건 가리지 않고 시행하는 PCR 검사

덕분에 수많은 사람들이 "Covid 19 without disease"로 진단됩니다.

그리고 이들은 소수의 진짜 환자들과 함께 "확진자"라는 하나의 이름으로 통칭됩니다. PCR 검사를 선제적으로 많이 하면 할수록 "Covid 19 without disease"의 숫자는 더 빠르게 늘어나고, 사회는 확진자 수 증가만으로 패닉에 빠집니다. 공포에 사로잡힌 대중들은 질문하고 따져봐야 할 위험한 정책들을 무비판적으로 수용하고, 방역을 위해서라면 모든 것이 허용되는 사회가 됩니다.

그 과정 중에 매우 기만적인 일이 발생하기도 합니다. 검사를 하지 않아서 확진자로 분류되지 않았을 뿐 자신도 모르고 지나가는 많은 수의 "Covid 19 without disease"가 존재한다는 사실을 대중에게 정확히 전달하지 않는 것입니다. 이 숫자가 공식적으로 발표되는 확진자 수보다 훨씬 더 많을 수 있다는 사실만 정확히 인지해도 사람들은 이성을 되찾을 수 있습니다. 특히 "과연 이 병이 지금까지 그 사회에 존재해왔던 다른 감염병과 다르게 대우할 만한 가치가 있는 병인가?" 라는 매우 중요한 질문에 대한 사회적 논의가 가능해집니다. 그러나 공포가 지배한 사회에서는 어떤 이성적 논의도 불가능합니다.

이쯤에서 감염병을 어떻게 암과 비교할 수 있냐고 이의를 제기하시는 분들도 계실 듯합니다. 타인에게 전파 가능성이 있는 감염병은 암과 그 성격이 다른 것이 맞습니다. 그렇기 때문에 감염병은 신각도에 따라 1급에서 4급까지 분류하여 국가가 법정감염병으로 관리하고 있죠. 현재 코로나19는 1급 감염병, 즉 "생물테러 감염병 또는 치명률이 높거나 집단 발생의 우려가 커서 발생 또는 유행 즉시 신고. 음압격리와 같은 높은 수준의 격리가 필요한 감염병"으로 간주하고 있습니다. 유행을 1년 이상 경험한 현시점, 방역당국에서는 진정으로 코로나19, 특히 동아시아권의 코로나19가 1급 감염병에 해당하는 위험한 병이기 때문에 전 국민 백신접종이 끝날 때까지 지금 같은 방역정책이 불가피하다고 판단하는 건지 궁금합니다.

　PCR 검사가 극단적으로 남용되는 경우, 전파력만 강하면 치명률에 관계없이 얼마든지 흑사병급으로 둔갑할 수 있습니다. 예를 들어 단기간에 전 인류를 다 감염시킬 수 있을 정도로 전파력이 높은, 그러나 특별히 위험하지 않는 미지의 신종 바이러스를 상상해 봅시다. 현재 세계적으로 매일 약 15만 명이 항상 사망하고 있으므로, 이들을 대상으로 PCR 검사를 해보면 많은 수에서 그 미지의 바이러스가 검출될 겁니다. 이들은 바이러스가 있건 없건 사망했을 사람입니다만, 명망 있는 누군가가 미지의 바이러스가 이들의 사망에 기여했다고 주장하고 무증상자를 상대로 PCR 검사를 하기 시작하면 그때부터 세기의 팬데믹이 다시 시작될 수도 있습니다.

　한때 전립선암을 조기 진단하기 위한 방법으로 혈액에서 전립선 특이 항원Prostate specific antigen, PSA을 검출하는 검사가 널리 사용된 적이 있었습니다. 이 검사가 암 조기진단에 도입된 후 미국의 전립선암 발생률이 급증하게 되는데, 시간이 좀 지난 후 그 상당수가 "Cancer without disease"인 것으로 밝혀집니다. 따라서 PSA검사는 뜨거운 사회적 이슈가 되고, 이 논란을 보면서 PSA를 처음 학계에 보고했던 리처드 알빈Richard Albin 교수가 뉴욕타임즈에 기고문 하나를 보냅니다. 제목이 "The Great Prostate Mistake"로 알빈 교수는 그 글에서 이렇게 토로하고 있습니다.[38] "나는 40년 전에 내가 했었던 그 발견이 현재와 같은 공중보건학적 재앙으로 이어질 것이라고는 상상도 하지 못했다. 의료계는 현실을 직시하고 PSA가 암 조기 진단에 부적절하게 사용되는 것을 즉시 멈춰야 한다"

　PCR 검사 개발로 노벨상을 탄 캐리 멀리스 박사는 코로나19 사태가 발생하기 직전인 2019년 8월 폐렴으로 사망했다고 합니다. 만약 그가 생존해 있다면 지금 벌어지고 있는 코로나19 사태를 보고 어떤 코멘트를 했을까요? 자신이 개발한 검사가 이렇게나 널리 사용되고 있다는 사실에 흡족해할까요? 아니면 알빈 교수처럼 "The Great PCR Mistake"라는 제목의 기고문을 전 세계 언론사에 보내고 SNS를 통하여 자신의 생각을 알리고자 노력했을까요? 요즘 세상 돌아가는 꼴을 보아하니, 멀리스 박사가 후자의 선택을 했다 하더라도 팩트체크의 대상이 되고 Misinformation의 붉은 딱지가 붙지 않았을까 싶기도 하군요.

　PSA 검사나 PCR 검사나 모두 훌륭한 과학적 연구의 성과로, 적절하게 사용될 경우 매우 중요한 정보를 제공하는 기술입니다. 그러나 유기체에 대한 이해가 없는 상태로 인구집단을 대상으로 오남용 되기 시작하면 그 폐해는 걷잡을 수 없는 사태로 번질 수 있습니다. 특히 감염병 유행시 무분별한 PCR 검사가 끼치는 해악은 PSA 검사와는 비교조차 할 수 없다고 생각합니다. 이번 사태는 백신접종이 완료된다고 끝나는 것이 아닙니다. 의미없는 확진자를 양산하면서 사회를 공포로 몰아넣는 무분별한 PCR 검사를 하루속히 중지해야만 그 끝이 보이기 시작할 겁니다.

'Safe and effective'라는 구호가 세계를 지배하고 백신으로 집단면역에 이를 수 있을 것이라는 환상을 가졌던 시기였다. 하지만 이 때는 학계에서 백신 효과에 대하여 재평가를 했어야 했던 시점이었다. 이 전까지는 백신 안전성, 특히 장기 안전성에 대하여 알 수 없다는 것이 내가 가진 코로나19 백신에 대한 주요 문제의식이었다면, 이 때부터 백신의 효과에 대하여서도 깊은 의구심을 가지게 되었다. 백신 효과를 크게 (1)감염과 전파 예방 효과와 (2)중증과 사망 예방 효과로 구분할 때 (1)의 효과가 없다면 백신으로 집단면역에 이른다는 것은 불가능하다. 그러나 백신만이 유일한 출구전략이 된 상황에서 백신을 두고 질문을 던지는 것은 매우 위험한 일이었다. '뭔가 짚히는 바'라는 모호한 표현밖에는 허용되지 않는 그런 시대를 우리는 살았다. 인도 상황에 대한 언론보도가 과장되었다는 인도 현지에서 보내준 소식이 댓글에 달렸다.

확진자 수 급증,
인도뿐만이 아니군요

　확진자와 사망자가 급증하고 있다는 인도 소식을 듣고 유행 곡선을 한번 살펴보았습니다. 여전히 인구수 대비 절대 사망률은 아주 낮은 수준이지만, 지금까지 볼 수 없었던 가파른 증가 패턴을 보이기 시작했군요. 언론에서는 최근 들어 방역이 해이해져서 그렇다고 해석하고 있습니다만 인도는 일부 지역 항체 양성률이 50%가 넘을 정도로 이미 한참 전부터 지역사회 전파가 광범위하게 발생했던 국가입니다. 이제 와서 방역이란 것이 그렇게 대단한 역할을 할 수가 없습니다.

왜 많은 국가에서 확진자 수의 기하급수적 증가를 보이고 있을까?

이란	독일	인도
칠레	스웨덴	우르과이
콜롬비아	프랑스	몽고
아르헨티나	필리핀	터키
캐나다	이라크	그리스

지금과 같은 급격한 증가는 어떤 다른 요인이 있어야만 설명 가능할 듯하여, 비슷한 패턴을 보이는 국가들이 또 있는지 찾아보았

습니다. 모든 국가를 다 확인해보지는 못했지만 놀랍게도 유사한 패턴을 보이는 국가들이 상당히 많습니다(그림). 인도뿐만 아니라 우루과이, 몽고와 같은 국가도 최근 확진자 수의 기하급수적 증가를 보이고 있고, 이 나라들만큼은 아니지만 터키, 그리스, 독일, 스웨덴, 프랑스, 필리핀, 이라크, 이란, 칠레, 콜롬비아, 아르헨티나, 캐나다와 같은 국가도 비슷한 시기에 급격한 확진자 수 증가를 확인할 수 있었습니다.

다양한 대륙에 위치한 국가들이니만큼 계절적 요인이나 '특정' 변이 바이러스의 영향으로 설명할 수는 없을 듯하고, 방역의 강도도 국가들마다 매우 상이하므로 방역 요인으로도 당연히 설명 불가능합니다. 모든 국가에서 동일하게 진단 검사 건수가 폭증한 것도 아니고요. 유행이 시작된 지 1년도 훨씬 더 지난 지금, 그 동안 코로나19 사망률에 큰 차이가 있었던 여러 국가들이 정상적인 유행곡선과는 거리가 먼 형태로 동시 다발로 보이는 확진자 수 급증 패턴... 바이러스와 숙주간의 상호 작용에 영향을 미치는 결정적인 생물학적 요인이 있어야만 설명 가능할 것 같습니다. 뭔가 짚이는 바가 없는 것은 아니나... 아직 글로 쓸 때는 아닌 듯 싶군요.

2021년 5월 9일

1년 반 동안 사회를 초토화시키고 나서 이제 와서야 공존을 이야기하는 방역당국을 보면서 허탈해하는 댓글들, 분노하는 댓글들이 달렸다. 팬데믹 상황에서 벌어진 대규모 백신접종으로 인류는 쉽게 끝날 수 있는 바이러스와의 싸움을 장기전으로 만들어버린 듯하다. 특히 걸려도 치명률 0%에 수렴하는 건강한 사람들에 대한 대규모 백신접종이 얼마나 어리석은 일이었는지는 바이러스 변이가 거듭되면서 서서히 드러나기 시작한다.

백신접종률 1등,
그러나 확진자가 폭증하는 이 나라

최근 확진자 급증을 보이는 지역들에 대한 정보를 검색하던 중, 아프리카 대륙 동쪽 인도양의 섬나라인 세이셸 공화국에 대한 워싱턴 포스트지 기사[39]를 읽게 되었습니다. 인구 10만 명의 이 작은 나라에서도 확진자가 폭증하고 있다는 소식이었는데, 인구 13억 명 인도의 확진자 증가보다 너 중요한 의미가 있다고 판단되더군요. 그 이유는 세이셸 공화국은 이스라엘보다 더 높은 전 세계 백신접종률 1위를 자랑하는 국가이기 때문입니다.

세이셸 공화국은 그동안 코로나19 확진자 수가 매우 적었던 국가였습니다. 그럼에도 불구하고 관광이 주 수입원이었던 이 국가는 관광객 유치를 위하여 2021년이 되면서 공격적인 백신접종을 시작합니다. 3월 초 1회 접종을 끝낸 인구비율이 60%가 넘고, 5월 초 2회 접종까지 끝낸 인구비율이 60%가 넘었습니다. 그런데

2021년이 되면서 확진자가 늘어나기 시작하다가, 5월이 되자 그 수가 폭증하는 예상치 못한 사태를 직면하게 됩니다.

　기사에 따르면, 현재 확진자의 1/3 정도는 백신접종을 2회까지 끝낸 사람에서 발생하고 있으며 2/3 정도는 백신접종을 1회만 했거나 하지 않았던 사람에서 발생하고 있다고 합니다. 비록 백신접종을 한 경우 중증도가 낮긴 했습니다만, 이런 상황은 당연히 백신 효과에 대한 의문으로 이어집니다. 세이셸 공화국에서 사용했던 백신의 60%는 시노팜, 40%는 아스트라제니카로 상대적으로 효능이 낮은 것으로 알려진 백신들입니다. 따라서 기사에서 인용한 전문가들은 효능이 낮은 백신으로는 인구의 60% 접종으로 충분한 집단면역 효과를 볼 수 없다고 해석하면서 전파방지를 위해서는 다시 방역을 강화해야 한다고 주장하고 있더군요.

　그런데 세이셸 공화국은 2020년 내내 아프리카 대부분 지역과 마찬가지로 코로나19에 대한 높은 저항력을 보여주었던 국가였습니다. 이런 상황에서 2021년이 되면서 급증하는 확진자를 두고 단지 백신 효능만 논란이 되는 것은 이해하기 힘든 일입니다. 여기서 가장 먼저 던져 봐야 할 질문은 왜 이 나라에서 2020년에 거의 없었던 확진자가 2021년이 되어 급증하는가? 그 자체가 되어야 합니다. 이 질문은 앞서 "확진자 수 급증, 인도뿐만이 아니군요" 글에 등장하는 많은 국가들에도 동일하게 적용될 수 있습니다.

　현 시점 우리는 좀 더 거시적 시각에서 이 문제를 바라볼 필요가 있습니다. 팬데믹 상황에서 벌어진 대규모 백신접종은 바이러스와 숙주 간의 공진화 과정에 악영향을 미칠 수 있기 때문입니다. 종의 번식이 유일한 목적인 미생물들은 자신의 번식에 방해가 되는 인간들이 만든 모든 장치에 대하여 대항하면서 빠르게 진화할 수 있는 능력을 가지고 있습니다. 20세기가 되면서 시작된 미생물과 인간 사이의 군비경쟁에서 우리는 잠깐 승리를 맛보았을 뿐, 결코 그 전쟁에서 이길 수 없다는 것은 이제 상식입니다. 늘 뒤따라갈 수밖에 없기 때문이죠.

가장 잘 알려진 사례는 항생제 내성균의 출현입니다만, 비슷한 일이 백신에서도 발생 가능합니다. 미생물의 입장에서 보면, 백신도 자신의 번식을 막는 장치이기 때문에 강한 선택압이 작동하면 더 전파력이 강한, 가끔은 독성도 높은 변이 출현으로 이어질 수 있습니다. 그러나 항생제에 비하여 백신은 발생 빈도가 매우 낮다고 알려져 있는데, 이유는 사용시점이 다르기 때문입니다. 미생물이 활발하게 증식하고 있는 상황에서 치료 목적으로 사용하는 항생제와 달리, 백신은 예방목적으로 '미리' 사용하게 되므로 이런 선택압이 충분히 작동하기가 쉽지 않습니다.

그런데 코로나19의 경우, 바이러스가 전 세계를 휩쓸고 있는 시점에 대규모 백신접종이 시작되었다는 점에서 통상적인 백신접종과는 차이가 있습니다. 즉, 선택압이 작동하기 쉬운 환경 조건이라는 의미입니다. 이런 관점에서 지속적으로 문제제기를 하고 있는 대표적인 연구자가 벨기에의 거트 반덴 보쉬 Geert Vanden Bossche 박사입니다. 백신 전문가인 보쉬 박사는 코로나19 백신 그 자체는 아무런 문제가 없지만, 팬데믹 상황에서 대규모 백신접종은 시급히 재고되어야 한다고 주장하면서 2021년 3월 「WHO에 보내는 공개편지」까지 작성한 바 있습니다.[40] 면역학 전문가가 아닌 제가 보쉬 박사의 모든 논점을 검정하는 것은 불가능합니다만, 세이셸 공화국에 대한 기사를 보는 순간 바로 보쉬 박사가 떠오르더군요.

지난 해 교차면역과 집단면역을 설명했던 마지막 글에서 테오도시우스 도브잔스키Theodosius Dobzhansky의 유명한 발언인 "Nothing in biology makes sense except in the light of evolution"을 인용한 바 있습니다. 최근 들어 방역당국에서도 생명체 진화의 최종 결과물인 공존을 이야기하기 시작하더군요. 이제 와서 공존할 수밖에 없다는 사실을 대중에게 알린다는 것이 허탈하기까지 합니다만, 환상 혹은 망상에서 깨어나고 있다는 긍정적 조짐으로 받아들이고자 합니다.

그러나 아직까지 방역당국은 공존이란 바이러스와 인간 공진화의 결과로 가능해진다는 생태계 기본 원리를 모르고 있는 듯합니다. 방역과 백신은 공진화로 가는 과정에 다소간 도움은 될 수 있을지언정 그 역할을 대신할 수 없으며, 건강한 사람을 대상으로 하는 방역이란 공진화에 방해가 될 뿐입니다. 공진화의 한 축을 담당해야 하는 건강한 사람을 오로지 전파원으로만 간주하는 방역의 패러다임을 고수하는 한, 우리는 조만간 항생제 내성균에서 맛본 뜨거운 패배를 다시 한번 경험할 수도 있을 것 같군요.

댓글이 100개가 넘게 달린 글 중 하나다. 어쩌다가 우리 사회가 이 지경이 되었는지, 그 수많은 지식인들은 다 어디 갔냐고 한탄하는 댓글에 대학에서 인문학을 전공하는 분이 답을 달았다. 주위 인문학자들은 모두 마스크와 방역의 광신도가 되었으며 이성적인 대화나 논의가 불가능하다고 토로하면서 한국의 인문학자들은 스스로 학문적 자살을 했다는 표현까지 사용했다. 백번 공감했다. 다만 인문학자뿐만 아니라 자연과학자들도 대동소이하다는 사실이 빠져있다. 전공에 관계없이 우리나라 지식인들이 방역과 마스크에 대하여 훨씬 더 맹목적이었던 이유는 방역과 마스크로 생명을 구하는 일에 동참하고 있다는 '착각' 때문이라고 답을 했다. 일찍부터 마스크, 락다운과 같은 방역정책을 비판한 아감벤과 같은 서구 지식인들의 주장을 '자유 vs. 생명', '개인 vs. 공동체' 등의 관점에서만 해석하는 오류를 범했다. 우리나라 지식인들은 방역과 마스크가 결국 더 심각한 생명과 공동체 파괴로 이어진다는 사실을 모르고 있었다.

더 이상 아이들에게 마스크를 강제하면 안 됩니다

우리나라는 워낙 초기부터 K방역이라는 상자 안에 다 같이 손잡고 자진해 들어가버린 경우라서 현재 벌어지고 있는 일에 대하여 가장 문제의식이 없는 국가라고 볼 수 있습니다. 언론에 보도되는 내용이나 방역당국의 발표를 아무런 질문 없이 스펀지처럼 빨아들이는 우리나라 국민들을 보면서, 세계 최고의 주입식 교육 성과가 드러나는 현장을 보는 듯했습니다.

코로나19와 관련된 거의 모든 이슈들은 향후 재평가될 것으로 보는데, 마스크 착용은 그중 하나입니다. 며칠 전 방역당국에서 백신 접종을 하면 야외서 노마스크를 허용하겠다는 발표를 한 바 있습니다. 많은 사람들이 코로나19에 대한 기본 저항력을 가지고 있다고 판단되는 동아시아권 국가에서 백신접종률을 높이기 위하여 실외 마스크 착용을 두고 딜하는 방역당국을 지켜보는 심정이 참담했습니다만, 더 암담했던 것은 노마스크를 허용하면 안 된다는 댓글들이었습니다. 도대체 무엇이 우리 국민들을 이 지경으로 만든 걸까요?

　코로나19가 등장하기 전, 바이러스에 의한 호흡기계 감염병 전파를 막기 위하여 "건강한" 사람들이 마스크를, 그것도 "야외에서까지" 착용해야 한다고 말한 사람은 아무도 없었습니다. 유행 초기인 작년 2,3월까지만 해도 그러했습니다. 그런데 어느 날 갑자기 마스크 착용 의무화를 시행하는 국가들이 전 세계적으로 급증하게 됩니다. 저는 그 이유를 동아시아권이 코로나19에 대하여 선방하고 있는 비결을 마스크 착용에서 찾았기 때문이라고 생각합니다.

　영화 주인공이 총알을 맞아도 멀쩡한 이유는 점퍼 안에 감춰진 방탄복 때문이지만, 어리석은 자들은 그 점퍼 덕분이라고 생각하죠. 저는 비슷한 일이 코로나19 사태에서도 벌어졌다고 봅니다. 동아시아권의 지극히 낮은 코로나19 사망률에 대한 이유는 높은 교차면역 수준과 같이 생물학적 요인에서 찾았어야 했지만, 방역의 역할을 과대평가하고 있었던 방역 만능주의자들은 마스크와 같은 물리적 장치가 그런 일을 했다고 믿어버렸습니다.

　유행 초기 서구권에서는 마스크에 대한 거부감이 매우 심했습니다만, 마스크가 선방하는 동아시아권 국가들의 공통점으로 등장하면서 상황이 바뀌기 시작합니다. '건강한 사람들이 일상 생활 속에서 장기간 하는 마스크 착용의 효과'에 대한 뚜렷한 과학적 증거가 없었음에도 불구하고, 실험실이라는 가상의 환경 혹은 병원과 같이 특수 조건에서 이루어진 연구들 그리고 몇몇 에피소드에 가까운 사례들이 언론에 집중 보도되면서 인류 역사상 거의 처음으로 수많은 국가에서 전 국민 마스크 의무화 정책이 시행됩니다. 많은 지역에서 마스크 의무화 정책 이후에도 여전히 확진자들이 폭증했지만, 한번 시행된 정책은 질문의 대상이 되지 못하였습니다.

더욱 심각한 것은 마스크 착용이 장기화되면 그 자체로 사람들에게 여러 가지 나쁜 영향을 미칠 수 있다는 점입니다. 특히 영유아, 어린이, 청소년들의 장기간 마스크 착용이 가져올 폐해는 우리가 지금 상상하는 것보다 훨씬 심각할 것으로 봅니다. 2020년 10월에 쓴 "마스크 의무화 정책: 업그레이드된 골드버그 장치"는 면역시스템 발달을 위하여 미생물에 대한 노출을 막아서는 안 된다는 취지로 쓴 글입니다만, 그 외에도 장기간 마스크 착용은 아이들의 모든 발달 영역에 광범위한 악영향을 미칠 수 있습니다. 얼굴을 통한 상호작용은 호모사피엔스를 특별하게 만든 능력인 언어, 인지, 정서, 사회성 발달에 핵심 요인이기 때문입니다.

어린이들에게는 코로나19보다 매년 찾아오는 계절성 독감이 더 위험하다고 알려져 있습니다. 그동안 독감이 유행한다고 모든 영유아, 어린이, 청소년들에게 지금처럼 하루 종일 마스크 착용을 국가가 강제했던 적이 있었던가요? 어린이들은 코로나19에 감염되어도 무증상 혹은 감기 정도로 지나가는 경우가 대부분이고 지역사회에서 노마스크로 보육시설과 학교를 열어도 의미 있는 전파원이 될 수 없다는 연구결과[41]가 최고의 의학 저널인 『NEJM』에 발표된 바 있음에도 불구하고 지금과 같은 정책을 계속 고수하는 것은 참으로 이해하기 힘든 일입니다.

지난 1년 반 동안 우리 사회는 코로나19 사망자 수가 아닌 확진자 수에 국가의 명운을 걸어버리는 어리석은 선택을 하였습니다. PCR 검사에 기반한 확진자 수는 의미 없는 정보에 가깝습니다만, "전파 최소화"를 목표로 내세운 방역당국은 확진자 수 줄이기에 도움이 된다고 생각되면 무슨 정책이든 가리지 않고 도입해왔죠. 마스크 의무화 정책도 그 중 하나입니다. 전파 최소화를 목표로 삼은 이상, 한번 도입된 정책은 쉽게 포기하지 않습니다. 별 효과 없다는 연구결과가 쌓여도 관심을 두지 않습니다.

모든 국민들이 마스크 착용을 시작한 지 1년 반이 되어갑니다. 그동안 마스크 착용에 길들여져서 유행이 끝나도 계속 마스크를 사용하겠다는 사람들까지 생긴 듯합니다. 담배도 본인이 원하면 평생 피우는데, 마스크 착용도 원하시는 분들은 평생 하면 됩니다. 아무도 말리지 않습니다. 하지만 건강한 사람들, 특히 영유아와 어린이들을 상대로 효과도 불분명하고 장기적으로 여러 가지 폐해를 끼치는 마스크 착용을 강제해서는 안 됩니다.

얼마 전 미국 텍사스 주지사가 마스크 의무화를 법으로 금지하는 조치를 시행했다는 소식을 들었습니다. 우리 사회가 가진 경직성을 생각할 때, 이 정도의 파격은 꿈도 꾸지 않습니다. 하지만 방역당국이 진정으로 우리 사회의 미래를 걱정한다면, 백신접종과 야외 마스크 착용을 가지고 딜하는 일 따위는 중지하고 하루속히 아이들만이라도 마스크의 굴레로부터 자유롭게 해 주어야 합니다.

학계가 자연감염의 중요성을 부정했다는 것은 현 시대 과학은 더 이상 과학이 아님을 의미한다. 이즈음 존 스노우 비망록이 급히 나오게 된 배경으로 짐작되는 정보가 미국의 정보공개요청법에 의하여 세상에 드러난다. 아래는 당시 미국 NIH 수장이었던 프랜시스 콜린Francis Collins 소장과 파우치 박사가 주고 받은 이메일 중 일부다.

"This proposal from the three fringe epidemiologists ... seems to be getting a lot of attention — and even a co-sign from Nobel Prize winner Mike Leavitt at Stanford. There needs to be a quick and devastating published take down of its premises."

자연감염을 통하여 획득하는 면역은 항상 우월합니다

작년 10월, 서구권 국가들이 반복적인 락다운으로 사회가 피폐해지고 있을 무렵 선언문 하나가 발표된 바 있습니다. 그레이트 배링턴 선언문이죠. 핵심 내용은 전체 사회 피해를 최소화하기 위해서는 더 이상 단 하나의 바이러스 전파 방지에 초점이 맞춰져서는 안 되고, 시급히 고위험군 집중 보호전략으로 바꾸고 건강한 사람들은 일상 생활을 하면서 집단면역을 높여 가야 한다는 것이었고요. 이는 제가 주장했던 코로나19에 대한 합리적인 대응방법과 거의 동일한 것이어서, 선언문을 보자마자 바로 서명하고 선언문 소개글을 올렸습니다.

그런데 그레이트 배링턴 선언문이 나오자마자, 이에 대한 반박문이 존 스노우 비망록John Snow Memorandum[42]이란 이름으로 바로『란셋』에 발표됩니다. 무려 31명의 연구자들이 저자로 이름을 올려 세를 과시했는데, 반박문 결론은 백신이 나올 때까지 지금처럼 전파억제를 해야 한다는 것이었죠. 언론과 웹사이트를 통하여 알려진 그레이트 배링턴 선언문과 달리 존 스노우 비망록은『란셋』이라는 명망 높은 저널에 실렸기 때문에, 종종 그레이트 배링턴 선언문의 주장을 과학적으로 반박하는 근거로 인용되곤 합니다.

하지만 저는 그 짧은 비망록을 읽으면서 다시 한번 현대사회에서 전문가라고 불리는 사람들이 가진 편협한 문제 인식 능력을 실감하였는데, 특히 자연감염에 대한 견해는 놀라운 것이었습니다. 저자들은 코로나19 환자들의 항체가 변화 추이를 모니터링한 논문 하나를 인용하면서 "... there is no evidence for lasting protective immunity to SARS-CoV-2 following natural infection"라고 적고 있었습니다. 즉, 자연감염 후 면역이 지속되는지에 대한 증거가 없기 때문에 백신이 개발될 때까지 전파 최소화를 해야 한다는 것이 그들의 주장이었죠. 전 세계 유수한 대학의 교수들로 이루어진 이 저자들은 어이없게도 항체가 사라지면 면역도 사라진다고 믿고 있는 듯했습니다.

저는 코로나19 사태를 경험하면서 몇몇 단어에 극심한 혐오감을 가지게 되었는데 그중 하나가 "evidence"라는 단어입니다. 현대사회의 전문가들이란 "먹으면 배가 부르고, 굶으면 배가 고프다"는 것조차 연구 논문이 없으면 증거가 없다고 주장할 사람들입니다. 지구 탄생 이래부터 존재해왔던 병원체와 숙주 간의 상호작용이라는 관점에서 이해하고 판단해야 하는 사안조차도 논문이 없으면 아직 증거가 없다고 당당하게 이야기하는 소위 전문가라고 불리는 사람들을 참으로 견디기 힘들었습니다.

현재까지 공식적으로 보고된 코로나19 확진자 수가 1억 8천여 명이고, 그보다 훨씬 더 많은 감염자가 존재했을 것으로 추정되고 있습니다. 그렇다면 이미 수억 명이 자연감염을 경험하고 회복했다는 의미입니다. 그런데 현재 WHO나 미국 CDC에서는 이들조차도 백신접종을 해야 한다고 공식적으로 말하고 있습니다. 심지어 백신을 접종한 사람은 마스크를 벗을 수 있으나, 자연감염을 경험한 사람은 백신접종을 할 때까지 마스크를 벗을 수 없다고 이야기합니다. 아니 도대체 언제부터 백신접종자가 자연감염을 경험하고 회복된 자보다 더 나은 면역을 가지게 된 건가요?

자연감염 경험을 통하여 얻게 되는 면역은 백신으로 얻는 면역보다 더 포괄적이고 강력하다는 것은 상식 중 상식입니다. 우리가 언론을 통하여 백신 효과로 늘 듣는 이야기는 중화항체 생성률에 관한 것입니다. 그런데 백신접종 후 중화항체가 더 잘 만들어진다는 이유로 백신접종이 자연감염보다 우월하다고 주장하는 것은, 스스로 공부해서 국어, 수학, 영어 모두 90점 받은 학생보다 족집게 과외선생 덕분에 국어만 100점 받고 나머지 다 낙제점 받은 학생이 더 우수하다고 이야기하는 격입니다.

코로나19와 같이 호흡기계를 통하여 노출되는 바이러스는 감염이라는 과정을 통하여 호흡기 면역시스템을 훈련시킬 수 있다는 점에서 바로 체내로 주입되는 백신과는 비교 불가입니다. 호흡기 점막 상피 세포들이 바이러스 전체를 통째로 경험하면서 선천면역과 획득면역을 훈련시키는 것은 코로나19와 같이 끊임없이 변이가 발생하는 바이러스에 대응하는 가장 효과적인 방법입니다. 특히 선천면역이란 바이러스와 박테리아도 가리지 않고 일괄 처리하는 세계인데, 일개 바이러스가 보이는 유전자 변이란 우습기 짝이 없죠. 변이가 출현할 때마다 남아공 변이에 몇 % 효과적이니, 인도 변이에 몇 % 효과적이니 따져야 하는 백신과는 비교할 바가 못 됩니다.

최근 미국의 의료기관 종사자 수만 명을 대상으로 시행한 연구 결과[43]에 의하면, 과거 감염을 경험한 사람들이 코로나19에 재감염될 확률은 매우 낮으며 기본적으로 백신접종자와 동일함을 보고했습니다. 자연감염 경험자의 항체가가 백신접종자보다 낮다 하더라도 면역세포들이 장기기억을 가지고 있기 때문에 바이러스에 재노출 되면 신속하게 항체가 형성됩니다. 아니, 항체까지 동원될 것도 없이 훈련된 점막 면역계에서 가볍게 처리하고 끝내는 경우가 훨씬 많을 겁니다. 오로지 스파이크 단백질에만 초점이 맞춰진 현재 백신과 호흡기 세포들이 바이러스를 통째로 경험하는 자연감염을 등가로 두는 것조차 어불성설입니다만, 백신접종자를 자연감염을 경험하고 회복한 자보다 상위에 둔다는 것은 진실을 심각하게 왜곡하는 일입니다.

거기에 더하여 최근 미국 CDC에서는 백신접종자를 대상으로 PCR 검사를 할 때는 증폭 횟수를 28회 이하로만 사용하도록 지침을 변경했다고 합니다. PCR 검사의 과다한 유전자 증폭 횟수는 처음부터 계속 문제가 되어 왔는데, 자신이 가진 면역체계로 바이러스가 충분히 증식하지 못하도록 이겨내고 있거나 이미 이겨낸 사람들을 모두 확진자로 분류함으로써 유행의 규모를 과장하고 공포를 조장한다는 비판이었죠. 그런데 이제부터는 똑같이 의미없는 바이러스 조각이 존재해도 백신접종을 하지 않으면 양성으로 나오고, 백신접종을 하면 음성으로 나오는 세상이 되어 버렸습니다. 우리가 사는 세상의 민낯을 직시할 수 있는 사람들이 많이 늘어나기를 바랍니다.

전체 사회의 피해를 최소화하기 위해서는 고위험군은 보호하되 건강한 사람들은 일상 생활을 할 수 있어야 한다고 주장했던 그레이트 배링턴 선언문은 스웨덴의 방역대책과 매우 유사합니다. 그리고 결과적으로 코로나19는 스웨덴처럼 독한 독감 유행 정도로 생각하고 고위험군 중심으로 대응하는 것이 가장 적절했던 감염병입니다. 처음부터 저항력이 높았던 동아시아권은 말할 것도 없습니다. 지금이라도 백신접종은 고위험군과 원하는 사람들한테 신속하게 해 주고 건강한 사람들은 그냥 자신의 삶을 살도록 하면 된다고 봅니다만, 백신 1차 접종자 천만 명 돌파로 탄력을 받은 방역당국에서는 끝까지 밀어붙일 듯싶군요. 정부가 내세운 목표 달성을 위하여서가 아닌, 진정으로 국민 편에 서서 의사결정을 해주기만 바랄 뿐입니다.

의사로 짐작되는 분이 타미플루라는 항바이러스 치료제가 있는 독감과 코로나19를 비교하는 것은 적절하지 않다는 댓글을 달았다. 전문가들은 이와 유사한 방식으로 처음부터 코로나19를 매우 특별한 감염병으로 만들어 버렸다. 개별 환자를 치료하는 의사 입장에서는 이 둘은 당연히 다른 병이다. 그러나 바이러스의 상기도 감염으로부터 시작하는 호흡기계 감염병이라는 큰 틀에서 볼 때 사회적으로 독감과 코로나19는 다르게 대우할 필요가 없는 감염병이었다. 약한 독감, 심한 독감, 아주 심한 독감 정도의 차이만 있을 뿐이다.

백신접종으로
집단면역에 도달하겠다는
헛된 꿈

제가 집단면역의 중요성을 처음 언급한 것은 작년 2월 대구 신천지 사태 때 올린 "신종 코로나 유행이 가능한 한 빨리 종식되려면"이라는 글이었습니다. 무증상과 경한 증상이 대부분인 코로나19의 경우, 건강한 사람들이 경험하고 지나가는 자연감염은 방역의 관점이 아닌 집단면역을 올려주는 순기능의 관점으로 접근해야 전체 사회의 피해를 최소화할 수 있다는 것이 저의 주장이었죠.

그 이후 2020년 여름에 올린 "지금까지 버텨준 스웨덴이 고맙다"라는 글에서는 노마스크, 노락다운으로 대응했던 스웨덴 상황을 설명드리면서 다시 한번 집단면역의 중요성을 강조드린 바 있습니다. 그런데 겨울이 되면서 스웨덴의 코로나19 확진자와 사망자가 다시 증가합니다. 아직도 당신이 맞다고 생각하느냐고 비아냥대는 댓글들이 달리기 시작하더군요. 비슷한 일이 인도의 코로나19 유행을 두고도 벌어졌습니다.

이런 일을 반복적으로 경험하면서 저는 대부분 사람들이 집단면역의 개념을 제대로 이해하지 못하고 있다는 사실을 알게 되었습니다. 집단면역을 확진자 0이 되고 그 상태가 유지되는 것이라고 믿는 듯 했습니다. 또한 정부에서는 올 11월까지 백신접종으로 집단면역에 도달하겠다고 여러 차례 공언한 바 있는데, 이 또한 집단면역이 현실에서 어떻게 작동하는지 모르기 때문에 할 수 있는 호언장담이라고 보았습니다. 좀 더 많은 사람들이 집단면역을 정확하게 이해하게 되면, 혹시라도 긴급 승인으로 사용 중인 백신으로 집단면역에 도달하겠다는 위험한 무리수를 정부가 재고하지 않을까 하는 바람을 가지고 이 글을 올립니다.

계절성 독감을 예로 들어 설명하겠습니다. OECD 국가들의 65세 이상 인구 독감 백신접종률을 보면 우리나라는 85%라는 타의 추종을 불허하는 높은 접종률을 보이고 있습니다만 OECD 평균은 40~50% 정도 됩니다(그림). 대부분 동유럽권 국가들은 10% 수준이고, 독일, 노르웨이, 일본, 핀란드와 같은 국가도 50%에 못 미칩니다. 그런데 독감 백신접종률이 높은 나라나 낮은 나라나 할 것 없이 매년 겨울 독감이 유행하는 것은 마찬가지입니다. 모든 국가에서 겨울이 되면 사망률이 올라가고 따뜻한 봄이 되면 사망률이 떨어지는 계절성 유행 패턴을 보이죠.

세계적으로 독감 백신접종률이 가장 높은 우리나라의 경우 매년 2,3천 명 정도가 독감으로 사망한다고 보고되고 있습니다. 그럼

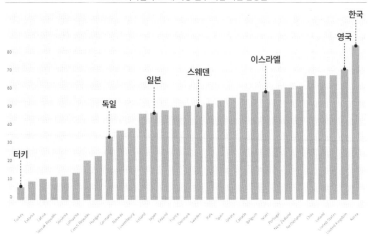

OECD 국가들의 65세 이상 인구 독감 백신 접종률

우리는 독감 바이러스에 대하여 집단면역이 있는 건가요? 없는 건가요? 당연히 집단면역이 존재합니다. 집단면역이 존재하기 때문에 사망자 수가 2,3천 명 정도로 그치는 것이지, 집단면역이 없었더라면 사망자가 수십만 명이 되었을지도 모릅니다. 즉, 집단면역의 존재란 환자수 0, 사망자 수 0의 상황을 의미하는 것이 아니라는 것입니다.

그러면 집단면역을 올려주는 역할은 누가 했을까요? 독감 백신 접종을 한 사람들이 해주었을까요? 아니면 백신이든 뭐든 신경 쓰지 않고 살아가는 건강한 사람들이 해주었을까요? 이것도 당연히 건강한 사람들이 핵심적인 역할을 하는 겁니다. 만약 백신접종이 절대적이라면, 독감 백신접종률이 우리나라 절반에 불과한 독일, 노르웨이, 일본, 핀란드 같은 국가는 매년 독감 사망자 수가 폭발했었어야 합니다만 그런 소식은 아직까지 들어본 바가 없습니다.

독감 시즌은 보통 11,12월에 시작하여 이듬해 3,4월까지 이어지는데 이 기간 동안 아주 많은 사람들이 독감 바이러스에 대한 노출을 경험합니다. 면역력이 약한 사람들은 백신접종을 했다 하더라도 위중한 상황이나 사망까지 이어질 수도 있지만, 건강한 사람들은 백신접종을 하지 않았더라도 대부분 무증상과 경한 증상만으로 넘어가게 되죠(이런 사람들을 대상으로 PCR 선제 검사하고 접촉자 추적과 같은 일을 벌이면 이번 코로나19와 같은 사태가 발생하는 겁니다). 시간이 지나감에 따라 자연감염을 경험하고 회복되는 사람들이 증가하면서 집단면역 수준도 지속적으로 올라가게 되는데, 여기에 계절적 요인이 추가되면 어느 시점 유행 곡선이 꺾이는 패턴을 보이게 됩니다. 즉, 집단면역에 도달했음을 의미합니다.

그러나 시간이 지나감에 따라 항체가 소실, 새로운 변이 출현 등으로 인하여 집단면역 수준이 떨어지게 되고, 동시에 유행을 촉발하는 계절적 요인까지 더해지면 다시 유행이 시작되죠. 즉, 집단면역이란 이분법적으로 접근하는 정적인 개념이 아니라 끊임없이 변하는 다이내믹한 속성을 가지고 있으며, 호흡기계 감염병의 계절성 유행 패턴에 기여하는 요인이라는 사실을 정확하게 이해할 필요가 있습니다. 또한 한 인구집단이 집단면역에 도달했음은 항체 양성률 혹은 백신접종률 등으로 알 수 있는 것이 아니라 유행 곡선의 패턴이라는 현상을 보면서 단지 '짐작'할 뿐입니다. 언뜻 보기에 전자는 과학적인 판단 기준인 듯하고, 후자는 비과학적인 접근방법 같습니다만, 실상은 정반대입니다. 항체란 유기체가 가진 면역시스템의 일부일 뿐이고 집단면역의 기준치는 조건에 따라 지속적으로 변하는 수치이기 때문입니다.

아마 지금쯤은 코로나19 백신접종으로 집단면역에 도달하는 것이 과연 가능한 일인가? 라는 질문을 하는 사람들이 꽤 늘었을 듯합니다. 최근 방역당국에서는 델타 변이 소식을 전하면서 더욱 백신접종의 중요성을 강조하고 있습니다만, 사실 변이의 출현은 백신 효과에 대한 의문으로 이어질 수밖에 없습니다. 끊임없이 변하는 것은 바이러스 기본 속성으로, 전 국민 백신접종을 끝낸다 하더라도 변이는 앞으로도 계속 나올 수밖에 없으며 그리스 알파벳 24개로는 턱도 없을 겁니다.

"자연감염을 통하여 획득하는 면역은 항상 우월합니다"에서 설명 드렸듯, 한 개인의 관점에서 보았을 때 자연감염 경험을 통하여 얻게 되는 면역은 백신을 통하여 얻는 면역보다 훨씬 포괄적이고 강력합니다. 특히 끊임없이 변이를 일으키는 호흡기 바이러스의 경우에는 자연감염 경험이 더욱 중요합니다. 또한 인구집단 관점에서도 자연감염을 경험한 사람들이 많으면 많을수록 그 인구집단의 집단면역은 점점 더 견고해집니다. 따라서 코로나19 정도의 치명률을 가진 감염병 유행시에는 건강한 사람들은 일상 생활을 해주어야만 장기적으로 감염병 유행 관리에도 유리하고, 그 밖의 광범위한 신체 및 정신 건강, 경제, 교육, 문화 등 사회 각 분야에 끼치는 피해를 최소화할 수 있는 겁니다.

최근 2만 년 전 동아시아권에 코로나19와 유사한 감염병이 휩쓸고 갔다는 증거를 유전자 분석에서 발견했다는 기사[44]가 올라왔더군요. 반갑게도 동아시아권은 교차면역으로 인하여 처음부터 코로나19에 대한 높은 저항력을 가지고 있었다는 저의 주장을 뒷받침하는 하나의 증거가 될 수 있을 듯합니다. 다시 한번 강조하지만 동아시아권의 코로나19는 이렇게까지 대우할 만한 감염병이 아닙니다.

중앙임상위원회 위원장이신 오명돈 교수님께서도 일찍부터 코로나19는 무증상과 경한 증상이 대부분이며 증상이 있다 하더라도 합병증이나 후유증이 독감보다 심하지 않다는 의견을 여러 차례 내신 바 있고, 최근 명지병원 응급의학과 서주현 선생님께서 내신 『코로나19, 걸리면 진짜 안돼?』 책에서도 비슷한 주장을 하고 있죠.

곧 수능을 앞둔 고3을 대상으로 백신접종이 시작될 것이라고 합니다. 아직도 저는 코로나19에 대한 저항력이 높은 동아시아권에서 왜 건강한 청소년들이 긴급 승인으로 사용 중인 백신을 맞아야 하는 건지 제대로 이해하지 못하고 있습니다. 자신을 보호하기 위한 것인가요? 타인을 보호하기 위한 것인가요? 아니면 제가 모르는 또 다른 이유가 있는 건가요? 코로나19는 끝이 아니라 시작입니다. 이번 사태에서 아무런 교훈을 얻지 못한다면, 향후 코로나25가 나올 때 우리는 지금과 같은 일을 훨씬 더 업그레이드된 버전으로 고스란히 다시 겪게 될 겁니다.

2021년 7월 15일

이 시기 우리나라 하루 확진자 수는 1~2천명, 사망자 수는 1~2명 정도였다. 그런데 거리두기 4단계를 시행했다. 왜 그런 결정을 했을까? 소위 수리모델링에서 거리두기 4단계를 하지 않으면 곧 의료시스템 붕괴가 온다고 예측했기 때문이다. 2020년 봄 이미 코로나19 수리모델링의 심각한 오류가 만천하에 드러났으나 우리 사회는 이 때도, 그 후에도 계속 수리모델링을 과학이라고 맹신했다. 한평생 5지 선다형 시험 문제를 풀면서 정답 맞추는 훈련만 한 사람들로 가득찬 국가라서 다른 생각을 하지 못한다는 댓글이 달렸다. "확진자 수를 줄이는 방법은?" 이라는 문제가 주어지면 시험지에 적힌 답가지 안에서만 정답을 찾을려고 한다. 출제자의 정답은 사회적 거리두기다. 가장 강력한 거리두기인 전면락다운조차 별 의미가 없었다는 보고가 쌓여가지만 출제자가 일단 정답으로 체크하여 문제은행에 넣어두면 정답이 바뀌는 법은 없다.

과연 영국은 백신접종률이
높아서 사망자가 적은걸까?

혹시 봉준호 감독의 <설국열차> 마지막 장면을 기억하시나요? 빙하기가 시작된 지구에서 살아남기 위해 열차에 올라탄 사람들 사이에서 벌어지는 처참한 갈등과 투쟁 끝에 두 명의 아이가 열차를 탈출합니다. 그리고 마주치는 북극곰 한 마리로 영화는 막을 내리죠. 영화는 빙하기가 시작된 지 17년 후를 가정하고 있었는데 그때까지 먹이사슬 최상층부에 위치한 북극곰이 생존해 있기 위해서는 그 아래 먹이사슬들도 존재해야 합니다. 아마 감독은 빙하기로 인하여 모든 생명체가 멸종될 것이라고 생각했지만 실제로는 생명체가 살 수 있는 땅으로 회복되고 있음을 이야기하고 싶었던 것 같습니다. 그러나 이 아이들이 열차 밖으로 나와 보지 않았더라면, 과연 지구가 변하고 있다는 사실을 알 수 있었을까요?

코로나19가 지금껏 인류가 경험했던 그 어떤 호흡기계 감염병 유행보다 오래 끌고 있는 듯합니다. 저는 그 이유를 코로나19가 특별해서라기보다 인류 대응이 전례가 없어서 그렇다고 생각합니다. 무엇보다 바이러스와 숙주 간 신속한 공진화의 원동력이 되어야 할 건강한 사람들을 오로지 전파원의 관점으로만 보았던 방역 만능주의자들의 단견이 초래한 비극이라고 봅니다. 특히 설국열차에 등장하는 북극곰의 존재쯤으로 해석될 수 있는 바이러스 변이를 가지고 또다시 사회가 이런 혼란과 공포에 빠질 수 있다는 것이 안타까울 뿐입니다.

많은 국가에서 일상으로 돌아가기 위하여 다양한 출구전략을 모색하고 있는 시점, 우리나라는 거리두기 4단계를 시행하고 있습니다. 숙주와의 공존을 위하여 빠르게 진화하는 바이러스 본질을 무시하고 의미 없는 확진자 수 헤아리기로 국민들을 1년 반 동안 세뇌시킨 덕에 무려 70% 이상의 국민들이 4단계 거리두기를 지지한다고 하는군요. 이번 코로나19 유행 중에 인류는 정말 바보 같은 짓을 많이 저질렀다고 보는데, 유행이 시작된 지 1년 반이 지난 시점에 무증상, 경한 증상이 대부분인 확진자 수에 기반하여 4단계 거리두기를 선택한 어떤 국가도 최소한 10위 안에 들지 않을까 싶습니다. 그 당시 해당 국가의 코로나19 일일 사망자 수가 1,2명에 불과했다는 정보까지 제공된다면 어쩌면 3순위 안에 들지도 모르겠습니다.

전체를 보지 못하고 부분만 집착하는 폐단을 꼬집는 많은 격언이나 명언들이 있는데 그중 하나가 "수술은 성공적으로 끝냈는데 환자는 죽어버렸다"라는 표현입니다. 제가 유행초기 코로나19와 같은 성격을 가진 바이러스를 상대로 우리나라처럼 전파방지에 초점을 맞춘 방역정책을 장기간 유지하면 이런 일이 발생한다고 예상한 바 있는데 점점 현실화되고 있는 듯합니다. 이번 4단계 거리두기 후 확진자 수는 성공적으로 줄었으나, 훨씬 더 많은 생명과 삶에 회복 불가능한 피해를 남기는 일이 없기만 바랄 뿐입니다.

방역당국에서는 최소한 영국 수준으로 백신접종률이 올라갈 때까지는 K방역을 고수할 생각인 듯합니다. 이제는 가족처럼 익숙해진 얼굴을 가진 전문가들이 나와서 영국의 일일 확진자 수가 수만 명이 넘지만 사망자 수가 적은 이유는 백신접종률이 높아서 그렇다고 한 목소리로 이야기하니 다들 고개를 끄덕이면서 우리가 이 위기에서 탈출할 수 있는 유일한 길은 백신접종뿐이라고 믿고 있는 듯합니다. 그런데 정말 현재 영국의 사망자 수가 적은 것이 백신접종률이 높기 때문인 걸까요?

다시 스웨덴 사례를 보겠습니다. 스웨덴의 경우 2월 말경부터 확진자가 급증하기 시작했는데 그럼에도 불구하고 여전히 사망자 증가를 보이지 않았습니다. 그 시기 스웨덴의 백신접종률은 1차 10~20%, 2차 5~10% 정도에 불과했고요. 현재 우리나라보다 낮은 백신접종률이었지만 영국과 비슷한 패턴을 보이고 있죠. 즉, 확진자가 증가해도 사망자가 늘어나지 않는 현상은 바이러스의 치명률은 낮아지고 숙주의 면역력은 높아지는 공진화, 그리고 고위험군에만 집중하는 백신접종으로 얼마든지 가능합니다.

혹시나 스웨덴은 죽을 사람들이 이미 다 죽어서 그렇다고 해석하고 싶은 사람들을 위하여 참고로 덧붙이자면, 스웨덴의 코로나19 사망률은 영국보다 낮으며, 총사망률을 반영하는 초과사망은 훨씬 더 낮습니다. 다시 말하면, 죽을 사람이 다 죽어서 그렇다면 이는 영국 상황을 설명하는 데 더 적절하다는 의미입니다. 유행 시작부터 노마스크, 노락다운으로 대응했던 스웨덴과는 달리 영국은 그동안 무려 3차례 전면락다운에 마스크 의무화까지 했던 국가임을 다시 한번 알려드립니다.

유럽과 미국에서 수만 명의 관중들이 노마스크로 운집한 스포츠 경기장을 보면서 많은 사람들이 우리나라도 백신접종률만 높이면 곧 그런 미래가 찾아올 것이라는 환상을 가지는 것 같습니다. 하지만 백신접종률이 100%가 되어도 지금처럼 역학조사에 기반하여 확진자 수를 헤아리는 방역 정책을 고수하는 한 그런 날은 결코 오지 않습니다. 유행 초기부터 코로나19에 대한 높은 저항력을 보였던 동아시아권에서 확진자 동선 추적하고 무증상자 격리하는 방역정책을 지금까지 유지하면서 의미 없는 확진자 수에 전 국민을 울고 웃게 만든 것은 사실 난센스에 가깝습니다. K방역 덕분에 이 정도로 유지하고 있을 뿐이라고 주장하고 싶은 분들은, 무증상과 경한 증상자에게 PCR 검사를 제한했던 일본의 현재 상황을 확인해보시기 바랍니다. 비유하자면 우리는 빙하기기 오지도 않았는데 자진해서 설국열차에 올라탄 승객들입니다.

최근 가장 강력한 사회적 거리두기의 형태인 전면락다운조차 별 의미가 없었다는 연구결과들이 줄지어 나오고 있지만 우리 사회에서는 아직도 방역 신화에 사로잡힌 사람들이 대부분인 듯합니다. '바이러스 지역사회 전파 후' 전체 사회를 대상으로 한 거리두기란 단지 일시적으로 효과가 있는 것처럼 보이는 착시현상일 뿐입니다. 사람들 간의 접촉이 시작되면 다시 바이러스는 제 갈길을 가기 시작합니다. 거리두기 강도가 강하면 강할수록 그 효과는 더욱 단기적이고, 대신 전체 사회가 치러야 할 유무형의 대가는 장기적이며 파괴적이죠.

정부에서는 이번 4차 유행을 두고도 여전히 K방역 극대화가 가장 효과적인 대응이라는 놀라운 인식 수준을 보여주고 있습니다. 우리나라는 일찍부터 고위험군, 의료시스템 중심으로 방향 전환을 했었어도 별 문제가 없었을 대표적인 국가라고 봅니다만, 그렇게 하지 못했던 이유는 아마도 확진자 수가 K방역의 성과를 가장 잘 보여줄 수 있는 지표였기 때문이 아닐까 싶습니다. 하지만 이제는 확진자 수에 근거하여 방역 정책을 결정하는 것이 과연 합리적인 것인가?라는 질문을 던지는 사람들이 많이 늘어나고 있는 듯합니다. 더 많은 사람들이 의문을 가지기 전에, 방역당국에서는 적당한 출구전략 만들어 K방역의 늪에서 하루 빨리 탈출할 수 있게 되기를 바랍니다.

한 의사가 근거중심의학evidence-based medicine에 매몰된 의료계를 한
탄하는 댓글을 달았다. 현 의료계는 근거중심의학이 얼마나 심각하게
왜곡되고 있는지 제대로 알지 못한다. 바이러스와 숙주가 계속 공진화
하고 있는 상황에서 의사 결정에 가장 중요한 역할을 해야 하는 것은
현재 나오고 있는 다양한 자료들에 근거한 합리적 추론이며 백신 효과
에 대한 무작위배정 임상시험 논문은 단지 참고할만한 과거의 사건일
뿐이다. 그러나 어설픈 전문가들은 오로지 무작위배정 임상시험에서
나온 결과만이 과학적 근거이고 합리적 추론은 비과학적 주장이라고
생각한다. "전문가 권력이 인간을 무기력하게 만든다"는 이반 일리치를
인용하는 댓글도 달렸다.

승자의 과학과
패자의 과학

1981년 『네이처』에 아주 짧은 논문 한 편[45]이 발표된 적이 있습
니다. 남극의 아문센-스콧 기지에 장기간 고립되어 근무하고 있던
대원들에게서 두 차례 호흡기계 감염병 유행이 발생했는데 세포배
양으로 확인해본 결과 동일한 바이러스인 것으로 확인되었다는 내
용이었죠. 연구자들은 여러 상황을 고려했을 때 이 바이러스는 외
부에서 새롭게 유입된 것이 아니라 대원들의 호흡기계에 비활성
상태로 존재하고 있다가 재활성되면서 유행을 일으킨 것으로 해석
하고 있었습니다.

『네이처』와 같은 저널에 이런 에피소드에 가까운 연구결과가

실렸다는 것이 믿어지지 않을지도 모르는데요, 이 논문 내용이 그 당시 그리고 지금도 많은 사람들이 가지고 있는 호흡기계 감염병에 대한 고정관념에 반하는 것이었기 때문에 『네이처』에 실릴 수 있었다고 봅니다. 일반적으로 사람들은 호흡기계 감염병이 유행하면 병원체가 외부에서 유입되었기 때문이라고 생각합니다. 그러나 실제로는 다양한 바이러스들이 숙주 내에 비활성 상태로 장기간 생존할 수 있으며, 이들이 재활성됨으로써 유행이 시작될 수 있다는 사실이 밝혀지고 있죠.

많은 호흡기계 바이러스 감염병들은 겨울이 되면 환자수가 급증했다가 봄이 되면 사라지는 계절성 유행 패턴을 보이는데, 여기에는 연구자들이 수수께끼같이 여기는 현상이 있습니다. 예를 들면 겨울철이 다가오면 북반구의 아주 넓은 지역에 걸쳐 짧은 기간 동안 유행이 거의 동시에 시작되었다가 봄이 되면 거의 동시에 유행이 종식되곤 하는 패턴을 보여줍니다. 외부에서 유입된 바이러스 전파로는 이런 유행 패턴을 설명하기 어렵기 때문에 다른 이유가 존재할 것이라고 보고 있었죠.

현재 이에 대한 가장 설득력 있는 설명은 많은 바이러스들이 사람들의 호흡기에 비활성 상태로 상주하고 있다가 환경과 숙주 조건에 따라 깨어나면서 유행이 시작된다는 것입니다. 즉, 바이러스가 철새처럼 봄이 되면 남반구로 날아갔다가 겨울이 되면 북반구로 돌아와서 계절성을 보이는 것이 아니라는 겁니다. 실제로 동일한 사람들을 장기간 추적 조사한 연구에 의하면 여름철에도 다양한 호흡기계 바이러스가 검출되는 것으로 보고되고 있죠. 물론 대부분 무증상자들입니다.

이런 관점의 변화는 19세기에 있었던 루이 파스퇴르Louis Pasteur와 앙투안 베샹Antoine Béchamp간의 치열한 논쟁을 떠올리게 됩니다. 파스퇴르는 의학 역사상 가장 중요한 인물 중 한 명으로, 우리나라로 치면 세종대왕, 이순신 장군급 대우를 프랑스에서 받고 있다고 하죠. 그러나 현시점 베샹을 기억하는 사람들은 거의 없습니다.

파스퇴르가 활동했던 19세기 중반, 감염병 원인에 대하여 대립하던 몇 가지 가설이 있었습니다. 이 중 대표적인 것이 파스퇴르의 세균론Germ theory과 베샹의 세포론Cellular theory 혹은 Terrain theory입니다. 세균론은 감염병이란 외부에서 인체로 침입한 미생물에 의하여 발생한다는 관점으로 코로나19 유행시 대중들에게 강요된 수많은 방역 수칙들은 모두 다 파스퇴르의 세균론에 근거한 것이라고 볼 수 있습니다. 항생제와 백신 개발은 세균론에서 시작된 훌륭한 과학적 성과들이죠. 한편 베샹은 미생물이란 모든 유기체에 항상 존재하는 것이며 병으로 진행하느냐 하지 않느냐는 전적으로 세포 상태에 의하여 결정된다고 보았습니다. 세포 상태는 다양한 섭생과 관계가 있다고 주장했고요. 파스퇴르와 비교했을 때 베샹의 주장은 모호하고 실증적으로 증명하기 어렵다는 문제가 있었습니다.

그리고 20세기가 되면서 파스퇴르의 세균론은 승자의 과학으로 살아남고 세포론은 패자의 과학으로 베샹이라는 인물과 함께 잊히게 됩니다. 하지만 현재 과학의 시선으로 되돌아보면 세균론과 세포론은 어느 하나는 맞고 다른 하나는 틀린 개념이 아니라, 서로 상호보완적인 이론이라고 보는 것이 적절합니다. 예를 들어 환자 vs. 건강한 사람으로 구분해 본다면, 환자는 세균론의 관점으로 접근하는 것이 맞지만 건강한 사람은 세포론의 관점이 더 중요한 의미가 있다고 볼 수 있죠.

배샹은 생명체 작동원리에 대하여 상당한 통찰력을 가졌던 인물로 판단되는데, 그 시대에 이미 공생미생물의 존재와 중요성을 파악하고 있었습니다. 21세기에 와서야 공생미생물과 인체 건강 사이에 존재하는 불가분의 관계가 학계에서 인정받았음을 기억한다면, 배샹의 관점이 얼마나 앞서 있었는지를 알 수 있습니다. 또한 감염병 발생에 있어서 숙주의 상태, 즉 면역력의 중요성을 정확하게 인지하고 있었다는 점에서 그 당시 대다수 과학자들에 비하여 보다 거시적인 시각을 가졌다고 볼 수 있습니다.

현재 우리는 파스퇴르 과학에서 파생된 방역과 백신만이 코로나19 사태를 해결할 수 있다고 확신하고 있습니다. 그러나 만약 배샹의 주장이 잊히지 않았더라면 인류는 코로나19 사태를 지금과는 매우 다른 방식으로 풀어갔을지도 모릅니다. 저는 우리가 목격하고 있는 혼란의 많은 부분은 '환자와 병원'이라는 상황에 사용되는 관점을 무분별하게 '건강한 사람들과 지역사회'에 적용했기 때문이라고 생각합니다. 그레이트 배링턴 선언문은 왜 이 두 집단을 분리하여 접근해야만 하는가를 세상에 설명하는 선언문이었으며, 스웨덴은 이것이 옳은 방향이었음을 증명하는 실례라고 볼 수 있습니다.

한편 확진자 폭증에도 불구하고 사회를 완전히 열었던 영국이 며칠 전부터 확진자 수 감소 추세로 돌아서기 시작한 듯하군요. 일단 바이러스가 지역사회 전파를 시작하면 이순신 장군의 "生卽死 死卽生"의 원리가 바이러스와 인간의 싸움에도 똑같이 적용된다는 사실을 방역 만능주의자들은 모르고 있죠. 바이러스는 퍼지면 멈추고, 멈추려고 하면 잠시 멈칫하는 것처럼 보일 뿐 다시 퍼집니다. '바이러스 지역사회 전파 후' 건강한 사람들이 경험하고 지나가는 감염은 막을 수도 없고 막을 필요도 없는 이유이자, K방역의 핵심인 동선 추적과 선제 검사가 사회에 혼란과 공포만 초래할 뿐 별 의미 없는 이유입니다.

사태가 이 지경이 되어도 여전히 K방역을 자화자찬하고 있는 정부, 조금만 더 힘내자는 전문가들, 그래도 방역은 우리가 최고라는 국민들을 보면 앞으로도 덤 앤 더머들의 행진은 계속될 것 같습니다. 우리나라는 그동안 K방역을 국가 브랜드화하면서 모든 국민이 한 마음으로 방역 1등 국가를 추구해왔습니다만 방역이란 결코 1등을 추구해서는 안 되는 독이 든 성배일 따름입니다. "방역 vs. 면역: 공존 불가능한 두 세계"*에서 설명드렸듯, 방역에 사용되는 모든 방법들은 결국 건강한 유기체의 면역을 서서히 낮추는 방향으로 작동하기 때문입니다. '건강한 사람'들에게 진정한 영웅은 파스퇴르가 아닌 베샹이라는 사실을 이해하지 못하는 한, 우리는 이번과 같은 어리석은 일을 끝없이 반복할 듯 하군요.

---

* 브런치 글 참고.
  방역 vs. 면역: 공존 불가능한 두 세계 (2021년 2월 8일)

이 글을 두고 내가 코로나 사태 이전 그리고 이후 올렸던 모든 글들의 종합판이라는 독자의 댓글이 달렸다. 나는 세상이 호메시스를 제대로 이해했더라면 감염병에 대한 패러다임은 진작에 바뀌었을 것이라고 생각한다. 호메시스 현상은 다양한 관점으로 설명될 수 있는데 그 중 하나가 경미한 스트레스에 반복적으로 노출되면 향후 심각한 스트레스를 이겨낼 수 있다는 것이다. 그리고 호메시스의 주요 특징 중 하나가 다양한 스트레스들 간에 교차반응을 할 수 있다는 것으로, 이를 cross-stress response라고 부른다. 역사적으로 늘 독살 위험 속에서 살았던 고대 왕들은 평소 미량의 독을 조금씩 복용함으로써 독약에 대한 내성을 길렀다고 하는데 가장 잘 알려진 인물이 고대 폰토스 왕국의 미트리다테스 6세다. 그는 훗날 스스로 독을 먹고 자살하려 했으나 아무리 많이 먹어도 죽지 않아 결국 다른 방법으로 자결했다고 전한다. 이 에피소드에 독 대신 미생물을 넣으면 어떨까? 사람들이 일상생활을 하면서 반복적으로 경험하고 지나가는 경미한 감염병들은 그 자체로 심각한 감염병을 예방할 수 있다. 예를 들면, 감기 바이러스에 대한 노출 경험으로 코로나19를 가볍게 지나가도록 만들어주는 교차면역은 호메시스의 cross-stress response와 개념적으로 매우 유사하다. 경미한 감염병을 예방하겠다고 마스크, 소독제, 거리두기와 함께하는 삶을 선택하는 것이 전형적인 소탐대실인 이유다.

나를 죽이지 못하는 것은 나를 더 강하게 만듭니다

그동안 제가 올렸던 코로나 관련 글에서 사람들이 가장 받아들이기 힘들었던 내용은 아마도 건강한 사람들의 경우 코로나19 정도의 감염병은 일상 생활을 하면서 경험하고 지나가는 편이 개인에게도 사회적으로도 더 낫다는 주장이 아니었던가 싶습니다. 코로나19에 대한 분위기가 상당히 바뀐 지금도 건강한 사람에게 코로나19는 그리 위험한 병이 아니다 정도의 주장은 받아들여집니다만, 감염을 경험하는 편이 "더 낫다"와 같은 주장에는 여전히 거부감이 심한 듯합니다.

이는 제가 연구자 생활 내내 세상에 알리기 위해 노력했던, 그리고 이 블로그를 시작한 계기이기도 한 '호메시스'를 사람들에게 이해시키기 힘든 것과 비슷합니다. 호메시스란 "적절한 스트레스에 대한 노출은 건강에 도움이 된다" 정도로 아주 쉽게 표현할 수 있는 개념입니다. 언뜻 듣기에 누구나 한 번쯤은 경험했을 평범한 삶의 지혜 정도로 보입니다만, 호메시스는 20세기 내내 유사과학의 대명사로 불렸던 이론입니다. 그 이유는 실제 과학의 영역에서 적절한 스트레스의 사례로 가장 많은 연구가 되었던 주제가 바로 '방사선'이었기 때문입니다.

호메시스 이론을 방사선에 적용하면, '저용량' 방사선에 대한 노출은 건강에 도움이 될 수 있음을 의미합니다. 방사선과 같이 1급 발암물질로 분류되는 종류는 제로만이 안전한 것이고 노출량이 증가하면 증가하는만큼 더 해롭다는 전제하에 현대사회의 모든 제도가 만들어졌습니다. 이런 판국에 '저용량' 방사선은 그리 위험하지 않다 정도도 아니고, 건강에 도움이 될 수 있다고 주장하면 사회의 근간을 위협하는 천하의 사기꾼, 돌팔이 취급을 받게 되겠죠.

그러나 21세기가 되면서 반전이 시작됩니다. 무엇보다 호메시스를 언급하는 논문들이 급증하고 있습니다. 워낙 오랫동안 유사

과학의 대명사로 알려졌던 터라 호메시스가 아닌 다른 단어가 사용되기도 하지만, 읽어 보면 결국 호메시스인 논문들이 많죠. 또한 최근 나온 건강 관련 대형 베스트셀러들도 모두 호메시스를 본격적으로 이야기하고 있는 책들입니다. 데이비드 싱클레어David Sinclair 교수가 쓴『노화의 종말』이 그렇고,『플랜트 패러독스』를 쓴 스티븐 건드리Steven Gundry 박사의『오래도록 젊음을 유지하고 건강하게 죽는 법』이 그렇습니다. 하지만 이런 책들에서 다루고 있는 호메시스는 반쪽짜리라고 봐야 하는데, 그 이유는 우리가 쉽게 받아들일 수 있는 호메시스만을 주로 다루고 있기 때문입니다. 예를 들어, 간헐적 단식, 저탄수화물식, 소식, 냉온욕, 햇빛, 숙면과 같은 건강한 생활습관들을 호메시스 관점에서 풀어내고 있죠. 반면 이 저자들은 사람들이 위험하다고 믿고 있는 요인들이 보이는 호메시스 현상에 대하여서는 제대로 이해하지 못하고 있는 듯 보였습니다.

호메시스의 진정한 이해는 우리가 위험하다고 철석같이 믿고 있는, 그래서 무조건 피하면 피할수록 도움이 된다고 생각하는 요인들이 현실에서 어떻게 작동하고 우리는 어떻게 대응해야 하는가를 정확히 이해하는 것부터 시작됩니다. 여기에는 앞서 언급한 방사선뿐만 아니라, 우리가 일상 생활 속에서 끊임없이 노출되는 수많은 유해물질들이 다 해당합니다. 이러한 저농도 노출은 0으로 만들 수도 없고 만들 필요도 없습니다만, 여전히 대부분 사람들은 0에 가깝게 가면 갈수록 좋다는 소모적인 패러다임에서 헤어 나오지 못하고 있죠. 그런데 제가 지금껏 올린 코로나 관련 글들을 계속 읽어오신 분들이라면 방사선이나 유해물질 자리에 코로나19를 넣어도 아주 자연스럽다는 사실을 알아차렸을 듯합니다. 네, 맞습니다. 넓은 의미에서 본다면 바이러스, 박테리아 같은 미생물들도 호메시스를 유발하는 요인들이라고 할 수 있습니다.

혹시 "우리를 죽이지 못하는 것은 우리를 더 강하게 만든다"라는 니체가 남긴 명언을 들어보신 적이 있으신가요? 이 문장은 호메시스에 대한 매우 직관적인 표현이기도 해서 호메시스에 관한 학술논문에도 가끔 등장하곤 합니다. 바이러스든 박테리아든 뭐든 외부에 존재하는 스트레스에 노출되었을 때 이들이 나를 죽이지 못하면 결국 이 경험은 나를 더 강하게 만듭니다. 비유적 표현이 아니라, 실제로 그렇습니다.

따라서 코로나19 정도의 감염병이 유행할 경우, 치명률 0%에 수렴하는 건강한 사람들은 일상 생활을 하면서 감염을 경험하고 지나가는 것이 무엇보다 본인한테 가장 유리합니다. 이들에게 중요한 것은 노출을 피하는 것이 아니라, 노출되었을 때 가능한 한 무증상, 경한 증상으로 지나갈 수 있도록 스스로 도와주는 법을 배우는 것이 핵심이 되어야 합니다. 유행 초기에 올렸던 "신종 코로나 대응, 면역력 일깨우는 방법 ABCDE"에 나오는 생활습관들은 이러한 목적으로 유용하게 사용될 수 있습니다. 그리고 바이러스에 대한 노출을 피하기 위하여 방역이라는 이름으로 강요되는 모든 것들은 서서히 우리 건강을 해치는 쪽으로 작동한다는 점도 꼭 기억해야 합니다.

이와 같이 감염을 경험하고 지나가는 건강한 사람들이 많으면 많을수록 한 사회가 가진 감염병에 대한 저항력은 점점 더 올라갑니다. 집단면역이 올라간다는 의미입니다. 집단면역은 바이러스와의 '공존'을 위하여 일정 수준 올라와 주어야 하는데, 끊임없이 변이가 발생하는 바이러스성 호흡기계 감염병의 경우 자연감염의 경험을 통하여 올라가는 집단면역이 매우 중요합니다. 4차 유행이 시작될 때 정부에서는 2030을 유행의 주범으로 지목한 바 있으나, 지역사회 전파 후 건강한 사람들이 경험하고 지나가는 감염은 사회적으로 지탄받을 일이 결코 아닙니다.

코로나19는 유행 초기부터 고위험군과 저위험군간 치명률 차이가 수천 배에 이르며, 대부분 사망은 고령의 기저질환자에게 발생한다는 사실이 잘 알려져 있었던 감염병입니다. 이런 감염병을 상대로 우리나라와 같이 단순히 전체 확진자 수 줄이기가 정책 목표가 되는 것은 중대한 실책이라고 볼 수 있습니다. 다만 의료시스템 과부하가 예상될 경우에는 '단기간 전체 사회 셧다운'이 필요할 수도 있는데(우리나라와 같은 눈 가리고 아웅 식의 사회적 거리두기가 아니라), 이 때도 의료시스템 재정비가 끝난 후에는 다시 사회를 열고 건강한 사람들은 일상 생활이 허용되어야 합니다. 그 결과로 교육, 경제, 문화 등 사회의 기본적인 기능이 돌아가면서, 한 사회가 치러야 할 유무형의 장단기 비용을 최소화할 수 있는 것입니다.

사실 이 모든 것은 고위험군의 중증도를 낮출 수 있는 백신이 존재하는 상황에서는 신속하고 안전하게 이루어질 수 있습니다. 그러나 백신이 세상에 나온 지 반년 이상이 지난 지금까지 우리는 방역의 깊은 늪에서 빠져나오지 못하고 있는데, 결국 이 모든 것은 K방역에 대한 환상과 집착이 자초한 禍가 아닐까 싶습니다.

한편 지난주 중앙임상위원회 위원장이신 오명돈 교수님께서 다시 한번 확진자 수 줄이기를 목표로 하는 방역이 아니라 고위험군과 환자 중심으로 전환해야 한다는 인터뷰를 하셨더군요.[46] 즉, 건강한 사람들에게 자연감염을 허용해도 괜찮다는 의미입니다. 기사에 달린 댓글들을 보니 예전과는 분위기가 사뭇 달라진 듯했지만, "의료 붕괴"를 걱정하면서 무책임하다고 비판하는 댓글들도 여전히 많은 듯합니다.

현재 "의료 붕괴"란 단어는 어떤 반론도 잠재울 수 있을 만큼 무소불위의 힘을 가지고 있으며, K방역을 이끌어 왔던 전문가 집단에서 현 방역 정책이 불가피한 이유로 계속 강조하고 있죠. 그러나 유행 초기도 아닌 유행이 시작된 지 1년 반 이상이 지난 지금, 그어떤 국가보다 의료인프라가 잘 갖춰진 나라에서 아직도 이런 이야기가 나온다는 것은 일종의 직무유기라고 봅니다. 의료시스템이란 준비상황에 따라 천 명의 환자가 발생해도 과부하가 걸릴 수 있고, 만 명의 환자가 발생해도 별 문제가 없을 수 있습니다. 그동안 의미 없는 확진자 수 헤아리기 하면서 시간을 보낸다고, 정작 했었어야 할 중요한 일은 하지 않았다는 증거라고 생각합니다.

또한 현재 방역정책의 방향을 바꿔야 한다는 의견을 표명하는 전문가들도, 지금까지의 방역은 훌륭했으나 델타 변이라는 새로운 변수가 나타났으므로 바꿀 필요가 있다고 주장하는 경우가 많더군요. 그런데 코로나19와 같이 무증상자가 많은 감염병을 상대로 전파 최소화를 목표로 했던 K방역은 처음부터 뒤짚어봐야 할, 그리고 한 사회의 미래를 위하여 반드시 재검토되어야 할 정책입니다. 특히 사회 구성원들 간에 증오, 혐오, 분노와 같은 부정적인 감정을 양산하고 감염병에 대한 지나친 공포를 조장한 결과는 이 유행이 끝난다 하더라도 델타 변이보다 더 강한 전염력을 가지고 사회 구

석구석으로 퍼져갈 것이고, 코로나19의 그 어떤 후유증보다 더 오래 우리 사회에 머물 겁니다.

　어쨌든 오명돈 교수님의 인터뷰에 대한 정부의 답변은 아직 때가 아니라는 겁니다. 아마도 목표로 했던 백신접종률에 도달하기 전 정책 방향을 바꾸면 K방역의 실패로 비칠까 두렵기 때문이 아닐까 싶습니다. 그러나 정부가 어떻게 이야기하든 이미 많은 국민들이 K방역을 의혹의 눈으로 보기 시작하였습니다. 진퇴양난에 빠져있는 처지는 이해합니다만, 또다시 당장 눈에 보이는 성과에 집착하는 소탐대실의 어리석은 선택으로 문제를 더욱 악화시키는 일이 없기만을 바랍니다.

한 사회과학 전공자는 그동안 사회과학의 한계라고 생각했던 방법론적 문제가 자연과학에도 고스란히 존재한다는 사실을 알게 되었다고 댓글을 달았다. 의학은 현재 이과 최우등생들이 선택하는 전공이지만 자연과학 분야 중에서 사회과학적인 색채가 강한 분야다. 특히 방역정책과 관련된 의사결정에 관여하는 전공이 그렇다. 브런치글 공유수가 몇 백에서 몇 십으로 오락가락하고 있다는 사실을 독자들이 알려주었다. 내가 쓴 모든 글에 misinformation 딱지가 붙은 듯 하다.

Follow the
common sense!!

몇 달 전 아직 델타 변이 이슈가 본격화되지 않았을 즈음, WHO, CDC와 같은 기관에서 백신접종을 마친 사람은 마스크를 벗을 수 있으나, 자연감염을 경험한 사람은 백신접종을 할 때까지 마스크를 벗을 수 없다는 발표를 한 적이 있었습니다. 백신접종을 자연감염 경험보다 우위에 둔, 그리고 모든 사람들에게 백신을 강요하는 듯한 그 소식을 듣고 제가 꽤나 분개하면서 올린 글이 "자연감염을 통하여 획득하는 면역은 항상 우월합니다"라는 글이었고요.

감염된 적이 있더라도 백신을 맞아야 한다고 주장하는 것은 우리나라도 마찬가지였습니다. 여기서도 "항체 없으면 저항력 없나?" 글*에서 비판했던 항체 만능주의자들이 어김없이 등장하는

---

* 2021년 8월 22일 브런치 글 참고

데,그들의 논지는 백신접종 후 중화항체치가 자연감염을 경험한 사람들보다 월등하게 높기 때문에 누구나 백신접종을 해야 한다는 거였죠. 이 사람들은 '유기체 면역시스템 = 중화항체'라는 공식에 매몰되어, 더 이상의 복잡한 사고가 불가능해 보였습니다.

앞서 글에서 자연감염이란 스스로 공부하는 법을 깨우쳐가는 과정이라면, 백신접종은 족집게 과외선생이 가져온 예상문제 답만 외우고 있는 격이라는 비유를 한 적이 있습니다. 백신접종은 변이 바이러스같이 문제가 달라지면 다시 족집게 과외선생이 예상문제를 만들어 올 때까지 기다리고 있어야 하지만, 혼자 공부하는 법을 깨우친 사람들은 두려울 것이 없습니다. 즉, 자연감염 경험의 진가는 변이 바이러스가 등장하면 오롯이 드러나게 됩니다.

최근 이스라엘에서 델타 변이가 우세종이 된 다음, 백신을 맞은 사람들과 자연감염을 경험한 사람들 간 코로나19 감염률, 발병률, 중증 환자 발병률을 비교한 대규모 연구결과가 Medrxiv[47]에 올라왔군요. 결론적으로 백신접종군에서 자연감염 경험군보다 감염률은 13배, 발병률은 27배, 중증 환자 발병률은 8배가 더 높았습니다. 당연히 연령, 성, 사회경제적 수준, 비만, 각종 기저질환들을 보정한 결과이고요. "자연감염을 통하여 획득하는 면역은 항상 우월합니다"에서 인용한 논문은 백신접종자와 자연감염 경험자 사이에 재감염율이 유사함을 보여주었다면, 이 논문은 변이 바이러스가 우세종이 되면서 자연감염 경험이 절대적 우위에 있음을 보여줍니다.

위 논문은 코로나19 유행에서 자연감염의 중요성을 의미하는 결정적 증거로 간주할 수 있습니다만, 그 외에도 자연감염 경험이 제공하는 면역이 얼마나 광범위하고 견고할 수 있는지를 보고하는 많은 연구결과들이 있습니다. 몇몇 논문을 구체적으로 소개하자면, 자연 감염 후 다양한 변이에 대하여 강력한 효과가 있는^{ultrapotent} 항체가 생성된다는 논문[48], 자연감염 후 최소한 8개월 동안 각종 면역 시스템이 작동하고 있다는 논문[49], 자연감염 후 항체 감소 속도가 백신접종 후 발생하는 항체 감소보다 느리다는 논문[50], 등등... 대충 검색해봐도 최소한 열 편은 넘는 듯하군요.

그런데 꼭 이런 논문들이 있어야만 자연감염 경험이 백신접종보다 더 우월하다는 사실을 알 수 있는 걸까요? 당연히 아닙니다. 논문 단 한 편 없다 하더라도, 합리적 이성을 가진 사람이라면 호흡기 감염병, 특히 끊임없이 변이가 발생하는 바이러스가 야기하는 호흡기 감염병은 바이러스를 통째로 경험하는 자연감염이 스파이크 단백질에만 초점이 맞춰진 현재의 백신보다 더욱 포괄적이고 강력한 면역을 제공한다는 사실을 인지할 수 있어야 합니다. 세상에서 전문가라고 불리는 사람들이라면 더더욱 그렇습니다. 방역 1등국이라는 닉네임에 취한 나머지, 유행 내내 의미없는 확진자 수 줄이기에 열 올렸던 방역 당국과 관련 전문가 집단, 그리고 앞장서서 확진자 마녀사냥을 해가면서 K방역에 열렬한 지지를 보냈던 국민들은 지금이라도 자신들의 오판 혹은 실수를 깨달을 수 있게 되기를 바랍니다.

인간 이성의 가장 높은 영역에 추론 능력이라는 것이 있습니다. 하지만 언젠가부터 합리적 추론을 과학적 증거가 없는 개인의 의견일 뿐이라고 폄하하는 사람들이 급증하기 시작합니다. 합리적 추론이 동원되지 않으면 유기체에 대한 진정한 이해는 절대 불가능하지만, 남들보다 좀 더 배웠다고 자부하는 사람들일수록 더욱 더 실증적 증거에 대한 집착이 심한 듯했습니다. 그리고... 합리적 추론이 쫓겨난 그 자리에 광기가 과학의 탈을 쓰고 찾아왔습니다.

코로나19 사태 와중에 파우치 박사가 지겹도록 했던 말 중에 "Follow the science!!"라는 표현이 있습니다. 하지만 저는 이 말을 들을 때마다 "Follow the common sense!!"라고 혼자 되받아치곤 했습니다. 누군가가 이야기하는 과학이 유기체가 작동하는 기본 원리와 맞지 않다면, 그건 과학이 틀린 것입니다. 상식과 합리적 추론은 비과학적 주장으로 배척당하고, 상식의 한 귀퉁이를 뜯어서 온갖 최첨단 기술로 범벅을 한 연구 논문들만을 과학적 증거라고 주장하는 이 현실을 얼마나 더 참을 수 있을지 모르겠습니다.

2021년 9월 4일

코로나19 백신은 미리 준비는 하되 접종을 강요해서는 안 되는 백신이었다. 그러나 그들은 정반대의 선택을 한다. 감염과 전파를 막을 수 없다는 사실이 이미 알려진 백신을 가지고 정부에서는 뒤늦은 백신접종의 시동을 걸었고 국민들은 이에 적극 호응했다. 유행 초기부터 강조된 공동체, 연대의식과 같은 단어들이 사회를 다시 지배했다. 아름다운 단어로 포장하고 있으나 우리 사회에서 벌어진 일은 디스토피아적 전체주의에 가깝다. 브런치 글을 가지고 유튜브 채널을 만든 독자가 있었다. 이 글은 그분이 올렸던 동영상 중 가장 조회수가 많았는데 며칠 후 유튜브 채널이 폭파되었다는 소식을 전해왔다.

백신부작용으로
생리 이상이 가능하다면
그 의미는?

미국 CDC가 생리 이상을 잠재적 백신부작용으로 고려하기 시작했군요. 그동안 미국에서 백신접종 후 폐경 여성이 생리를 시작한다는가, 생리 주기가 앞당겨지거나 늦춰지고, 생리 양이 많아지거나 줄어들며, 생리통이 극심해진다는 등의 다양한 증언들이 있었다고 합니다. 지금까지는 백신과 관련성이 없다는 입장이었다가, 2명의 미국 여자 교수가 이상 생리현상을 경험한 약 14만 명의 여성들에 대한 보고서[51]를 내면서 입장을 바꿨다고 하는군요.

이런 분위기 탓인지 우리나라에서도 이슈가 되기 시작하는 조짐이 보입니다. 그런데 백신부작용으로 생리 이상이 가능하다면 우리는 이 문제를 좀 더 심각하게 고민할 필요가 있습니다. 백신이 인체 호르몬 시스템에 영향을 주는 인자, 즉 환경호르몬의 역할을 한다는 의미로 해석 가능하기 때문입니다. 보통 환경호르몬이라면 플라스틱 제조에 사용되는 몇몇 화학물질에 국한해서 생각하는 경향이 있습니다만, 환경호르몬의 범위는 엄청나게 넓습니다. 21세기 과학혁명의 총아로 간주되는 나노물질들조차 일찍부터 호르몬 시스템을 교란할 수 있을 것으로 추정되고 있었죠.

이 이슈가 중요한 이유는 정부에서 4분기부터 12~17세, 임신부 백신접종을 추진한다는 발표를 했기 때문입니다. 방역당국은 안전성과 유효성이 확인되었기 때문에 문제없다고 주장하고 있습니다만, 백신이 어떤 이유로든 환경호르몬으로 작용 가능하다면 안전성에 대한 보다 확실한 과학적 증거를 필요로 합니다. 현재 미국 CDC에서는 백신접종으로 발생하는 생리 이상과 같은 부작용은 일시적 문제일 뿐이므로 백신을 맞지 않을 이유가 되지 않는다고 강조하고 있습니다. 늘 그렇듯, 위험보다 이익이 크다는 것입니다. 성인들이 경험하는 생리 이상 정도야 이런 관점에서 판단할 수도 있을 겁니다. 그러나 태아기와 청소년기는 그렇지 않습니다.

환경호르몬 특성 중 하나가 발달 시기에 따라서 노출의 영향이 엄청나게 다르다는 것입니다. 성인한테는 아무런 영향을 주지 못하는 아주 낮은 농도에서도 태아, 영유아, 어린이들은 영향을 받을 수 있습니다. 우리는 현재 코로나19 백신의 약동학에 대하여 충분히 알지 못합니다. 즉, 단시간에 분해되어 인체에서 완전히 사라지는 것인지 혹은 아주 낮은 농도라도 장기간 인체 조직에 머물 수 있는 것인지에 대한 정보가 부족합니다.* 후자의 경우라면 환경호르몬으로 영향을 미칠 가능성이 더욱 높아집니다.

태아, 영유아, 어린이들이 경험하는 환경호르몬의 문제는 그 영향이 즉각적으로 드러나지 않습니다. 오랜 시간이 흐른 후에야 문제가 나타나기 시작하죠. 최근 성인이 되어서 걸리는 질병의 보다 근본적인 시작점을 찾아가 보면 태아 혹은 영유아 시기에 경험하는 환경이 결정적인 역할을 한다는 증거들이 쌓여가고 있습니다. 호르몬 시스템을 교란시킬 수 있는 인자들은 무엇이든 이런 질병 발생에 기여할 수 있습니다.

코로나19 백신의 장기 부작용을 알 수 없다는 점은 고위험군이 아닌 건강한 사람들에게 현재의 백신을 강요해서는 안 되는 가장 큰 이유입니다. 관련 전문가들은 일견 그럴 듯 해 보이는 이익-위험 분석을 해서 계속 이익이 더 크기 때문에 백신접종을 해야 한다고 주장하고 있습니다만, 이익은 지금 아는 것이 전부이나 위험은 그렇지 않습니다. 심근염도 처음에는 몰랐으며 생리 이상도 이제야 이슈가 되기 시작했습니다. 그리고 아마도 이것이 끝은 아닐 듯합니다.

현재 정부에서는 위드 코로나의 전제조건으로 성인 80%·고령층 90% 백신접종을 내걸고 있습니다. 하지만, 코로나19 백신이 중증도를 낮추는 데는 의미가 있다 하더라도, 감염과 전파를 막을 수 없다는 것은 이제 부인할 수 없는 팩트입니다. 따라서 코로나19 백신

---

* 2022년 2월 미국의 정보공개요청법에 의하여 화이자 mRNA 백신에 대한 일부 정보가 공개되고 여기에 백신접종 후 극소량이지만 백신 성분이 각종 장기로 분포될 수 있음을 보여주는 동물실험 결과[52]가 포함되어 있다.

은 고위험군 그리고 원하는 사람들이 '자신을 보호'하기 위한 목적으로 맞는 것이 되어야 합니다만, 지금은 본말이 완전히 전도되어 특정 백신접종률에 도달하는 것이 백신접종의 목표가 되어버렸군요.

대규모 백신접종 덕분에 일상으로 돌아갈 수 있었다는 유럽권 국가들에서 최근 확진자 수가 폭발하고 있습니다. 그리고 백신의 효과를 떨어뜨리는 바이러스 변이는 지금 이 시간에도 계속 발생하고 있고요. 이런 정보를 이미 다 알고 있는 상황에서 왜 80~90% 백신접종률이 우리 사회를 여는 전제조건이 되어야 하는 걸까요?

앞서 "Follow the common sense"라는 글에서 자연감염을 경험하고 지나간 사람들이 백신접종자보다 훨씬 더 광범위하고 견고한 면역력을 가지고 있음을 보여주는 연구결과들을 소개드린 바 있습니다. 이런 결과는 유행 내내 확진자 수 최소화에 집착했던 우리나라 방역정책의 어리석음을 보여주는 바로미터입니다. 잘못된 정책 방향의 수정은 빠르면 빠를수록 좋습니다만, 위드 코로나의 전제조건을 보고 있자니 아직 정부에서는 그럴 생각이 전혀 없는 것으로 보입니다. 앞으로도 밥을 죽이라, 벽을 문이라 우기면서, 목표로 한 백신접종률을 향하여 눈 가린 경주마처럼 질주할 듯싶군요.

2021년 9월 22일

인문학을 전공한다는 한 독자가 "질서있는 퇴장"을 위하여 "사회가 받아들일 수 있는 사망자 수"에 대하여 논의가 필요하다는 취지의 댓글을 달아서 토론이 시작되었다. 그 동안 자신들이 벌였던 일에 대한 어떠한 반성도 사과도 없는 상태로 합의와 공론화란 이름으로 포장하면서 K방역의 늪에서 빠져나오고자 하는 것은 단지 "기만적인 퇴장"일 뿐이라고 답변했다. 이즈음부터 백신 의무화가 시행될까 두려워하는 독자들의 댓글이 줄을 이었고, 여기에 대한 나의 답변은 단호했다. 감염과 전파를 막을 수 없는 백신을 의무화한다는 것은 있을 수 없는 일이니 걱정 말라고... 그러나 그건 나의 완벽한 착각이었다.

우리가 위드 코로나로 가는 길, 얼마나 멀고 험할까?: 사회가 받아들일 수 있는 적정 사망자 수에 대한 합의가 필요하다?

며칠 전 "204일 만에 1차 백신접종률 70% 돌파"라는 기사를 보았습니다. 기사마다 놀라운 접종 속도, OEDC 중 아이슬란드를 제외하고 최단기간 접종 기록 등과 같은 찬사가 가득하더군요. 만난 지 100일 이벤트를 준비하는 사춘기 소녀처럼 날짜까지 헤아려가면서 기다려야만 했던 1차 백신접종률 70% 돌파... 그런데 그 수치에 도달하면 뭐가 달라지는 건가요? 별 의미 없는 수치를 올림픽 기록 경기처럼 포장한 것은 아니고요?

다른 나라에서도 1차 백신접종률 70%를 두고 국경일이라도 된 듯 자축하는지는 모르겠으나, 팬데믹 상황에서 방역이든 백신이든 국가가 앞장서서 뭔가를 자랑한다는 것은 사실 낯 뜨거운 일입니다. 더구나 백신접종률이 100%가 된다 하더라도, 코로나19는 영원히 우리와 함께 할 수밖에 없다는 사실을 알만한 사람은 이미 다 아는 상황에서 1차 백신접종률 70%에 그토록 과한 의미를 부여하는 것은 일종의 프로파간다라는 생각마저 들더군요.

6,7월경 델타 변이가 우세종이 되면서 당시 높은 백신접종률을 보였던 영국과 이스라엘의 확진자 수가 급증하기 시작했습니다. 또한 2차 백신접종률 70~80%에 엄격한 방역수칙을 준수하고 있던 싱가포르조차 최근 확진자 수 폭발을 보이고 있고요. 이런 결과는 백신은 감염과 전파를 막을 수 없다는 실증적 증거로, 하루빨리 확진자 수에 초점을 맞춘 방역정책은 폐기 처분해야 하며 진짜 환자 중심으로 방향 전환을 해야함을 의미합니다. 유행 초기부터 이 바이러스의 성격을 이해했던 소수 전문가들이 계속 해왔던 주장이기도 하고요.

그런데 놀라운 것은 이 모든 정보가 세상에 널리 알려졌던 상황에서도 우리나라는 여전히 'K방역으로 확진자 수 줄이기'와 '백신접종으로 집단면역'이라는 비현실적인 목표를 고수하면서 이 목표를 향하여 국민들을 독려했다는 점입니다. 이는 결국 우리가 위드코로나로 가는 길이 매우 멀고 험할 것이라는 일종의 예고편입니다. 왜 백신접종률이 증가하는데 확진자 수는 감소하지 않느냐는 대중의 단순한 질문에, 백신이 감염과 전파를 막을 수 없다는 사실을 정직하게 이야기하기보다는 백신 미접종자들과 지칠 대로 지친 국민들을 비난하는 쪽을 선택한 것을 보면 더욱더 그 길이 쉽지 않을 것이라는 생각이 듭니다.

최근 위드 코로나로 가는 길을 두고 앞으로 다가올 큰 비극이나 예고하듯 꽤나 비장한 단어들이 동원되고 있더군요. 특히 "사회가 받아들일 수 있는 적정 사망자 수"를 먼저 결정해야 한다는 부분은 백미입니다. 이 숫자를 설문조사로 결정할 건가요? AI를 동원한 첨단 예측 모델링으로 결정할 건가요? 코로나19는 유행 초기부터 사망자 대부분이 고령의 기저 질환자에서 발생한다는 사실을 알고 있었던 감염병입니다. 폐렴 역시 기저 질환이 많은 고령자에게 흔한 감염병으로, 매년 사망자 수가 2~3만 명에 달하죠. 모든 형태의 감염에 취약할 수밖에 없는 이 분들이 폐렴으로 사망하면 아무 일도 아닌 것이고 코로나19로 사망하면 세기의 비극이 되는 건가요? 왜 그동안 사회가 받아들일 수 있는 폐렴이나 독감 적정 사망자 수 같은 것은 정하지 않았던 건가요?

한 인구집단에서 고령자들의 일시적 사망률 증가는 매우 흔하게 발생하는 일종의 자연현상입니다. 예를 들어 혹한, 폭염, 감염병 등이 찾아오면 고령자 사망이 단기간에 급증합니다. 그러나 뒤이어 총 사망률 감소가 따라오면서 1년을 통틀어 보면 평균 사망률은 예전과 비슷한 패턴을 보이게 되는데 이를 학술용어로 사망률 치환mortality displacement이라고 부르죠. 따라서 고령자에서 발생하는 사망은 항상 거시적으로 그리고 이성적으로 접근해야만 합니다. '하나의 생명도 소중히 여기는 우리나라', '사회가 받아들일 수 있는 적정 사망자 수'와 같은 관점이 주도하게 되면 늘 있어 왔던 자연현상을 막기 위하여 '미래세대를 판돈으로 거는' 위험한 도박판이 되어 버립니다. 그 결과는 당연히 백전백패일 따름이고요.

우리 사회의 위드 코로나를 위하여 중요한 것은 "사회가 받아들일 수 있는 적정 사망자 수" 따위가 아닙니다. 그동안 국민들이 가지고 있었던 코로나19에 대한 왜곡된 고정관념들, 특히 과도한 공포를 떨쳐버릴 수 있도록 도와주는 것이 급선무입니다. 예를 들어 건강한 사람들은 감염되어도 무증상자와 경한 증상자가 대부분이며 특별한 치료 없이도 저절로 낫는다는 사실만 정확하게 알려도 국민들은 공포에서 벗어날 수 있습니다. 여기서 좀 더 용기를 내어 이러한 자연감염의 경험이 백신보다 훨씬 더 강력하고 광범위한 면역을 제공하며, 동아시아권과 서구권은 처음부터 유행 양상 자체가 완전히 달랐다는 정도를 추가하면 금상첨화겠죠.

하지만 방역 당국이 이런 현명한 선택을 할 것 같아 보이지는 않습니다. 무증상조차 허락되지 않는 무서운 감염병이라는 전제하에서 거의 2년 동안 확진자 수 줄이기에 사력을 다한 K방역을 부정하는 일이 되기 때문입니다. 최근 위드 코로나를 두고 우리 사회에서 벌어지는 논의들을 보고 있자니, 아마도 쉬운 길을 두고 굳이 어렵고 복잡한 길로 돌아갈 듯한 불길한 예감이 드는군요. 작년부터 여러 차례 K방역을 두고 "최소의 결과를 얻기 위해 최대의 노력을 기울이는 인간들이 만든 골드버그 장치"라고 비판한 바 있습니다만, 부디 위드 코로나로 가는 길마저 그 지경으로 만드는 일은 없기를 바랄 뿐입니다.

2021년 9월 30일

확진자가 느는 것도 미접종자때문이요, 변이가 발생하는 것도 미접종자때문이라는 뉴스가 밤낮으로 나왔다. 그들은 팬데믹 상황에서 벌어지는 대규모 백신접종은 진화적 선택압이 작동하기 쉬운 환경조건을 제공함으로써 더욱 전파력이 높으면서 면역 회피력이 강한 변이 출현으로 이어질 수 있다는 사실을 모르고 있는 듯했다. 백신패스를 도입하는 것은 미접종자를 보호하기 위한 것이라는 그들의 위선에 잠시 구토가 느껴졌다. 대선까지 K방역과 백신패스를 밀어붙이고 백신 미접종자들을 K방역 실패의 희생양으로 삼을 듯하다는 댓글이 달렸다.

긴급사태 해제하는 일본
vs. 백신패스 도입한다는 한국

10월 1일부터 긴급사태를 전면 해제하기로 했다는 일본 소식을 듣고 의아해하는 분들이 많은 듯합니다. 얼마 전까지만 해도 "확진자 급증으로 의료 붕괴 임박"과 같은 헤드라인들이 뉴스를 장식했었는데 이게 뭔 소린가 싶으실 겁니다. 그러나 한 때 일일 2만 명이 넘었던 일본의 확진자 수는 8월 말부터 뚝뚝 떨어져서 지금은 2천 명 이하입니다. 이 사실을 도저히 믿을 수 없는 우리나라 사람들은 단지 고의로 검사를 하지 않아서 줄인 것이라고 주장하고 있더군요.

현 시점 일본의 백신접종 상황은 우리나라와 크게 다르지 않습니다. 확진자 수가 급감하기 시작했던 시점인 8월 말 백신접종률은 '1차 57%, 2차 46%'로 현재 우리나라보다 더 낮습니다. 그런데 확진자가 급감한다? 백신 만능주의자들의 눈에는 있을 수 없는 일같이 보일 겁니다만, 이런 일은 얼마든지 가능합니다.

백신접종률에 관계없이 언제 어디서나 충분히 많은 수의 사람들이 감염을 경험하면 확진자 수는 자연스럽게 감소합니다. 얼마나 많은 수의 감염자가 필요한가? 는 그 사회가 가진 기본 저항력에 따라 다른데, 저항력이 높은 사회일수록 적은 수의 감염자만으로도 이런 패턴을 보입니다. 그리고 이런 유행 곡선은 그 자체로 일시적 집단면역에 도달했음을 의미하는 것이기도 합니다. 다시 한번 강조하지만, 코로나19와 같은 바이러스의 집단면역은 한번 도달했다고 계속 유지되는 그런 개념이 아니며 끊임없이 변하는 다이내믹한 속성을 가지고 있습니다.

일본은 아시아권에서 코로나19에 대하여 가장 느슨한 대응을 했던 국가로, 제가 유행 초기부터 일본을 두고 아시아의 스웨덴이라고 표현한 바 있습니다. 무엇보다 PCR 검사를 제한적으로 했었는데, 유행 초기에는 거의 폐렴에 준하는 증상이 있어야만 검사를 해줄 정도였죠. 무증상과 경한 증상이 많은 코로나19 특성상 검사를 하지 않으면 지역사회 전파는 광범위하게 발생할 수밖에 없으며, 최근 일본의 확진자 수 감소 추이는 충분히 많은 수의 사람들이 감염을 경험하고 지나갔다는 증거입니다.

그런데 우리가 일본 상황을 보면서 주목해야 할 사실은 따로 있습니다. 확진자 수가 급감할 정도로 지역사회에 광범위하게 퍼진 상태에서도 일본의 코로나19 사망률은 여전히 서구권과 비교할 수도 없을 만큼 낮다는 점입니다. 따라서 공식 확진자 수가 아닌 총 감염자 수를 기반으로 치명률을 산출한다면 일본의 코로나19 치명률은 계절성 독감과 크게 다르지 않을 것으로 추정됩니다. 이러한 결과는 동일한 동아시아권 국가이면서 유행 내내 전파 최소화를 방역 목표로 삼았던 우리나라에게 시사하는 바가 매우 큽니다.

한편 확진자 수가 급감한 일본 상황과 정반대로 최근 우리나라 확진자 수는 연일 상종가를 치고 있습니다. 사망자 수는 여전히 바닥이지만, 유행 내내 확진자 수에 목숨을 걸어왔던 우리나라로서는 매우 심각한 상황이 아닐 수 없습니다. 더구나 위드 코로나를 선언하고 일상으로 돌아가는 국가들이 증가하면서 방역당국은 더욱 초조해지고 있는 듯합니다. 정직이 최선의 방책이라는 오래된 속담처럼, 이 어려움을 타개하는 가장 좋은 방법은 동아시아권의 코로나19는 그리 위험한 감염병이 아니었음을 국민들에게 알리고 확진자 수에 초점을 맞추었던 K방역의 오류를 인정한 후 진짜 환자 중심으로 방향을 급선회하는 것 일 겁니다.

그러나 이런 正道를 선택하는 대신, 정부에서는 몇몇 서구권 국가들을 예로 들면서 우리도 백신패스를 도입할 계획이라고 발표를 해버렸더군요. 바보가 아닌 이상, 방역당국에서도 그 동안 롤모델로 삼았던 소위 백신접종 선진국 이스라엘과 싱가포르에서 벌어지고 있는 확진자 폭발을 당연히 인지하고 있을 겁니다. 아무리 눈과 귀를 닫고 산다 하더라도, 델타 변이가 우세종이 되면서 자연감염 경험자가 백신접종자보다 훨씬 더 견고하고 강력한 면역을 제공한다는 최근 연구결과 소식도 들었을 것이라고 봅니다. 마지막으로 결코 인정하고 싶지 않다 하더라도, 동아시아권은 처음부터 코로나19에 대한 높은 저항력을 가지고 있었다는 사실을 더 이상은 부인할 수 없습니다.

이런 사실들은 대표적인 동아시아권 국가인 대한민국에서 백신 접종률을 높이기 위하여 백신패스가 고려되고 특정 백신접종률이 사회를 여는 조건이 되어서는 안 된다는 것을 의미합니다. 그럼에도 불구하고, 백신패스라는 제도까지 도입하는 배경에는 우리 사회가 위드 코로나로 갈 수 없는 것은 다름 아닌 "백신 미접종자들 때문"이라는 메시지를 국민들에게 던지기 위한 것이 아닐까 싶습니다.

그러나 우리가 위드 코로나로 쉽게 갈 수 없는 것은 백신 미접종자들 때문이 아닙니다. 2년 동안 무증상조차 허락하지 않았던 우리 사회의 방역정책 때문입니다. 확진자 수백 명만 나와도 사회를 발칵 뒤집어 놓았던 방역당국에서 연일 수천 명씩 확진자 수를 갱신하고 있는데 무슨 수로 위드 코로나로 방향을 틀 수가 있겠습니까? 자신들이 기꺼이 감수해야 할 비난의 화살을 국민들에게 돌리는 것은 매우 비겁한 일입니다.

백신패스 관련 기사의 댓글을 보고 있자니 이미 백신접종자와 미접종자들 사이에는 갈등과 반목이 시작된 듯싶습니다. 백신이 더 이상 감염과 전파를 막을 수 없다는 여러 증거에도 불구하고, 아직까지 백신 미접종자들이 전파의 주범이라고 믿고 있는 사람들이 이토록 많은 것은 선택적으로 팩트체크를 해왔던 방역당국과 언론의 역할이 지대하지 않았을까 싶습니다. 어쨌거나 지금까지 해왔던 미련하고 어리석은 일도 부족하여, 유효기간 6개월짜리 백신패스로 또다시 사회를 혼란에 빠트리는 방역당국의 결단에 경의를 표합니다. 물론 이 모든 것이 의도된 결과라면, 우리나라의 백신패스 도입은 대단한 성공사례가 될 것 같군요.

아직도 궁금하다. 당시 질병청장은 알고도 이런 발표를 한 걸까? 아니면 아래 사람들이 만들어준 자료를 단지 낭독만 한 걸까?

확진자 대부분이
백신 미접종자?

일전에 올렸던 "긴급사태 해제하는 일본 vs. 백신패스 도입한다는 한국"라는 글에 반복해서 달렸던 질문이 하나 있습니다. 최근 언론 보도에 따르면 현재 확진자 대부분이 백신 미접종자라고 하는데, 그렇다면 백신이 감염과 전파를 막을 수 없다고 한 저의 주장이 틀린 것 아닌가?라는 질문이었습니다. 답글로 설명드렸습니다만 댓글은 안 보시는 분들이 많은 듯하여, 그리고 현재 우리나라 상황을 이해하는 데 중요한 이슈이기도 해서 별도의 글로 다시 올립니다.

중증 예방과는 달리 백신의 전파 예방 효과는 접종 후 시간이 지나감에 따라 효과가 급속히 소실됩니다. 변이 바이러스에는 그 효과가 더 작기도 하고요. 최근 영국에서 나온 연구결과[53]에 따르면 코로나19 백신의 전파 억제 효과가 3개월 정도만 유효했다고 하죠. 일찍부터 백신접종을 시작했던 이스라엘, 영국, 싱가포르와 같은 국가에서 시간이 흐르면서 확진자가 폭발했던 이유입니다.

그런데 단기간에 백신접종률을 올렸던 위 국가들과 달리 우리나라는 장기간에 걸쳐 백신접종이 서서히 이루어졌고 20~50대는

7월 말이 되어서야 본격적으로 백신접종을 시작했죠. 따라서 현 시점에서 분석해보면 일시적으로 전파 방지에 효과적인 것처럼 보일 수 있습니다. 그러나 백신접종 시기별로 재분석해보면 초기에 백신접종을 한 사람들에서는 전파 방지 효과가 상당히 소실되었을 것으로 봅니다. 부스터 샷을 이야기하는 이유죠.

가장 최근에 달린 댓글에서는 "확진자 중 무려 93.7%"가 백신 미접종자라고 주장하고 있어 관련 기사[54]를 한번 검색해보았습니다. 해당 제목의 기사가 나온 날짜가 8월 26일이었는데 "올해 4월부터 8월 14일까지 18~49세 확진자 중 93.7%"가 백신 미접종자라는 것입니다. 그 연령대의 본격적인 백신접종은 7월 말부터 시작되었으니 2차 접종을 마친 사람조차 극소수였을 것으로 생각되는 시기의 자료로 계산된 확진자 중 백신 미접종자 비율... 기사를 읽으면서 이건 일종의 사기라는 생각이 들더군요. 처음에는 기자들이 무지해서 그런 기사가 나갔다고 생각했는데 다시 읽어보니 질병청장께서 직접 브리핑하신 내용이더군요. 젊은 사람들의 백신접종률을 높이기 위한 궁여지책으로 이런 발표를 한 것 같습니다만, 스스로 자괴감을 느끼지는 않았는지 궁금합니다.

2021년 11월 5일

미접종자에 대한 마녀사냥이 시작되었다. 더는 참을 수 없다는 분노에 찬 댓글들이 줄을 이었다. 정부는 백신을 맞지 않으면 정상적인 사회생활이 불가능하도록 만들어 버렸고 대부분 국민들은 이를 지지했다. 사람들은 일자리를 구하기 위해, 시험을 치르기 위해, 식당에서 밥을 먹기 위해 백신을 맞아야만 했다. 한국과 유사하게 백신을 반강제했던 몇몇 서구권 국가에서는 엄청난 규모의 시위가 연일 벌어졌지만, 한국인들은 백신미접종자에 대한 마녀사냥에 다들 탐닉했다. 『BMJ』에 발표된 화이자 백신의 임상시험 진행 과정의 문제점을 고발한 논문[55]도 독자들의 링크 덕분에 읽어보았다. 이 논문에는 임상시험 과정을 두고 "crazy mess"였다는 표현을 사용했다. OMG와 같은 감탄사와 함께 쓰면 어울릴 법한 crazy mess... 그렇게 긴급 승인을 받은 백신을 가지고 아이들도 맞히고 임산부도 맞히고 백신패스도 도입하고... 세상이 제정신이 아닌 것은 확실하다.

보여주기 K방역에서
보여주기 위드 코로나까지

설마 설마 했습니다. 이미 감염과 전파를 막을 수 없다는 사실이 알려진 백신을 두고 백신패스와 같은 제도를 진짜로 도입할 것이라고는 생각하지 못했습니다. 백신접종률 1등 하고 싶은 마음에 운만 띄우는 것이라고 보았죠. 그런데 진짜로 하더군요.

코로나19 유행이 시작되면서 방역당국에서 해왔던 발언 대부분을 신뢰하지 않았습니다. 처음에는 무지해서 그렇다고 안타깝게 생각했었고, 나중에는 알고도 눈속임을 하는 것이라고 생각하게 되었습니다. 이번 백신패스를 도입하면서 했던 말, 미접종자를 보호하기 위해서 도입한다는 핑계는 역겹기조차 했습니다.

현재 백신패스가 적용되는 대표적인 장소는 헬스, 요가, 필라테스와 같이 실내 운동 시설입니다. 코로나19 고위험군에 해당하는 분들은 얼씬도 하지 않는, 젊고 건강한 사람들이 주로 찾는 장소죠. 실내에서 남녀노소 다들 모여 앉아 밥도 먹고, 술도 먹고, 차도 마시는데, 운동을 하려면 백신을 맞거나 이틀에 한 번씩 PCR 검사를 해라? '마스크가 백신'이라는 헛소리가 한 때 유행이었지만, 젊고 건강한 사람들에게는 '운동이 진짜 백신'이라는 사실을 아무도 노란 점퍼 입으신 분들에게 알려주지 않은 듯합니다.

인도 사람들은 유난히 기네스북 기록 경신에 집착하는 것으로 알려져 있습니다. 인도가 보유한 기록을 보면 별별 것이 다 있는데 그중에 '입안에 빨대 많이 집어넣기' 기록 보유자가 있습니다. 이 기록 보유자는 10초 동안 입 안에 459개의 빨대를 집어넣기 위하여 평생 동안 사용할 이빨을 몽땅 뽑아냈다고 하더군요. 이쯤 되면 가히 병적인 집착이라고 볼 수밖에 없습니다만, 자신이 원해서 한 일이니 누가 말리겠습니까? 그러나 국가 차원에서 의미 없는 기록 경신에 집착한다면 이건 이야기가 다릅니다. 더구나 국민들이 그 기록 경신을 위하여 동원되어야 하고, 그 과정 중에 누군가가 크고 작은 피해를 입을 수 있다면 더더욱 이야기가 다릅니다.

언론 보도에 따르면 그렇게나 염원했던 전 국민 70% 백신접종률을 세계 최고 속도로 일찌감치 달성하고 이제 80%, 90%를 향해 달려가고 있다고 합니다. 아마 정부에서는 K방역의 마무리격으로 OECD국가에서 금, 은, 동메달 중 하나를 목표로 하고 있는 듯합니다. 정부에게 백신패스는 일종의 꽃놀이패일 것 같습니다. 백신패스로 그동안 백신을 거부해왔던 사람들이 대거 백신접종을 하게 된다면 높은 백신접종률로 K방역을 성공으로 포장하기에 좋고, 만약 백신접종률이 그리 높아지지 않으면 사회를 열면서 닥치는 문제들을 백신 미접종자들의 책임으로 전가할 수 있으니 좋고... 백신접종자와 미접종자 사이에서 발생하는 갈등이야 어쩌면 원했을지도 모르고요.

하지만 현시점 우리나라 백신패스는 정당화될 수 없는 비윤리적인 정책 결정으로 생각합니다. 백신이 전파를 막을 수 있다 하더라도 긴급 승인으로 사용 중인 백신을 국가가 개인에게 강요하는 것은 비윤리적입니다만, 현재 코로나19 백신은 감염과 전파를 막을 수 없다는 사실이 명백하게 알려져 있습니다. 거기에 더하여 안전성, 특히 장기 안전성에 대하여 그 누구도 확신할 수 없습니다. 정부에서는 백신패스를 도입한 나름 잘 사는 몇몇 국가 이름을 나열하면서 백신패스를 정당화하고 있습니다만, 더 이상 사과와 오렌지를 비교하는 일은 그만 두기 바랍니다. 우리나라가 속한 동아시아권은 처음부터 코로나19에 대한 저항력이 매우 높았던 지역입니다. 이런 지역에서 무증상자도 허락하지 않았던 어리석은 방역 정책으로 2년을 허송세월 하고, 이제 와서 미접종자를 제물 삼아 자신들의 잘못을 덮으려고 도입한 제도가 백신패스라고 봅니다.

코로나19 백신이 중증도와 사망 위험을 낮춰준다면 스스로 보호하기 원하는 사람들이 자신의 선택에 의하여 맞으면 될 일입니다. 부스터 샷도 좋고, 매년 아니 매달 맞아도 괜찮다는 사람들도 많습니다. 국가가 할 일은 그런 사람들이 맞고 싶을 때 언제라도 맞을 수 있도록 도와주는 것이지, 치명률 0%에 수렴하는 젊고 건강한 사람들이 백신접종을 하지 않았다고 삶이 불편해지도록 만드는 것은 국가가 할 일이 아닙니다.

우리나라가 위드 코로나로 가는 길이 멀고 험할 것이라는 것은 정부에서 위드 코로나용 각종 위원회를 거하게 구성하는 것을 보면서 예감했습니다. 원래 전문가라고 불리는 사람들을 모아 놓으면 뭔가 새로운 일을 벌여야만 밥값을 한다고 생각하는 경향이 있죠. 그러나 코로나19 사태에서는 그동안 했던 일 중 의미 없는 일을 중지하는 것이 훨씬 더 중요합니다. 우리나라는 그 빌어먹을 역학조사와 무증상자에 대한 PCR 검사만 중지해도 사회가 절반쯤은 정상으로 돌아올 수 있다고 봅니다만, 그럴 생각은 추호도 없는 듯합니다. 백신패스 제도와 함께 하는 역학조사는 미접종자들을 사회적 희생양 만들기에 꽤나 편리한 방법이 될 것 같군요.

300개가 넘는 댓글이 달렸다. 이 글이 나도 모른 채 기사화되었기 때문이다. 중앙일보는 내가 마치 기자를 앞에 앉혀 두고 격정 인터뷰라고 한 것처럼 첫 보도를 했고[56] 그 후 거의 전 언론에서 이 글을 기사화했다. 언론사 기사마다 댓글이 수천 개가 달리고 협박 전화와 이메일이 쇄도했다. 어두워지면 나가지를 못했고 휴대폰에는 위치추적앱을 깔았다.

코로나19 바이러스를
두려워하지 마세요

최근 코로나19 확진자와 사망자가 0에 수렴하고 있다는 이웃 나라 소식에 당황하는 사람들이 꽤 많은 듯합니다. 아직도 PCR 검사를 안 해서 그렇다, 데이터를 조작하고 있다와 같은 어설픈 설명이 환영받는 이유는 그렇게 해서라도 우리가 더 잘한다는 환상을 붙잡고 있어야만 위로가 되기 때문일 겁니다. 하지만 일본의 상황은 명백한 팩트이자 충분히 그럴만한 이유가 존재합니다.

한국과 비슷한 백신접종률을 가진 일본이 우리와 가장 다른 점은 처음부터 국가가 나서서 방역이라는 이름으로 무증상 혹은 경한 증상으로 지나가는 자연감염을 막지 않았다는 데 있습니다. 일본의 확진자가 급감한 것은 백신접종률이 채 50%가 되지 않을 때부디 시작되었는데, 이런 일은 강력하고 광범위한 면역을 제공하는 자연감염 경험을 가진 사람들이 존재하기 때문에 가능한 일이지 단순히 백신접종률만 높인다고 가능한 일이 아닙니다. 그리고 유행 곡선의 꺾임은 일시적 집단면역에 도달했을 때 보이는 현상으로, 동아시아권과 같이 교차면역 수준이 높은 지역에서는 적은 수의 감염자만으로 도 이런 패턴이 나타납니다.

일본의 데이터 조작설은 유행 초기부터 계속 우리 사회를 지배해 온 프레임이었습니다. 그렇기 때문에 작년 3,4월부터 보이고 있었던 매우 이상한 현상, PCR 검사도 하지 않고 방치하는 것처럼 보였던 일본의 코로나19 사망이 왜 폭발하지 않는지에 대하여 그 누구도 질 문을 던지지 않았죠. 그 대가로 우리는 무려 2년에 가까운 세월을 곧 세계 표준이 될 거라는 K방역 치하에서 살아왔던 것이고요. 만약 처 음부터 상반된 방역정책을 가졌던 한국과 일본이 긴밀한 공조체제 를 가지고 유행 상황을 비교 분석해 왔더라면, 팬데믹 상황에서 방역 이라는 것은 그렇게 대단한 역할을 하는 것이 아니라는 사실을 일찌 감치 간파할 수 있었을 겁니다.

유럽권의 스웨덴, 아시아권의 일본은 처음부터 의료시스템 과부 하 방지를 목표로 한 완화전략으로 대응한 대표적인 국가입니다. 그 리고 이들 국가가 보이는 결과는 그 자체로 코로나19에 대한 인류의 대응 방식에 심각한 문제 제기를 하고 있는 데이터입니다. 특히 무증 상자와 경한 증상자를 그냥 둬도 코로나19 사망률이 여전히 매우 낮 은 최고령국 일본 상황은 K방역의 대전제, 즉 무증상이라도 절대로 걸리면 안 되는 감염병이라는 가정에 치명적인 오류가 있음을 이야 기하고 있습니다. 일본의 노령인구 비율이 한국의 2~3배라는 점을 고려하면 현 시점 일본과 한국의 코로나19 사망률은 큰 차이가 없죠. 하지만 우리 사회는 지금까지 그래 왔듯, 앞으로도 계속 모른 척하고 지나가는 쪽을 선택한 듯싶습니다.

모순으로 가득 찬 방역을 2년 정도 경험한 덕분에 이제는 코로나

19 사태의 실상에 눈을 떠가는 국민들이 늘어나고 있습니다. 그러나 그동안 학습된 바이러스에 대한 공포로 인하여 여전히 이 바이러스를 받아들이기가 쉽지 않은 사람들도 많은 듯합니다. K방역의 폐해는 수도 없이 많지만, 그 중 하나가 코로나19에 대한 저항력이 매우 높았던 동아시아권에서 국가가 앞장서서 바이러스에 대한 과장된 공포를 조장하고 이를 방역의 성과로 적극 활용했다는 점입니다.

오늘은 아직도 백신과 마스크만이 살 길이라고 생각하시는 분들을 위하여, 우리 몸이 코로나19 바이러스를 상대하는 방식을 직관적으로 보여주는 논문 하나[57]를 소개해 드리겠습니다. 지금 링크하는 논문은 대표적인 감기 바이러스 중 하나인 리노바이러스에 대한 감염이 코로나19 바이러스에 대한 매우 효과적인 대책이 될 수 있음을 보여줍니다. 예를 들면, 호흡기 상피세포가 코로나19 바이러스에 단독으로 노출되면 바이러스가 빠르게 증식합니다만, 리노바이러스와 함께 노출되면 코로나19 바이러스는 즉각적으로 증식이 억제되고 리노바이러스만 증식한다는 사실을 알 수 있습니다. 리노바이러스가 선천면역을 활성화시켜 코로나19 바이러스 증식을 억제하기 때문입니다.

이런 현상을 바이러스 간섭viral interference이라고 부르는데, 단지 리노바이러스와 코로나19 바이러스 사이에만 존재하는 특이 반응이 아닙니다. 공기 중에 존재하는 수많은 바이러스, 박테리아, 곰팡이들이 이와 유사한 방식으로 작동할 수 있습니다. 앞서 반복해서 설명드렸던 비슷한 종류의 바이러스들끼리 보이는 교차면역은 협의의 미생물간 상호작용이고, 그 외에도 다양한 미생물들 사이에는 매우 복잡한 상호작용이 존재합니다. 따라서 건강한 사람들은 리노바이러스처럼 평소 익숙한 미생물들에 일상적으로 노출되고 반복 감염되면서 예전처럼 사는 것이 백신과 마스크보다 훨씬 더 안전하고 효과적인 대책입니다. 노마스크, 노락다운으로 대응했던 스웨덴은 이런 노출을 유행내내 허용했던 국가죠.

지금껏 방역당국에서는 무조건 백신접종률만 높이면 모든 문제를 다 해결할 수 있을 것처럼 국민을 호도해왔으나, 우리가 이 난국에서 벗어나려면 돌파 감염이든 뭐든 자연감염을 경험하는 사람들이 많아져야 합니다. 이게 가능해지기 위해서는 지금이라도 동선추적하는 역학조사와 무증상자와 경한 증상자를 대상으로 하는 PCR 검사를 중지해야 하고요. 그러나 위드 코로나가 시작된 지 2주도 되지 않아, 4~500명 위중증 환자수에 벌써 비상 기준 초과, 병상 동원 행정 명령 같은 기사들이 줄지어 나오는 것을 보니 이번 겨울도 확진자 수 줄이기에 사활을 건 K방역 치하를 벗어나지 못할 듯 싶군요.

2021년 12월 18일

언론 보도 후 새글이 올라오지 않아서 걱정했다는 독자들의 위로, 응원, 격려가 줄을 이었다. 방역 당국에서는 백신접종률을 한껏 올리고 백신패스 제도까지 도입한 후 11월 1일 위드 코로나를 선언한다. 그러나 중증 환자와 사망자가 폭증함에 따라 12월 18일 다시 강력한 사회적 거리두기로 돌아서게 된다. 백신으로는 유행 억제가 불가능하다는 사실을 일찍부터 백신접종률을 높였던 다른 국가들이 2021년 내내 번갈아가면서 보여주었건만 그들에게는 우이독경, 마이동풍이었을 뿐이었다.

좀 더 퍼져야 멈춘다

오랜만에 올리는 글입니다. 저도 모르게 브런치 마지막 글이 거칠게 기사화된 후 차마 읽기조차 힘든 댓글들에 맥이 탁 풀렸습니다. 유행 초기부터 코로나19 사태에 대한 저의 견해가 정치적 관점에서 해석되는 것을 막기 위하여 많은 노력을 해왔습니다만 그 모든 것이 수포로 돌아가 버렸다 싶더군요. 기사가 나간다는 사실을 미리 알았더라면, 좀 더 설득력 있는 기사로 만들 수 있었을 텐데…라는 아쉬움이 너무 컸습니다. 며칠 잠을 설친 후, 그렇게라도 코로나19 사태에 대하여 다시 한번 생각해 볼 수 있는 사람들이 늘어난다면 그건 좋은 일이라는 정도로 저를 위로하고 넘어가기로 했습니다.

그 와중에 일본에서 날아온 묵직한 편지 하나를 받았습니다. 이메일로 모든 것을 소통하는 시대에 구글 번역기를 이용하여 일본어를 한글로 번역한 어색한 편지글이 낯설었는데, 보내신 분이 현재 80대 중반의 연령대더군요. 이 분께서는 일본의 코로나19 유행 패턴은 자신이 "가면역 이론"이라고 명명한 수리모델링으로 정확히 예측할 수 있다면서, 엑셀을 이용한 시뮬레이션 프로그램으로 그 결과를 보여주었습니다. 이 분의 결론은 현재 일본 상황은 "PCR 검사를 하지 않고 지나갔던 무증상과 경한 증상자가 가진 가면역"이 결정했다는 것이었죠. 일본 언론에까지 보도된 제 기사를 보고 본인의 생각과 일치한다는 것에 반가워 편지를 보낸다고 적고 있었는데, 진정한 과학자로서의 면모를 갖춘 타국의 노신사가 보여준 열정이 감동적이기까지 했습니다.

지난 8월 말 백신접종률이 50%가 되지 않았던 시점부터 급감하기 시작했던 일본의 코로나19 확진자와 사망자 수가 몇 개월째 거의 요동하지 않고 있습니다. 공존하는 호흡기계 바이러스의 주요 특성 중 하나가 계절성 패턴이기 때문에, 겨울철이 되면 일본도 확진자 수 증가를 보일 것으로 생각했으나 아직까지는 조용하군요. 종종 일본 상황을 두고 mRNA백신을 단기간에 집중해서 맞았기 때문으로 해석하는 사람들도 있는 듯합니다만, 화이자나 모더나나 백신의 전파방지 효과는 3개월 정도 지나면 급감하는 것으로 보고되고 있죠. 오로지 백신 덕분이라면 지금쯤은 일본도 지난 여름 이스라엘과 같이 확진자가 폭증해야 할 시점입니다. 일본의 현재 상황은 견고하고 광범위한 면역을 제공하는 자연감염 인구와 동아시아권의 높은 교차면역 수준없이는 설명하기 힘들다고 봅니다.

한편 우리나라의 코로나19 관련 각종 지표들은 상당히 암울하며, 유행 곡선 자체가 작위적으로 보입니다. 일반적으로 자연스런 유행 곡선이란 일본처럼 포물선을 그리면서 깨끗하게 증가했다가 떨어지는 패턴을 보이죠. 그럼에도 불구하고 우리도 조만간 일본의 전철을 밟을 것이라고 예상합니다. 아직까지 학교에서 확진자 1명 나왔다고 전교생 전수 조사하고 무증상자들을 격리하는 어이없는 방역정책을 고수하고 있기 때문에 그 시기가 계속 늦춰지고 있을 뿐입니다. 이미 오래전부터 그물의 망보다 그물에 뚫린 구멍이 훨씬 컸던 K방역입니다. 지금 이 시간에도 우리 주위에 존재하는 수많은 무증상과 경한 증상자들이 지역사회 전파를 시키고 있으며, 이 숫자가 일정 규모에 이르면 우리도 확진자 감소를 경험하게 될 겁니다. 다만 일본은 의료시스템 부담이 적은 여름철에 확진자 수가 급증한 반면, 우리는 호흡기계 질환 사망률이 높은 겨울철이기 때문에 시기적으로 좋지 않고 더 긴 기간이 필요하다는 악조건 하에 있습니다.

최근 급증하는 확진자 수에 다시 사회를 닫으면서 질병청장께서 일상 회복을 위한 3가지 조건을 이야기했더군요. (1) 병상이 늘고 (2) 확진자가 줄고 (3) 중환자가 감소해야만 일상 회복을 검토할 수 있다는 것입니다. 여기서 제가 동의할 수 있는 조건은 (1) 번밖에는 없어 보이는군요. 중환자 수란 기본적으로 병상 준비 상황에 연계하여 판단해야 하는 수치죠. 우리나라는 인구 천 명당 병상수가 일본에 이어 2번째로 많은 나라임에도 불구하고, 현재의 위중증 환자수에 손을 들었다는 것은 사실 놀라운 일입니다. 최근 우리나라 위중증 환자수는 인구 백만 명당 20명이 채 되지 않는데, 이 정도는 서구권에서 유행이 잠잠했을 때 보였던 수준입니다.

여기에 더하여 아직도 확진자 수와 역학조사를 이야기하는 것을 보니 여전히 확진자 수, 위중증 환자수, 사망자 수로 이어지는 일차 방정식에서 전혀 벗어나지 못하고 있는 듯합니다. 특히 "무증상 혹은 경한 증상 확진자"란 다름 아닌 "건강한 사람"과 동의어로, 이런 사람들이 많아져야만 유행 종식이 가능하다는 점을 방역 당국이 먼저 이해할 수 있어야 우리 사회가 K방역이라는 덫에서 빠져나올 수 있을 겁니다. 건강한 사람들이 일상 생활을 하면서 반복적으로 경험하는 무증상, 경한 증상 감염은 가장 효과적인 광범위 백신이며, 백신접종 후 경험하는 돌파 감염은 안전한 부스터 샷으로 역할을 하게 됩니다. 유행이 장기화된 상황에서는 더 이상 이들을 전파원의 관점에서 보아서는 안 됩니다만, 아직까지 사고의 전환이 불가능한 이유가 무엇인지 참으로 이해하기 힘듭니다.

우리나라가 위드 코로나를 시작한 시점은 시기적으로 좋지 않았으며 준비도 제대로 되지 않은 듯합니다만, 어쨌든 시간이 지나가면 우리나라도 유행 곡선이 꺾이게 될 것으로 봅니다. 그러나 공존하는 바이러스를 상대로 지금과 같은 방식으로 증상 유무에 관계없이 PCR 검사를 계속하는 한 우리는 영원히 이 수렁에서 탈출할 수 없습니다. 이미 이웃 나라에서 무증상자와 경한 증상자는 PCR 검사를 하지 않아도 별일 없다는 답안지를 보여준 셈이나 마찬가지인데, 애써 외면하지 말기 바랍니다. 코로나19 정도의 감염병은 우리가 독감처럼 대우하면 독감이 되고, 에볼라급으로 대우하면 에볼라가 되는 것입니다.

우리 사회에 마지막 남은 극소수 백신 미접종자들에게 위로가 되는 글을 쓰고 싶었다. 이탈리아에서 미접종자로 마치 나치 치하의 유태인이 된 것 같은 기분으로 살고 있다는 분이 댓글을 달았다. 백신접종을 둘러싸고 벌어진 이번 사태를 과연 역사는 어떻게 기록할까?

백신 미접종자에게 드리는 작은 위로의 글

백신 미접종자에 대한 사회적 압력이 날이 갈수록 거세지고 있군요. 현재 우리나라 백신접종률은 80%를 넘기면서 OECD 1등입니다. 하지만 정부에서는 "8백만의 백신 미접종자가 있는 한 코로나는 끝나지 않는다"는 인식하에, '백신접종률 100% 달성'을 국가적 당면 과제로 선정한 듯싶습니다. 방역 만능주의와 백신 만능주의가 일란성쌍둥이라는 점을 고려하면, K방역과 함께 하는 전 국민 백신접종은 어쩌면 정해진 수순이었을 것 같기도 합니다. 그러나 코로나가 끝나지 않는 이유는 백신 미접종자 때문이 아니라, '멍청한 PCR 검사' 때문입니다.

이제는 다들 인정하겠지만, 코로나19는 우리와 공존하게 될, 아니 이미 하고 있는 바이러스입니다. 공존을 다른 말로 표현하면, 백신접종자든 미접종자든 관계없이 앞으로 '반복적으로' 이 바이러스에 대한 노출과 감염을 경험하면서 살게 될 것이라는 뜻입니다. 모든 사람에게 백신을 강요하는 전문가들은 백신접종 없이는 코로나19 바이러스와의 공존이 불가능하다고 생각하고 있는 듯합니다만, 이는 전적으로 기우입니다. 오히려 건강한 면역시스템을 가진 백신 미접종자들은 이러한 공존을 진정으로 가능하게 만들어주는 귀한 사람들입니다.

항원성 원죄original antigenic sin라는 개념이 있습니다.[58] 면역계가 최초로 경험했던 병원체에 대한 기억이 그 이후 유사한 병원체에 노출될 때 면역계 반응을 결정한다는 의미입니다. 따라서 끊임없이 변이를 야기하는 바이러스의 경우, 최초 노출 경험을 바이러스 전체로 했던 사람에 비하여 특정 부위만 백신을 통하여 먼저 경험한 사람들은 상대적으로 불리합니다. 전자의 경우 바이러스 변이가 발생했다 하더라도 여전히 바이러스를 통째로 인지하여 적절히 반응할 수 있습니다만, 후자의 경우에는 최초로 경험했던 특정 부위에 대한 항체만을 대거 생산함으로써 효과적으로 대응하지 못하기 때문입니다.

이 개념을 인구집단에 적용하면 현재 관찰되고 있는 현상에 대한 설명이 가능해지기도 합니다. 지금 시점 (1) 백신접종률과 (2) 인구수 대비 자연감염자 수 규모가 동일하다 하더라도, 백신과 자연감염 둘 중 어느 것을 먼저 경험한 사람이 많은가? 에 따라 변이 바이러스 등장 후 유행양상이 달라질 수 있음을 의미하기 때문입니다. 예를 들면 유행 초기부터 위드 코로나에 가까운 방역정책을 가졌던 스웨덴의 현 상황이 백신접종율을 높인 다음 위드 코로나를 선언했던 다른 서구권 국가들보다 더 좋은 이유가 될 수 있습니다. 문제는 뒤늦게 자연감염의 중요성을 인지했다 한들, 백신접종 전부터 건강한 사람에게 자연감염을 허용했던 국가들이 보유한 저항력 수준을 이제 와서 다른 국가가 모방하는 것은 불가능하다는 점입니다.

현재 우리 사회에서 이 역할을 할 수 있는 사람들은 얼마 남지 않았습니다. 방역패스의 확대 적용과 함께 공공연한 차별의 대상이 된 소수의 성인 백신 미접종자들과 청소년, 어린이, 영유아들이 그들입니다. 이들이 앞으로 경험하게 될 자연감염은 PCR 검사만 하지 않으면 대부분 모르고 지나갈 무증상 혹은 경미한 증상으로, 항원성 원죄로부터 자유로운 저항력을 우리 사회에 제공해줄 수 있는 자원들입니다. 그러나 국가에서 우리나라 코로나19 상황이 나빠지는 주범으로 이들을 공개적으로 지목하고 각종 차별정책을 광범위하게 도입하면서, 이들 숫자가 급속도로 줄어들고 있군요.

나심 탈레브Nassim Taleb가 쓴 『안티프레질』은 이 블로그의 주제인 호메시스 개념을 정치, 경제, 사회, 문화, 교육 등 모든 분야에 적용시킨 책입니다. 이 책에는 복잡한 수학 모델링으로 새에게 날아가는 법을 가르치고 논문을 쓰고 연구비를 따는 과학자들에 대한 이야기가 나옵니다. 그들은 이를 두고 신기술이라고 부르죠. 실험실에서 만들어낸 백신이 건강한 유기체의 면역시스템이 하는 일을 대신할 수 있다고 믿는 현대 사회의 대부분 전문가들은 새에게 나는 법을 가르치고자 했던 그들과 크게 다르지 않다고 봅니다.

숫자도 모르는 새들이 완벽하게 날 수 있듯이, 건강한 유기체의 면역시스템은 그 자체로 최적화된 시스템입니다. 영유아, 어린이, 청소년들은 수많은 바이러스, 박테리아, 곰팡이들과 끊임없이 상호작용을 하면서 최적화된 시스템을 향하여 나아가는 과정에 있고요. 2년 동안 국가로부터 방역이라는 이름으로 강요된 모든 것은 이를 방해하는 역할을 했었고, 지금은 여기에 긴급 승인으로 사용 중인 백신을 더하고자 하는군요. 그동안 감염병에 대한 현재의 견고한 패러다임을 바꾸기 위하여 나름 노력해 보았습니다만, 별 성과는 없었던 것 같습니다. 부디 새해에는 새에게 나는 법을 가르치고 물고기에게 헤엄치는 법을 가르치고자 하는 어리석음으로부터 우리 사회가 벗어날 수 있게 되기를 소망합니다.

2022년
공존

2022년 1월 2일

결국 방역패스는 법정으로 가게 된다. 1월 4일 청소년 학원·독서실·스터디카페 방역패스 효력정지 판결, 1월 14일 마트백화점 방역패스 효력정지 판결, 2월 23일 대구의 60세 미만 방역패스 전면 집행정지까지 내려진 후에야 정부에서는 3월 1일 전국적으로 방역패스를 일시 중단한다는 발표를 한다. 이를 두고 한 전문가는 "과학적 사고가 부족한 판사들을 이해시켜야 한다"는 발언을 했다고 전한다. 정부에서는 처음에는 백신패스라는 단어를 사용하다가 언젠가부터 방역패스라고 바꿔 불렀다. 백신접종을 국가가 강제한다는 뉘앙스를 희석하기 위함일거다. 그들의 치밀함에 가끔 감탄하기도 했다.

백신접종률 1등 국가에서 왜 백신패스가 필요할까?

백화점, 마트 백신패스 적용으로 백신 미접종자들에 대한 차별 수위를 더 높여버렸군요. 이제야 선을 넘었다고 분노하는 사람들이 많이 늘어난 듯합니다만, 이런 문제의식은 유행 초기 개인정보 털어 동선 공개하고 소수 집단을 번갈아 가며 마녀 사냥할 때부터 가져야 했습니다.

앞서 "백신의 항원성 원죄"에 대한 글을 쓸 때, 계속 제 머리를 맴돌았던 단어 하나가 있었습니다. "K방역의 원죄..." 뒤늦게라도 공존할 수밖에 없는 바이러스로 백신 효과가 제한적이라는 사실을 알았다면, 그에 맞게 방역 정책의 궤도를 수정하는 것이 너무나 당연합니다. 그러나 2년간 의미 없는 확진자 수 헤아리기로 세월을 보냈던 K

방역의 원죄 탓에, 그 누구도 궤도수정을 제안할 수 없는 진퇴양난의 딜레마에 빠져버렸고 결국은 백신접종률을 높이는 것만이 유일하게 남은 카드가 되지 않았을까 싶습니다. 이번에 강화된 백신패스는 한 줌 남은 백신 미접종자가 타깃이 아니라 백신접종자에게 부스터 샷을 맞추기 위한 전략으로 도입된 듯하고요.*

수많은 돌파 감염 사례들로 백신이 감염과 전파를 막을 수 없다는 점은 이제 모든 사람들이 알 것으로 생각합니다. 그럼에도 불구하고 백신 미접종자에 대한 차별적 제도가 사회적으로 허용된 이유는 완벽하게 막을 수는 없어도 백신접종자의 바이러스 전파 확률이 미접종자에 비하여 낮다고 믿는 사람들이 많아서 인 듯합니다. 이런 믿음에는 "확진자 대부분이 백신 미접종자?"에서 설명드렸듯, 왜곡된 정보를 앞장서서 전파한 방역당국의 역할이 지대했다고 봅니다.

현재 방역당국의 당면 목표는 오미크론 변이 확산을 무조건적으로 늦추는 것에 있는 듯싶습니다. 자연의 이치에 따라 곧 델타 변이를 밀어내고 우세종이 될 오미크론 변이의 경우 현재 백신의 감염과 전파 예방 효과가 더욱 낮습니다. 따라서 철 지난 백신을 가지고 아무리 백신접종을 계속해 본들, 언 발에 오줌 누는 격입니다. 지금이라도 백신패스, 동선추적 앱, 무증상 선제 검사와 같은 부질없는 일

---

* 한국은 전 세계에서 거의 유일하게 3차 백신접종을 '2차 접종후 3개월'로 기간을 단축하여 시행한 국가다. 당시 일상생활을 하려면 백신접종 완료자 인증이 필요했는데 백신접종 혜택을 다 누리려면 2차 접종 후 3개월이 되자마자 부스터샷을 맞아야 했다. 이와 같은 무리한 백신접종으로 인하여 발생 가능한 문제에 대하여서는 브런치 글 "mRNA 백신이 남성 정자에 미치는 영향은 과연?"(2022년 6월 21일)을 참고로 하면 된다.

중지하고, 방역이든 백신이든 고위험군과 진짜 환자에만 집중하는 것이 오미크론 변이와 그 후에 찾아올 다른 변이들에 대하여서도 최선의 대책입니다만 K방역의 원죄탓에 점점 더 깊은 수렁으로 빠져들고 있군요.

얼마 전 지금까지 방역정책에 깊숙이 관여했던 몇몇 전문가들이 우리나라 상황에 대하여 "성공한 방역의 역설"이라고 표현하는 것을 들었습니다. 현 상황에 무한 책임을 느껴야 할 분들이 이런 인식을 가지고 있는 한, 우리는 K방역의 원죄로부터 영원히 벗어날 수 없을 겁니다. 미래에 유사한 감염병 유행이 발생하면, 우리 사회는 또다시 그들이 성공이라고 명명했던 K 방역을 불러내어 개인정보 터는 동선추적부터 시작할 것이기 때문입니다. "성공한 방역의 역설"이 아닌 "어리석고 위험한 방역의 예정된 실패"였다는 점을 인정할 수 있어야만, 최소한 이번과 같은 일이 반복되는 것을 막을 수 있을 겁니다.

2021년 11월 기사를 '일본의 확진자 수 급감 = 코로나 종식'으로 착각했던 그들이 일본의 확진자 급증 소식에 다시 브런치로 몰려왔다. 코로나19와 같은 감염병의 확진자 수란 영원히 증가와 감소를 반복한다는 사실을 몰랐던 그들은 마음껏 비웃고 조롱했다. 이로부터 몇 주가 지난후 한국의 확진자 수가 급증하는 것을 보면서 이 역시 좋은 일이라는 취지의 글을 올렸다.[*] 하지만 2년 동안 자연감염을 허용해왔던 일본과 오로지 백신접종률을 높이는 데만 올인했던 한국의 오미크론 유행 양상은 완전히 달랐다. 한국은 오미크론 유행이 시작되고 나서야 강제 동선추적 역학조사와 선제격리와 같은 일을 중지하고 동네 병의원들이 진료에 참여하는 형태로 방역체계를 바꾸었다. 이런 대응은 지금까지 그토록 비난했던 일본의 대응방법과 매우 유사하다. 일본은 유행 초기부터 그런 식으로 대응해도 별 문제없다는 사실을 계속 보여주고 있었지만 방역으로 진짜 선진국이 될 거라는 환상에 빠져있었던 한국인들은 그럴리가 없다고, 일본이 정보를 조작하고 있을 뿐이라고 믿었다.

일본의 오미크론 확진자 급증은
좋은 일입니다

최근 일본 확진자 증가를 보도하는 국내 기사를 보면서, 다시 한 번 의미 없는 확진자 수를 가지고 국민을 세뇌시켰던 K방역의 폐해를 실감했습니다. 일본 사례가 우리에게 중요한 이유는 확진자 수 증감에 있는 것이 아니라 '무증상과 경한 증상에 대한 PCR 검

---

[*] 브런치 글 참고.
한국의 오미크론 확진자 급증도 좋은 일입니다 (2022년 1월 28일)

사를 하지 않고 지역사회 전파를 허용했던 일본'과 '무증상조차 허락하지 않았던 한국'의 코로나19 사망률이 매우 유사하다는 점에 있습니다.

상반된 방역 정책을 가졌던 두 국가 모두 서구권과는 비교할 수 없을 만큼 코로나19 사망률이 낮은데, 이는 동아시아권의 코로나19에 대한 높은 저항력을 의미하는 것으로 그 자체로 K방역의 방향성에 심각한 오류가 있음을 시사합니다. 반면 코로나19 확진자 수는 모든 국가에서 앞으로도 영원히 증가와 감소를 반복하게 될 것이며, 의료시스템 과부하가 없는 한 사람들은 그냥 일상을 살게 될 겁니다. 방역의 궁극적 목적이 무엇인지는 잊어버리고, 허황한 숫자 놀음에 빠져 버린 우리 사회가 참으로 걱정스럽습니다.

지난해 8월 말부터 급감했던 일본의 확진자 수가 약 4개월이 지난 후 다시 급증하기 시작합니다. 동아시아권의 높은 저항력과 관계있을 것으로 추정되는 교차면역은 중증도와 사망 위험을 낮추는 것이지 감염 자체를 예방하는 것이 아니므로 확진자는 얼마든지 증가할 수 있습니다. 특히 새로운 변이가 등장하면 그렇습니다. 현재 일본 확진자의 70% 이상은 오미크론 변이로, 오미크론 변이는 델타 변이에 비하여 더욱 무증상자와 경한 증상자가 많고 전파 속도가 빠릅니다. 그런데 오미크론 변이가 등장하면서 일본도 무증상자에 대한 PCR 검사를 시작했더군요. 예전처럼 무증상자와 경한 증상자에 대한 PCR 검사를 하지 않았더라면 매우 신속하고 조용하게 감기화 되었을 것으로 봅니다만, 그 감기화 되는 과정을 군이 PCR 검사를 통하여 확인하겠다는 어리석은 결정을 해버렸군요.

일본의 오미크론 확진자 급증이 어떤 결과를 보일 것이라는 것은 스웨덴 상황을 보면 예측 가능합니다. 스웨덴도 지난 12월 초부터 그동안 잠잠했던 확진자 수가 급증하기 시작했습니다. 스웨덴의 최근 확진자 중 60%가 델타 변이, 35%가 오미크론 변이인데, 약 1달 반이 지난 지금까지 사망자 수는 거의 변함 없습니다. 일본의 경우 최근에서야 확진자 수가 급증하기 시작했기 때문에 아직 사망에 미치는 영향을 평가하기는 이릅니다만, 예전처럼 진짜 환자 중심으로 대응한다면 스웨덴과 크게 다르지 않을 것으로 생각합니다. 그리고 두 국가 모두 오미크론 변이로 충분한 숫자의 사람들이 감염되고 나면 다시 확진자 수는 급감하게 될 겁니다.

스웨덴이나 일본과 같이 자연감염을 경험하고 지나간 사람들이 많은 사회에서 새롭게 등장하는 변이란 큰 위협이 되지 않습니다. 현재 오미크론 변이가 가진 특성을 보면, 이들 국가가 경험하는 오미크론 변이란 안전하고 효과적인 부스터 샷 정도의 역할을 할 것으로 보입니다. 이런 과정을 반복적으로 거쳐 종국에는 다른 호흡기계 감염병처럼 겨울이 되면 환자가 증가하고 봄이 되면 감소하는 계절성을 보이면서 토착화될 겁니다. 우리나라도 향후 오미크론 변이가 우세종이 되면 동일한 경로를 밟을 것이라고 봅니다만, 그 시점까지 가는 데 상당한 진통을 겪을 것으로 예상됩니다.

지난주 있었던 백신패스 중지 행정소송에서 방역당국은 "의료시스템 붕괴를 막기 위해서" 백신패스가 필수적이라고 주장했더군요. 이미 유행이 시작된 지 2년이 지난 시점입니다. 그 논리의 부실함은 접어두고, 백신접종률 1등, 마스크 착용률 1등, QR코드 의무화, 동선추적을 위하여 개인정보까지 강제로 다 털어갔던 국가에서 이제 와서 백신패스까지 시행되어야만 의료시스템 붕괴를 막을 수 있다고 이야기하는 것은 자신들이 그동안 반드시 했어야 할 일들을 제대로 하지 않았다는 고백과 다르지 않습니다. 동아시아권의 코로나19는 서구권보다 훨씬 더 관리 가능한 유행이었습니다만, 어쩌다 이 지경까지 왔는지 이제는 그들에게 질문을 던져볼 시점이 된 듯싶습니다.

Expert nonsense라는 표현이 있다. 부분적으로 혹은 겉보기에는 매우 전문적인 지식과 기술을 구사하고 있는 듯 하나 그 의미를 해석하거나 현실에 적용하는 지점에 가면 nonsense로 가득찬 결론을 내리는 상황을 말한다. 유행 초기부터 내가 가진 상식과 이성으로는 이해할 수 없는 일로 점철되었던 코로나 사태는 백신접종이 시작되면서 가히 정점을 찍었다. 그 핵심에는 유행내내 바이러스 하나를 두고 전체 사회를 좌지우지해왔던 '소위 전문가들'이 존재한다.

백신패스에 대한
과학적 근거가 정말 있을까?:
KBS 심야토론을 시청한 소감

2년 동안 우리나라 방역정책을 주도해왔었던 전문가들이 있습니다. 이 분들은 우리나라 방역 및 백신 정책에 의문을 제기하는 주장들을 모두 '과학적 근거가 부족한 혹은 비과학적 사견' 정도로 폄하하곤 했죠. 물론 여기에는 당연히 저의 의견도 포함될 것으로 생각합니다. '비과학적'이란 단어가 묘한 것이, 이 단어를 사용하여 상대방을 공격하면 그 자체로 자신들의 주장은 저절로 '과학적'인 것으로 둔갑하는 경향이 있습니다.

지금까지 K방역을 이끌어 왔던 이 분들의 논리는 방역 만능주의, 항체 만능주의, 백신 만능주의 정도로 요약할 수 있을 듯합니다. 그러나 코로나19와 같은 특성을 가진 — 무증상자가 많고 전파 속도가 빠르면서 계속 변이하는 — 호흡기계 바이러스 감염병 유행에서 방역, 항체, 백신의 역할이 제한적이라는 것은 유행 초기부터 기존 지식에 근거하여 충분히 알 수 있었던 사실이었습니다. 오랜 경험과 과학으로 알고 있었던 기존 지식을 모두 내동댕이쳐 버린 것이 코로나19 사태임에도 불구하고, 이 분들은 우리나라 방역 및 백신 정책이 절대적으로 과학적 의사결정의 결과물이라고 확신하고 있는 듯했습니다.

백신의 '감염 및 전파 예방 효과'에 의문이 제기된지 반 년 이상이 지난 현시점, 우리나라 방역당국은 청소년 백신패스에 대한 법원 결정에 항소를 하고 5~11세 어린이 백신접종을 계획하고 있다고 합니다. 3,4월이면 감기와 별 차이가 없다는 오미크론 변이로 다 대체가 되었을 텐데 무슨 이유로 철 지난 백신을 가지고 청소년과 어린이들에게 이토록 백신접종을 하려고 하는 걸까요? 사실 우리나라 백신 정책은 처음부터 매우 이해하기 힘든 측면이 있었습니다. 백신 효과에 대한 장밋빛 환상을 가지고 있던 시기에는 백신 구입을 하지 않고 있다가, 백신으로 감염과 전파를 막을 수 없다는 사실이 알려진 후에 오히려 집단면역을 이야기하면서 고위험군이 아닌 저 위험군에 대한 대규모 백신접종을 본격적으로 시작했기 때문입니다. 향후에라도 반드시 설명이 필요한 부분이라고 생각합니다.

어쨌거나 방역당국의 이런 괴이한 결정에는 소위 과학적 근거를 가지고 정책 결정에 참여하고 있다는 그분들의 역할이 있었을 것 같아 최근 발언들을 한번 찾아보았습니다. 마침 지난 주말 KBS 심야토론[59]에 이 분들이 출연해 백신패스를 두고 토론을 했더군요. 아직도 코로나19 유행에 대한 인류 대응방식의 첫 단추가 잘못 끼워졌다는 사실을 모르고 있는 듯한 이 분들은 지금까지 해왔던 주장을 끊임없이 되풀이하고 있었습니다. 특히 지금까지 우리나라 방역정책의 방향성을 결정하는 데 지대한 역할을 했던 J교수가 "백신패스에 대한 과학적 근거"라고 하면서 (1) 다중시설을 무작위 사람이 이용했을 때 미접종자가 접종자보다 감염 확률이 높으며 (2) 접종자보다 미접종자가 전파를 더 많이 시킨다고 주장하더군요.

먼저 첫 번째 주장부터 반박해 보겠습니다. 방역당국에서 발표한 「예방접종력에 따른 감염·위중증·사망 위험도 비교」12월 2주차 자료에 의하면 백신 미접종자의 감염률이 접종자보다 2.3배 정도 높다고 합니다. 아마도 이런 수치들을 두고 과학적 근거라고 주장한 것 같습니다만 여기에는 몇 가지 오류가 존재합니다.

첫째, 현재 백신 미접종자들은 접종자들보다 더 많은 PCR 검사를 하도록 시스템을 만들어 두었습니다. 따라서 무증상자 비율이 높은 코로나19 특성상 검사를 많이 하게 되면 더 많은 양성자가 나올 수밖에 없습니다. 즉, 실제로는 두 군이 동일한 감염 위험도를 가지고 있다 하더라도 인구수 대비 PCR 검사 건수가 많은 백신 미접종자 군에서 감염 위험도는 당연히 더 높게 나오게 됩니다.

둘째, 백신접종자와 미접종자의 감염률 비교는 백신접종 후 경과 시간에 따라서 현저하게 차이가 있기 때문에 이런 단순 지표로 평가할 수 없습니다. 예를 들면 최근 영국에서 나온 백신접종자와 미접종자 간의 감염률[60]을 비교해보면, 우리나라와는 정반대로 거의 모든 연령대에서 "백신접종자의 감염률이 더 높다"는 사실을 알 수 있습니다.* 사실 영국 자료는 상당히 놀라운 결과로 다양한 해석의 여지

---

* 실제로 2023년이 되면 백신접종 횟수가 많을수록 오히려 감염 위험이 증

가 있으니 일단 생략하고 지나가도록 하겠습니다. 여기서 핵심은 질병청에서 발표한 백신 미접종자의 감염률이 접종자보다 2.3배 높다와 같은 수준의 정보가 다중시설에서 미접종자가 접종자보다 감염확률이 더 높다는 과학적 근거가 될 수 없다는 점입니다.

다음은 두 번째 주장에 대한 반박입니다. J교수가 접종자보다 미접종자가 전파를 더 많이 시킨다는 논문도 있다고 주장하고 있어서 그 논문을 한번 찾아보았습니다. 이런저런 검색 후 지금 링크하는 『NEJM』 논문[62]을 이야기하는 것임을 알게 되었습니다. 그런데 이 논문은 정말 현시점 우리나라에서 백신패스라는 제도에 대한 정당성을 제공하는 논문이 될 수 있을까요?

먼저 이 논문은 예전에 사라진 알파 변이와 지금 사라지고 있는 델타 변이 전파에 미치는 영향을 분석하고 있었는데, 결과는 아래 정도로 요약할 수 있습니다. (1) 백신의 전파 예방 효과가 있었으나 델타 변이에서 그 효과는 알파 변이보다 작았다(오미크론 변이에서는 더 작겠죠) (2) 백신접종 완료 후 시간이 지나감에 따라 전파 예방 효과는 지속적으로 저하되었다(계속 부스터샷을 이야기하는 이유겠고요) (3) 아스트라제네카 백신의 경우 석달이 지나면 백신접종자와 미접종자 간 전파력은 동일해졌으며, 화이자 백신도 상당한 감소를 보였다(따라서 백신으로 전파 예방을 하려면 지구멸망하는 그 날까지 계속 몇 개월마다 백신접종을 하는 수밖에 없습니다). 제가 판단하건대 이 논문은 백신패스를 반대하는 측에서 과학적 근거로

가할 수 있음을 시사하는 논문[61]까지 발표된다. "백신 미접종자에게 드리는 작은 위로의 글"에서 설명한 항원성 원죄는 이를 설명할 수 있는 하나의 기전이 될 수 있다.

제시하는 것이 더 어울릴 법한 논문입니다.

　백신 효과를 논할 때 '중증과 사망 예방 효과'와 '감염 및 전파 예방 효과'를 구분하는 것은 매우 중요합니다. 그리고 백신패스는 일상 생활을 하는 건강한 사람들을 대상으로 하는 제도이므로 '감염 및 전파 예방 효과'가 논의의 핵심이 되어야 합니다. 비교적 장기간 유지되는 '중증과 사망 예방 효과'와는 달리, '감염 및 전파 예방 효과'는 백신접종 초기 몇 개월 정도만 보인다는 것은 이미 작년 여름부터 반복적으로 보고되고 있는 연구결과입니다. 또한 우리나라에서 백신패스가 정당화되기 위해서는 '5% 백신 미접종자가 전파를 시키는 절대 규모'가 '95% 백신접종자가 전파를 시키는 절대 규모'보다 더 커다는 증거가 있어야 하고요. 어불성설이죠.

　결론적으로 저는 J교수가 주장했던 백신패스에 대한 어떤 과학적 근거도 찾지 못했습니다. 성인도 필요 없고 청소년은 더더욱 필요 없습니다. 어린이들에 대한 백신접종 계획은 좀 더 거친 단어가 필요할 듯하여 삼키고 넘어가겠습니다. 백신은 고위험군이나 원하는 사람들이 자신을 보호하기 위한 목적으로 자신의 선택으로 맞으면 되는 것이고, 국가가 전력을 기울어야 할 일은 처음부터 끝까지 의료시스템 확충과 재정비였습니다. 그럼에도 불구하고 진정으로 확진자 수 급증으로 의료시스템 붕괴가 우려되는 시점이 온다면 '백신접종자와 미접종자 모두가 참여하는 강력한 전파 방지책'을 일시적으로 강구해야 하고요. 그리고 그때는 지금까지의 오류를 인정하면서 국민들의 이해를 구하는 태도를 가지는 것이 최소한의 도리겠죠.

특정 개인을 언급하는 글을 계속 쓴다는 것은 썩 내키지 않는 일이었다. 그러나 그들이 우리나라 방역 정책에 미쳤던 영향이 지대했던지라 그리고 앞으로도 그럴 듯하여 언급하지 않고 지나갈 수가 없었다. 코로나19 사태동안 발표된 수많은 수리모델링은 처음부터 예측치와 관찰치 사이에 너무나 큰 괴리가 존재했다. 그렇다면 당연히 모델링이 가진 근본적인 오류 가능성을 의심해 봐야 하나, 현시대 전문가들은 여전히 모델링 그 자체는 옳다는 믿음을 가지고 있다. 창밖에 해가 쨍쨍하다는 사실을 두 눈으로 확인해도, 컴퓨터 기상예측 모델링에서 지금 폭우가 내린다고 하면 우산과 비옷을 갖춰 입고 외출할 사람들이다.

코로나19 수리모델링의 오류와 그 위험성

앞서 KBS 심야토론을 보고 백신패스의 과학적 근거를 주장하는 그 분들을 비판하는 글을 쓰면서, 백신패스보다 수리모델링에 대한 글이 더 시급하다는 생각이 들었습니다. 백신패스의 문제점이야 이미 많은 사람들이 알고 있지만, 그 분들이 하는 수리모델링의 문제에 대하여서는 대부분 인지하지 못하고 있기 때문입니다. 현재 수리모델링은 우리나라 방역 정책의 방향과 수위를 결정하는데 핵심적인 역할을 하고 있습니다. 그러나 저는 우리나라가 2년 내내 의미없는 확진자 수 중심의 방역을 벗어나지 못하는 데는 수리모델링의 오류가 매우 큰 역할을 했다고 생각합니다.

수리모델링이란 단어가 주는 뉘앙스나 그 결과물로 나오는 매끈한 그래프들은 아주 세련된 첨단 과학의 산물처럼 느껴집니다.

더구나 AI까지 동원하고 있다면 신성불가침 영역같아 보이기도 합니다. 하지만 코로나19 수리모델링은 향후 사회에 심각한 악영향을 끼친 과학의 대표적인 오남용 사례로 역사책에 등장하지 않을까 싶습니다.

코로나19 사태가 전면락다운이라는 인류 역사상 초유의 사태로 이어진 데는 감염병 수리모델링 전문가로 알려진 영국 임페리얼 칼리지의 닐 퍼거슨 교수가 절대적인 역할을 했습니다. 닐 퍼거슨 교수는 '코로나19는 신종 감염병이므로 이에 저항력이 있는 사람은 단한 명도 없다'는 전제하에 다양한 방역 시나리오를 가지고 수리모델링을 진행했죠. 그 결과 당장 락다운을 하지 않으면 엄청난 수의 사망자가 발생한다고 추정되었고, 이 예측치는 전 세계가 파괴적인 전면락다운의 수렁으로 빠지게 된 가장 큰 이유입니다.

일단 그들이 권장했던 방역정책이 시행되고 나면, 수리모델링의 예측 정확도를 평가하는 것은 불가능합니다. 관찰된 사망자 수가 예측치보다 훨씬 적다 하더라도, 이를 방역 정책의 효과로 해석하기 때문입니다. 국내에도 비슷한 역할을 자처하는 분들이 항상 "K방역 때문에 이 정도로 관리되고 있는 것이다. 그렇지 않았더라면 예측치와 같이 폭발했을 것이다"라는 입장을 견지하고 있죠. 유행 초기부터 수리모델링에서 추정된 엄청난, 그러나 진실을 알기 어려운 숫자들은 각종 미디어를 통하여 자극적인 단어들과 함께 대중들에게 전달되었고, 이는 고스란히 사회의 공포로 이어지곤 했습니다. 그리고 방역에 필요하다는 논리 하나면 어떤 위험한 정책이라도 다 허용되는 사회가 되었죠.

그러나 스웨덴은 현재 감염병 수리모델링의 심각한 오류를 보여주는 실례입니다. 닐 퍼거슨 교수의 수리모델링을 스웨덴에 적용하면 락다운을 하지 않을 경우 3개월 안에 약 8만 5000명의 사망자 발생이 예상되었습니다만, 노락다운 노마스크로 대응했던 스웨덴 1차 유행 때 관찰된 총사망자 수는 예측치의 6~7% 정도에 그쳤기 때문입니다. 그러면 왜 수리모델링의 예측치와 관찰치 간 차이가 이렇게 엄청난 걸까요? 그 이유는 수리모델링의 전제 조건이 틀렸기 때문입니다. 현재 수리모델링의 대전제 — 코로나19에 대한 저항력이 있는 사람은 단 한 사람도 없다 — 는 명백한 오류로 코로나19는 처음부터 저항력을 가졌던 사람들이 매우 많았던 감염병입니다. 예를 들면, 최근 스웨덴 스톡홀름의 2차 유행시 보인 유행 곡선을 두고 다양한 조건으로 분석한 결과[63]에 의하면, "인구의 약 62%에서 기존 면역pre-existing immunity이 존재했다"는 전제하에서 수리모델링을 적용했을 때 관찰치와 예측치가 정확하게 일치합니다. 기존 면역이 고려되지 않으면 어떻게 모델링을 해도 피팅되지 않고요.

그럼 기존 면역은 또 어떤 이유로 가능한 걸까요? 감염병에 대한 저항력에 가장 큰 기여를 하는 요소는 제가 늘 강조해왔던 교차면역과 같은 미생물간의 상호작용입니다. 우주 에너지의 68%가 정체를 알 수 없는 암흑에너지, 우주에 존재하는 중력을 가지는 물질 중 85%가 역시 정체를 알 수 없는 암흑물질이라고 하죠. 감염병에서는 교차면역이 암흑에너지 혹은 암흑물질로서 역할을 합니다. 교차면역은 선천면역과 획득면역, 즉 유기체가 가진 모든 면역 시스템을 통하여 작동하는 것으로, 한 개인 혹은 특정 인구집단의 교차면역 수준을 '사전에 정량화'하는 것은 불가능하기 때문입니다. 다만 실험실에서 부분적으로 정량화하거나, 앞서 스톡홀름 사례와 같이 유행이 지나간 뒤 사후 모델링을 통하여 추정하는 것 정도는 가능하고요. 그럼에도 불구하고 기존 면역의 존재는 어떠한 형태로든 반드시 수리모델링에 고려가 되어야 합니다.

문제는 아직도 수리모델링을 하는 분들이 교차면역의 존재를 모른 채 혹은 부정하면서, 측정 가능한 몇몇 변수에 기반하여 겉보기에만 아주 팬시해보이는 수리모델링을 계속하고 있다는 것입니다. 예를 들면, J교수는 최근 KBS 심야토론에서 교차면역은 가설일 뿐이라고 주장하고 있었습니다. 유행 초기부터 지금까지 교차면역에 대한 논문들이 『셀』, 『네이처』, 『사이언스』급 저널에 줄지어 발표되고 있지만, 여전히 교차면역이 가설이라고 주장하는 것을 보니 J교수는 지금도 기존 면역에 대한 어떠한 고려 없이 수리모델링을 계속하고 있는 듯합니다.

J교수의 수리모델링 결과가 우리나라 방역 정책에 미치는 지대한 영향을 고려한다면, 이는 매우 심각한 문제가 아닐 수 없습니다. 스웨덴에서 62% 수준의 기존 면역이 존재했다면, 유행 초기부터 높은 저항력을 보여 왔던 동아시아권의 기존 면역은 과연 어느 정도 수준일까요? 이를 무시하고 시행하는 수리모델링의 결과는 얼마나 신뢰할 수 있을까요? 그에 기반한 방역 정책은요?

오랫동안 나름 치열한 연구자의 삶을 살면서 느낀 바가 있습니다. 현시대는 더 이상 진리탐구를 위한 시대가 아니라는 것입니다. 특히 첨단 기술을 접목하는 연구일수록 깨어있는 합리적 이성의 도움 없이는 참과 거짓을 분간하기가 어려워집니다. 아직 혼돈의 시기처럼 보이지만, 시간이 좀 더 흐르면 코로나19 사태는 21세기

과학의 민낯을 세상에 드러내는 상징적인 사건으로 자리매김할 것
으로 예상합니다.

장기 안전성에 대한 정보가 전혀 없는 백신을 가지고 치명률 0%에 수렴하는 연령대를 대상으로 이익과 위험분석을 했다는 사실은 현 시대 연구자들이 가진 근시안적 사고의 위험성을 적나라하게 보여주는 일이었다. 절대 위험도가 지극히 낮은 사람들을 대상으로 이익과 위험 분석을 하고 그 허구의 숫자에 기반하여 전체 이익을 강조하면서 집단 행동으로 사회를 몰고가는 것은 전체주의적 프로파간다일 뿐이다. 2023년 5월 mRNA 백신의 장기 부작용 가능성을 시사하는 첫 번째 논문이 발표되는데 관련 글은 브런치에서 확인 가능하다.*

백신접종의
이익과 위험분석은
얼마나 과학적일까?

요즘 우리나라 방역 및 백신 정책에 이의를 제기하는 주장을 모두 비과학으로 몰고 갔던 그분들이 남긴 말과 글에 대한 분석을 하고 있습니다. 오늘은 J교수가 최근 각종 인터넷 커뮤니티에 남긴 20대 백신접종 권고에 대한 비판입니다.[64] 그 동안 백신이 모든 것을 해결할 수 있을 것처럼 주장해왔던 J교수가 20대를 대상으로 소위 "이익과 위험 분석"을 한 후, 20대도 백신접종을 하면 개인 이득이 무려 4배 더 크다고 주장하고 있더군요. 20대 부스터 샷을 염두에 두고 쓴 듯한 이 글은 일견 보기에 꽤나 합리적인 의사결정

---

* 브런치 글 참조.
  백신 장기부작용에 대한 증거가 나오기 시작하는군요(2023년 5월 5일)

과정인 듯 보입니다만, 저는 이익은 과대평가되고 위험은 과소평가된 전형적인 분석의 오류라고 봅니다.

먼저 이익부터 보겠습니다.

J교수는 우리나라 20대 인구 총수인 665만 명 중 554만 명의 감염자가 발생할 것으로 가정했더군요. 그리고 이 숫자에 지금까지 20대 중환자 발생률을 오미크론 변이에 수정 적용하여 최종적으로 961명의 중환자가 발생할 것으로 추정했으며, 그중 80%를 백신접종으로 예방할 수 있다고 보았습니다.

지난 2년 동안 우리나라 20대 총 확진자 수가 11만 명으로 20대 인구의 1.7%입니다. J교수는 나머지 98.3% 대부분이 감염자가 될 것이라고 보았는데, 이러한 가정은 "코로나19 수리모델링의 오류와 그 위험성"에 나오는 영국 임페리얼 칼리지 닐 퍼거슨 교수의 전제와 동일합니다. '코로나19는 신종 감염병이므로 저항력이 있는 사람은 단 한 명도 없다'는 전제죠. 하지만 코로나19는 교차면역덕분에 처음부터 저항력이 있는 사람들이 아주 많았던 감염병으로 닐 퍼거슨 교수의 모델링은 명백한 오류입니다. 따라서 J교수의 이익 계산도 잘못된 전제에 기반한 오류입니다.

다음은 더욱 심각한 위험분석입니다.

J교수는 백신 접종의 위험으로 심근염, 아나필락시스, 심근염과 유사한 수준의 기타 위험 정도를 고려하고 있었습니다. 그러나 코로나19 백신의 장기 부작용을 알 수 없다는 점은 위험 분석은 어떻게 하든 과소평가될 수밖에 없음을 의미합니다. J교수는 백신접종을 시작한 지 1년 이상 되었기 때문에 장기 부작용에 대한 판단도 가능하다고 생각한 듯합니다만, 장기 부작용이란 1년으로 알 수 있

는 것이 아닙니다. 코로나19 백신의 특정 성분이 장기간 체내에 잔류할 수 있다면, 그로 인한 인체 유해성은 수년, 수십 년을 두고 서서히 드러날 수 있습니다. 1948년 인간에게 해로운 해충만 선택적으로 죽일 수 있다는 이유로 노벨상까지 수상했던 DDT가 수십 년이 지난 후 사용금지가 되고 초저농도까지 떨어진 지금까지 유해성이 보고되고 있는 이유는 바로 그 잔류성때문입니다.

또한 J교수는 다양한 비특이적 증상들과 많은 여성들이 보고하고 있는 생리불순이라는 부작용이 어떤 의미가 있는 것인지 그다지 고민해보지 않은 듯합니다. "백신부작용으로 생리 이상이 가능하다면 그 의미는?"에 적었듯, 생리불순은 백신의 어떤 성분이 호르몬 시스템을 교란할 수 있음을 의미합니다. 이런 성분은 아주 낮은 농도에 대한 노출이라도 오랜 시간이 흐른 후 부작용으로 드러날 가능성이 있는데, 특히 태아, 어린이, 청소년들이 그러합니다.

결론적으로 저는 J교수의 "백신접종의 이익과 위험 분석"이 20대 백신 접종에 대한 과학적 근거로 간주되어서는 안 된다고 생각합니다. 애초에 "이익과 위험 분석"이란 이익과 위험을 추정하는데 오류가 전혀 없다 하더라도 절대 위험이 일정 수준 이상되는 경우에만 의미 있는 해석이 가능하며, 절대 위험이 지극히 낮은 건강한 20대에게는 의미 없는 숫자놀음일 뿐입니다. 앞으로 살아갈 날이 창창한 연령대를 대상으로 "이익과 위험" 분석까지 해가면서 장기 부작용을 알 수 없는 철지난 백신으로 백신 접종을 권유하는 것은 비과학적인 것에 더하여 비윤리적이기까지 해 보이는군요.

지금까지 시리즈로 늘 과학적 접근을 주장해왔던 그분들의 "백신패스의 과학적 근거", "수리모델링의 타당성", "백신접종의 이익과 위험 분석"까지 살펴보았습니다. 그분들은 항상 논문을 이야기하면서 다른 사람들의 주장을 비과학으로 폄하하곤 했지만, 현시대 과학과 비과학을 가르는 것은 논문이 아니라 합리적 이성이 제대로 작동하는가 여부입니다.

사실 저는 일찍부터 그분들의 과학적 소양에 의문을 가지고 있었습니다. 그 이유는 유행 초기 PCR 검사도 제대로 하지 않았던 일본의 코로나19 사망률과 총사망률이 폭증하지 않는다는 놀라운 현상을 보고도 그 누구도 의문을 가지지 않았기 때문입니다. 대중들이야 통계 조작으로 우길 수 있다 하더라도, 전문가라면 사망자 수, 특히 총 사망자 수에 대한 조작은 불가능하다는 사실을 알고 있었을 겁니다. 그러나 그분들은 우리나라에 너무나 중요한 의미를 가지고 있었던 이 현상을 그냥 무시해버리죠.

과학적 접근의 기본은 '현상에 대한 의문'에서부터 시작되는 것이지, 『NEJM』, 『란셋』, 『JAMA』에 실린 논문 읽기'에 있는 것이 아닙니다. 전자는 과학자가 가져야 할 기본자세로, 기본기가 장착되어 있어야만 후자의 논문을 읽고 우리 현실에서 어떤 의미가 있는 것인지 합리적 판단이 가능할 것으로 봅니다.

이 글을 적을 때 내 나이가 아주 많았으면 좋겠다고 생각했다. 그렇다면 마음놓고 나를 핑계삼아 나의 자식들과 손주들의 삶을 파괴한 그들을 더 통렬하게 비판할 수 있을 듯 했기 때문이다.

낙타 등의
마지막 지푸라기

　요양병원, 요양원이라는 곳이 어떤 곳인지 경험이 있으신 분들은 잘 아실 것이라고 생각합니다. 더 이상 독립적인 생활이 불가능한 고령자들이 삶의 마지막을 보내기 위하여 찾는 장소죠. 그렇다고 너무 부정적으로 생각할 필요는 없다고 생각합니다. 그 안에서도 누릴 만한 삶이 존재힌다는 사실을 저의 경험을 통하여 잘 알고 있습니다. 이런 노인 장기요양시설에서 사망이란 사건은 일상에 가깝습니다. 겨울철에는 더욱 많은 사망이 발생하죠. 대기자 명단까지 있는 인기 있는 요양병원 빈자리는 기존 환자들이 나아서 퇴원하기 때문에 생기는 것이 아니라, 사망하기 때문에 생깁니다.

　코로나19는 유행 초기부터 사망자 대부분이 고령의 기저질환자, 특히 요양병원과 요양원에서 주로 발생한다는 사실이 잘 알려졌던 감염병입니다. 얼마 전 있었던 백신패스 관련 JTBC 토론[65]에서 그분들께서 백신과 사망 간의 인과성을 부인하면서, 우리 모두는 언젠가 사망하고 어떤 병에 걸리게 되어 있다는 표현을 한 바 있습니다. 어떤 맥락에서 나온 말인지 이해는 합니다만, 이런 관점은 10대, 20대 사망까지 있었던 백신접종자보다는 고령의 기저질환자가 대부분이었던 코로나19 사망자에게 적용되는 편이 차라리 나았을 듯합니다. 만약 그랬다면 우리나라 방역정책은 예전에 큰 변화가 있지 않았을까 싶습니다.

우리나라는 코로나19 확진자를 최소화하기 위하여 2년 동안 사회의 거의 모든 자원을 쏟아부은 국가입니다. 공존할 수밖에 없는 바이러스를 상대로 한 무모한 소모전일 뿐이었지만, 대다수 국민들이 "하나의 생명도 소중하게 생각하는 우리나라"라면서 K방역을 자랑스럽게 생각했죠. 표현은 완벽하게 도덕적인 것으로 보입니다만, 이런 관점이 과도하게 그리고 장기간 사회를 지배하면 결국은 모두가 불행에 빠지게 됩니다. 여기에는 애초에 소중하게 보호하고자 했던 그 하나의 생명도 포함됩니다. 그리고 우리가 만들어낸 세상은 무엇으로도 사망해도 괜찮으나 코로나19로는 사망하면 안 되는 그런 기만적인 세상이었습니다.

"It is the last straw that breaks the camel's back"이라는 속담이 있습니다. 이미 엄청난 짐으로 쓰러질 지경에 있었던 낙타 등에 지푸라기 하나를 얹었더니 낙타의 등이 부러집니다. 이를 두고 마지막 지푸라기 때문에 낙타의 등이 부러졌다고 우긴다면 난센스죠. 많은 감염병들이 고령의 기저질환자들에게 마지막 지푸라기와 비슷한 역할을 합니다. 이 분들은 이미 등에 진 짐이 너무나 무거워 독감에 걸려도, 감기에 걸려도, 코로나19에 걸려도 사망할 수 있죠.

최근 오미크론 변이 확진자가 급증하고 있습니다. 이와 함께 사망자도 다시 증가할 것으로 봅니다만, 의료시스템 과부하가 없는 한 동요할 필요는 없습니다. 코로나19와 같이 사망 대부분이 고령의 기저질환자에게서 발생하는 감염병은 사망률 치환 현상이 광범위하게 발생한다는 점을 항상 고려해야 합니다. 평소 독감이나 폐렴으로 사망하실 분들이 코로나19로 사망하거나, 사망 시점이 몇 달 앞당겨지는 것과 같은 일이 흔하게 일어나죠. 노마스크 노락다운으로 대응했던 스웨덴의 2020년 코로나19 사망자 수가 무려 만 명에 이르렀지만 총사망률이 예전과 큰 차이가 없었던 이유는 사망률 치환 현상이 다양한 방식으로 동시에 작동했기 때문이었습니다.

현재 대부분 국가들이 확진자 수에 관계없이 거의 모든 방역 조치를 다 해제하는 추세입니다. 작년부터 사회적 거리두기의 가장 높은 단계인 전면락다운조차 별 의미 없었다는 논문들이 줄지어 나오고 있었는데, 최근 리뷰논문에서는 효과가 미미했을 뿐더러 이런 방역 정책이 전체 사회에 미친 파괴적인 영향 ― 경제, 교육, 정치, 폭력, 기본권 훼손 등 ― 이 매우 심각하다고 보았습니다.[66]

그러나 아직도 우리나라는 K방역 2.0을 이야기하면서, 백신접종률 1등도 부족한 듯 백신패스, 거리두기, QR코드, 마스크 의무화 등등 지구상에서 가장 복잡하고 다양한 방역 수칙을 가지고 있습니다. 얼마 전 방역 당국이 우리나라는 "자연감염을 경험한 사람들이 적어서" 다른 국가처럼 방역을 완화할 수 없다고 발표하는 것을 보았습니다. 그러나 최소한 이런 이야기를 할려면 지금까지의 방역 정책에 오류가 있었음을 정직하게 인정하고 난 뒤 꺼내는 것이 보통의 상식이 아닐까 합니다.

예전부터 수업시간에 연령별 사망원인 순위표를 보여주면서 본인이 원하는 사망원인을 선택해보라는 질문을 가끔 던져보곤 했습니다. 평소 죽음이라고는 생각해본 적도 없는 학생들이 처음에는 농담으로 받아들입니다만, 암, 치매, 뇌졸중, 자살과 같이 구체적인 사망원인을 나열하면서 다시 질문을 던지면 자못 진지해지기도 합니다. 이때 학생들이 가장 많이 선택하는 사망원인은 다름 아닌 폐렴입니다. 고령층 사망원인 3, 4위를 다투지만 그 이하의 연령대에서는 보이지 않는 사망원인... 폐렴에 걸릴 때까지 하고 싶은 것 마음대로 하면서 살다가, 폐렴으로 딱 일주일만 앓다가 죽고 싶다는 거죠. 삶의 마지막까지 야외에서 자신이 원했던 풍경화를 맘껏 그리다 폭우를 맞고 폐렴에 걸려 7일 만에 사망한 폴 세잔 같이...

인간은 불멸 불사의 존재가 아니므로 언젠가는 사망을 합니다. 고령의 기저질환자가 감염병으로 사망한다는 것이 암, 치매, 뇌졸중으로 사망하는 것보다 더 불행할 이유는 없습니다. 고령의 기저질환자에서 발생하는 사망을 두고 우리가 가져야 할 태도는 사망까지 이르는 과정에 겪어야 할 신체적, 정신적 고통을 가능한 한 줄여주는 것이지, 특정 감염병으로 인한 사망을 막기 위하여 사회가 가진 모든 자원을 쏟아부어야 한다고 주장할 수는 없습니다. 그것은 결코 그분들이 원하는 바가 아니었을 겁니다. 그렇게 주장하는 사람들에게 필요한 일이었기 때문에 공공의 선으로 포장되었을 뿐이라고 봅니다.

지금 이 시간에도 삶의 고된 여정을 끝낸 수많은 분들이 각자의 사연을 남긴 채 자연으로 돌아가고 있습니다. 그분들의 마지막이 고통스럽지 않고 외롭지 않았기를 바랍니다. 제 삶의 끝도 그러하길 원합니다.

2022년 3월 18일

새 정부 인수위에서 "정치 방역"이 아닌 "과학 방역"을 하겠다고 발표하면서 논란이 벌어졌다. 코로나19와 같은 감염병은 뭘 새롭게 더하는 것이 과학 방역이 아니라, 그동안 해 왔던 의미없는, 아니 사회적으로 폐해만 끼치는 일들을 시급히 중지하는 것이 바로 과학 방역이다. 하루 확진자가 수십만 명씩 나오던 시기였고 이 기간동안 우리나라 초과사망은 다른 국가와 비교할 수 없을 만큼 높았다. 그러나 이 즈음 발간했던 정부 백서에는 "세계가 감탄한 K방역"이라는 찬사가 포함되어 있었다.

K방역스럽다?

헬스 클럽 음악 속도까지 미세통제하기를 원했던 우리나라 방역 정책을 보고 있으면 늘 골드버그 장치가 연상되곤 했습니다. 골드버그 장치란 겉보기에는 아주 복잡하고 거창해 보이나 하는 일은 지극히 단순한 매우 비효율적인 기계를 뜻합니다. 이 장치를 개발한 만화가 이름인 루브 골드버그^{Rube Goldberg}는 영영사전에 형용사로 공식 등재되어 있기도 한데, "지나치게 복잡하고 비실용적인"이라는 뜻으로 쉬운 일을 어렵게 만드는 기계, 사람, 시스템을 풍자할 때 사용되는 단어입니다. 비슷한 의미로 저는 언젠가부터 우리 사회에 만연한 비효율적 형식주의를 보면 "K방역스럽다"는 표현이 먼저 튀어나오곤 하더군요.

우리나라 일일 확진자 수가 10만 명을 넘긴 지 어느 덧 한 달이 지나고 계속 우상향 중에 있습니다. 확진자 수란 예전에도 아무런 의미가 없었고 지금도 아무런 의미가 없지만, 2년 내내 확진자 수에 목숨을 걸어왔던 K방역의 업보 덕분에 대중들은 연일 아우성이고 방역당국은 갈팡질팡을 거듭하고 있습니다. 이제 와서야 확진자 수는 중요하지 않다고 방역의 성과는 사망자 수로 평가해야 한다고 주장해 보지만, 그동안 K방역의 목표가 확진자 수 최소화였음을 기억한다면 그리 설득력은 없어 보입니다.

최근 올렸던 제 브런치 글에 달린 한 댓글에서 제 의견과 K방역이 결과적으로 다르지 않다는 놀라운 주장을 했던 분이 계셨습니다. 사용하는 단어나 논리 전개를 보았을 때 국내 방역정책에 깊이 관여하고 계신 분으로 짐작되었는데, K방역을 주도해왔던 전문가들이 가진 현재의 인식 수준을 그대로 보여주는 듯했습니다. 무엇보다 논문 지상주의에 빠져 있는 듯한 그 분은 유행 초기부터 PCR 검사를 제한적으로 했던 초고령국 일본과 무증상조차 허락하지 않았던 한국의 코로나19 누적사망률과 초과사망이 유사하다는 것이 도대체 무엇을 의미하는 것인지 논문 없이는 스스로 판단할 능력조차 없는 것 같았습니다.

과거를 미화하는 일은 개인 차원에서도 국가 차원에서도 흔히 일어납니다. 개인 차원의 과거 미화야 이해도 되고 사는 데 도움도 되는 심리적 방어기제라고 할 수 있습니다만, 국가차원에서 발생하는 과거 미화 혹은 왜곡은 매우 위험합니다. 똑같은 일이 반복될 수 있기 때문입니다. 컴퓨터 자판에서 K자를 없애버리고 싶을 정도로 K방역에 강한 혐오감을 가지고 있는 저의 생각과 K방역이 결국 동일하다는 주장을 할 정도로 이미 지난 2년 동안 벌어진 일을 까맣게 잊어버린 듯한 그분들의 기억을 누군가는 생생히 되살려 드릴 필요가 있을 겁니다.

또한 그 전문가들 중 한 분은 오미크론 유행이 시작되자 "우리는 무엇을 위해서 2년간 견뎌왔는가" 라는 장문의 글을 인터넷 사이트 곳곳에 올려두기까지 했더군요. 결론적으로 지금의 대유행을 견디기 위해 그동안 준비를 해왔다는 것이 글의 요지로, 국민들에게 지난 2년이 헛된 시간이 아님을 설득하기 위하여 올린 글로 보였습니다. 하지만 그 글을 읽고 제가 받은 느낌을 한 단어로 표현하자면 '기만'이었습니다. 국민들은 지금을 위하여 2년간 준비하고 견뎌왔던 것이 아닙니다. 수시로 말을 바꿔왔던 방역당국과 전문가들의 무지와 오만 때문에 속수무책 끌려 다닌 것뿐이죠. 문제는 그들이 계속 지난 2년을 의미 있었던 시간으로 포장하는 한, 우리는 향후 이번과 같은 일을 고스란히 반복할 것이 분명하다는 것입니다.

오미크론 변이 덕분에 사회가 집단최면에서 서서히 깨어나고 있습니다. 백신접종률 1등, 마스크 착용률 1등, 온갖 방역 수칙에도 불구하고 끝없이 증가하는 확진자 수에 인간이 바이러스를 통제한다는 것은 불가능하다는 사실을 이제야 사람들이 받아들이기 시작하는 듯합니다. 하지만 여전히 정부에서는 의미 없는 확진자 수 헤아리기와 대책없는 격리를 계속하는 K방역스러운 일을 대대적으로 벌이고 있군요. 비용이 단 한 푼 들지 않는 일이라 하더라도 참으로 부질없는 짓이지만, 엄청난 세금을 사용해가면서 벌이는 일이라는 점에서 더욱 한심합니다. 일찍부터 건강한 사람들은 일상생활을 하면서 사회 기능도 유지하고 집단면역도 서서히 높여가야만 했던 지난 2년, 오로지 '빛나는 K방역을 위하여' 무증상조차 허락되지 않는 에볼라급 감염병으로 둔갑시켜 버렸던 우리 사회의 집단 광기가 남긴 상처가 너무 깊지 않았기를 바랍니다.

2022년 3월 29일

가족 중 확진자가 있어 격리하고 있다는 분의 경험담이 댓글로 달렸다. 이때까지도 보건소에서는 강제 동선추적은 아니더라도 역학조사라는 명목으로 각종 정보를 수집하고 있었던 것 같다. 무슨 목적으로 그런 정보가 필요한가를 물으니 감염병 예방법에 따라 역학조사를 거부하면 과태료가 부과된다며 조사 목적에 대하여서는 질병청에 문의하라는 답변을 했다고 한다. 코로나 사태 동안 국민의 건강과 안전을 보호한다는 미명하에 수많은 감염병 관련 법률안들이 발의되었고 지금도 진행 중이다. 권력을 가진 자들은 감염병 유행이 위기가 아닌 기회임을 간파한 듯하다. 참고로 프랑스 대혁명시 공포 정치를 이끌었던 로베스 피에르가 만든 위원회 이름이 "Committee of Public Safety"였다.

치명률이 낮아서
실패가 아니다?

아직도 의미 없는 확진자 수 헤아리기와 함께 인디언 기우제 수준의 수리모델링으로 유행 정점 맞추기 놀이에 여념 없는 방역당국의 현실 인식이 안타깝습니다. 최근 확진자 수 감소 추이가 나타나는 기미가 보이자마자, 때를 놓칠세라 다시 정부가 K방역을 들고 나왔군요. 호흡기계 감염병 유행에서 확진자 수란 자연감염의 다이내믹에 따라 스스로 증가와 감소를 반복하는 파도와 같은 것입니다만, 온갖 쓸모없는 방역정책으로 사회를 피폐화시킨 국가일수록 유행 곡선이 꺾이기 시작하면 자신들 덕분이라고 공치사하곤 하죠.

지난 2년간 확진자 수로 K방역 홍보에 열을 올렸던 정부가 이번에 들고 나온 것은 치명률과 누적 코로나19 사망률입니다. 아직까지 동아시아권과는 완전히 다른 유행 양상을 보였던 서구권 결과를 가져와서 비교 대상으로 삼는 것을 보니 앞으로도 그들이 오류를 인정하는 모습은 기대하기 힘들 듯하군요. 물론 정부가 이런 입장을 견지하고 있는 보다 근본적인 이유는 그런 해석이 통하는 다수의 국민들이 존재하기 때문일 겁니다.

한국의 누적사망률이 그토록 비난했던 일본의 누적사망률을 훌쩍 넘긴지 이미 몇 주가 지났습니다. 그리고 코로나19와 같은 특성을 가진 감염병의 치명률이란 귀에 걸면 귀걸이, 코에 걸면 코걸이 수준의 지표입니다. 무증상과 경한 증상이 대다수이므로 동일 상황에서도 검사 기준을 어떻게 잡느냐에 따라서 치명률은 10%가 되기도, 0.1%가 되기도 합니다. 진짜 환자들에게 국한하면 할수록 치명률은 높아지고, 무증상과 경한 증상을 가리지 않고 검사를 하면 할수록 치명률은 낮아집니다. 다른 검사 기준을 가진 국가들을 상대로 치명률을 비교하는 것 자체가 무의미하다는 의미입니다.

지난 2년, 마녀사냥으로 특정 집단을 초토화시키고자 할 때를 제외하고는 가능한 한 PCR 검사수를 줄이고자 했던 방역당국이었습니다. 그런데 자연감염 경험자가 더 많이 늘어나기만 기다리고 있는 듯한 현시점, 엄청난 세금을 사용해가면서 진단 검사를 남발하는 이유가 뭘까요? 여러 가지 이유가 있겠지만, 그중 하나가 낮은 치명률 만들기에 유용하기 때문이 아닐까 싶습니다. 즉, 정부가 염두에 두고 있는 성공적인 출구전략은 "치명률이 높은 델타까지는 잘 막다가, 치명률이 낮아진 오미크론에 와서야 감염을 허용했다. 따라서 K방역은 실패가 아니다"인 듯합니다.

하지만 K방역은 그냥 실패가 아니라 예정된 실패였습니다. 코로

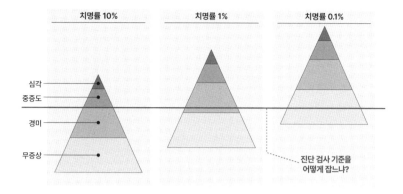

치명률 10%   치명률 1%   치명률 0.1%

심각
중증도

경미

무증상

진단 검사 기준을
어떻게 잡느냐?

나19와 같은 감염병이 팬데믹 선언이 되면 국가가 나서서 도움되는 일은 의료시스템 확충과 신속한 지원, 그리고 의료시스템 과부하를 방지할 수준의 방역 정도밖에는 없으며, 나머지는 방해만 되는 일입니다. 확진자 수 최소화가 목표였던 K방역은 해야 할 일은 하지 않고 해서는 안 되는 일만 엄청난 예산, 인력, 시간을 들여서 했던 정책으로, 지금쯤은 내부에서 자성의 목소리가 나올 법도 합니다만 여전히 실패 아님으로 밀어붙이고 있군요.

어제 코로나19를 1급 감염병에서 제외하는 문제에 대한 방역당국의 답변이 있었습니다. 결론적으로 워낙 큰 사안이라 2급 감염병으로 낮추는 데 시간이 걸린다는 것입니다. 이제 천만 명 이상의 국민들이 직접 경험해보았으니, 스스로 판단할 수 있을 듯합니다. 과연 우리 사회에서 코로나19가 에볼라, 천연두, 페스트 반열에 오를만한 감염병이던가요? 등급을 높이는 일이야 사전 준비가 필요하므로 큰일이 맞습니다만, 등급 낮추기는 하던 일을 중지만 하면 되는 것인데 왜 그토록 힘든지 이해가 가지 않는군요. 제가 보기에 코로나19는 2급도 과합니다. 보고와 격리를 필요로 하기 때문입니다. 현시점 코로나19는 의무 보고와 강제 격리를 요구하지 않는 4급 감염병, 즉 계절성 독감 정도로 간주해야만 우리 사회가 이 위기를 현명하게 넘기지 않을까 싶습니다.

2022년 4월 23일

전면락다운과 같은 방역정책을 시행한 국가들에서는 다양한 자성의 목소리가 나오고 있지만 한국은 놀랍도록 조용하다. 우리 사회는 아직도 K방역이 전면락다운만큼이나 나쁜 정책이라는 사실을 모른다. 아니, 그 기만성을 생각한다면 어쩌면 더 나쁜 정책인지도 모른다. 2022년 봄 오미크론 대유행시 백신접종률 1등, 마스크 착용률 1등이었던 우리나라 초과사망이 2020년 봄 노마스크 노락다운으로 대응 했었던 스웨덴의 초과사망보다 더 많았지만 이 사실을 아는 한국인은 거의 없다.[*]

K방역은 원점에서
재검토되어야 할
정책입니다

대형 교통사고가 났는데 남들보다 적게 다쳤다고 '성공적으로' 다쳤다고 자랑하는 사람이 있다면 필시 정신적으로 문제가 있는 사람일 겁니다. 이런 경우 정상적인 사람은 "그만하길 다행이다"라고 표현하죠. 코로나19 유행시에도 남들보다 적게 다친 국가들이 있었습니다. 대표적으로 우리나라와 같은 동아시아권 국가들이죠. 그런데 이를 두고 정부에서는 끊임없이 "성공적으로" 다쳤다고 자랑하는 우스꽝스러운 장면을 연출하고 있군요. 특히 이웃 국가들과 유사하게 경험한 행운을 두고 우리만의 성공이라고 홍보한

---

[*] 브런치 글 참고
한국의 초과사망, 집단면역의 스웨덴보다 더 높다 (2022년 8월 14일)

다면, 이는 저급한 프로파간다일 뿐입니다.

다음 그래프는 비슷한 경제 및 의료 수준을 가진 동아시아권 네 국가와 대표적인 서구권 국가인 미국과 영국의 (1)코로나19 누적사 망률과 (2)총 사망자 수를 반영한 초과사망을 비교한 그림입니다. 서구권과 비교하면 모든 동아시아권 국가들에서 코로나19란 감염 병은 처음부터 없었던 것과 다름없을 정도로 영향력이 미미했다는 사실을 알 수 있습니다. 여기에는 유행 초기부터 우리가 "코로나 배 양국"이라고 그렇게나 조롱했던 일본도 포함되어 있습니다.

2020년 봄 확진자가 되면 사생활이 만천하에 공개되고 퇴사를 종용당하고 사회적 비난과 혐오의 시선을 견뎌야 했던 한국과는 달리, 그 당시 일본은 죽을 만큼 아파야 검사를 해주는 이상한 나 라였습니다. 이와 같이 PCR 검사를 제한하면, 다른 어떤 방역정책 을 가지고 있던지 간에 광범위한 지역사회 전파가 발생하게 됩니 다. 바이러스 지역사회 전파란 '비가역적 사건'입니다. 한지에 물 을 쏟으면 서서히 전체 한지로 물이 다 번져가는데, 무슨 수를 쓰 더라도 물 쏟기 전의 상황으로 되돌릴 수는 없죠. 한지로 물이 번

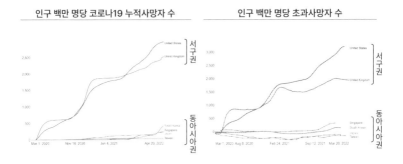

져가고 있던 2020년, 세계 최고령 국가인 일본에서 서구권과 같은 일이 발생하지 않았다는 것은 그 자체로 동아시아권의 코로나19에 대한 높은 저항력을 보여주는 실증적 증거로, 우리나라에서 바이러스 전파를 막는다는 미명 하에 벌어졌던 그 반인권적이며 폭압적이었던 방역정책들 대부분은 불필요했음을 의미합니다.

다른 방역정책을 가졌던 한국과 일본의 유행 패턴 비교는 매우 중요한 의미가 있습니다. 아래 그래프에서 보듯이 일본의 코로나19 사망은 유행 전기간을 걸쳐서 분산되어 있는 반면, 우리나라는 2년 동안 최대한 억제하고 있다가 오미크론 변이 출현 후 폭발하는 양상을 보였습니다. 감염병 유행시 사망률 정점이 높다는 것은 의료시스템 과부하가 발생했을 가능성이 높음을 의미하는 것으로 당연히 피해야 할 유행 패턴입니다.

더욱 중요한 사실은 오미크론 변이 유행 시작 무렵 3차 백신접종률을 보면, 한국은 60%에 육박했지만 일본은 5% 미만에 불과

인구 백만 명당 코로나19 사망자 수 추이

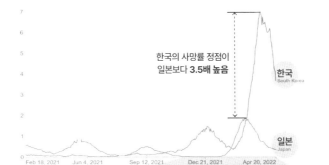

3차 백신접종률과 국가별 오미크론 유행시기					
	12월 1일	1월 1일	2월 1일	3월 1일	4월 1일
일본	0%	<1%	4%	20%	42%
한국	7%	36%	53%	61%	64%

했다는 점입니다. 백신패스라는 반인권적 제도까지 도입해가면서 백신접종률을 높이는 데 사력을 다했던 한국에서 오미크론 유행시 훨씬 많은 사망자가 발생했으며 사망률 정점이 일본보다 무려 3배 이상 높았다는 점은, 우리나라의 방역 및 백신 정책에 근본적인 오류가 있었음을 의미합니다.

그러나 지난 2년을 반성하기는커녕, 최근 정부에서 "낮은 치명률"을 두고 다시 K방역 홍보에 돌입했습니다. 정부에서 진정으로 낮은 치명률이 의미 있다고 믿는다면 다시 한번 자신들의 무지함을 드러내는 일이고, 국민의 눈과 귀를 속일 목적으로 벌이는 일이라면 사악한 일입니다. 아래 그림에서 보듯 동아시아권 4개 국가 중 '가장 높은 치명률'을 가진 국가는 '가장 낮은 누적 사망률'을 보이고 있는 대만입니다. 치명률은 쓸데없는 진단검사를 많이 하면 할수록 낮아지는 특성을 가지고 있죠. 최소한 국가의 미래를 생각했다면 오미크론 변이 출현 후 더 이상 무증상, 경증 환자들에 대한 국가 차원의 검사는 중지했어야 했습니다만, 그들에게는 K방역을 성공으로 포장하기 위한 통계치가 더 절실했던 것 같습니다.

저는 아직도 신천지 사태 때 보여준 우리 사회의 광기를 잊을 수

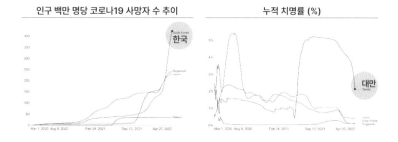

가 없습니다. 그 광기는 이태원 클럽 사태, 광화문 사태... 그리고 그 후로도 계속 이어졌는데, 그 기저에는 곧 세계 표준이 될 거라고 믿었던 K방역이 존재합니다. 코로나19와 같이 무증상, 경한 증상자가 많은 감염병을 상대로 하는 K방역은 매우 위험한 정치적 도구로 악용될 수 있으며, 실제로 그러했다고 봅니다. 저는 TK지역에서 아는 사람은 다 아는 이 정부 지지자였습니다만, 제가 가진 학자적 양심상 그들이 만든 세상을 도저히 받아들일 수 없었습니다.

지난 2년 반은 결코 과거로 넘길 일이 아닙니다. 처음 겪는 감염병이라서 어쩔 수 없었다고 변명할 일도 아닙니다. 방역 정책의 방향성 — 공존할 것인가? 박멸할 것인가? — 을 결정하기 위하여 필요한 지식 정도는 이미 유행 초기부터 알 수 있었기 때문입니다. 동아시아권에서 코로나19와 같은 특성을 가진 바이러스를 상대로 K방역을 무려 2년 이상 유지했다는 것은 우리 사회가 합리적 이성이 작동하지 않는 국가임을 보여주는 부끄러운 증거일 뿐입니다. K방역은 원점에서 재검토되어야 할 정책으로, 지금 시점 정부가 해야 할 일은 지난 2년 반을 철저히 복기하는 일이지 홍보영상을 만들어서 국민들에게 뿌리는 일이 아닙니다.

이즈음 거짓말도 반복하면 진실이 된다는 대중 선동 전략이 21세기 이 땅에서 완벽하게 통했다는 생각을 했다. 왜 그 어떤 언론도 일본의 초과사망이 한국보다 적다는 이 놀라운 결과에 의문을 가지지 않았던 걸까? 유행초기 우리나라 국민들은 PCR 검사를 하지 않는 일본을 두고 곧 골목 골목마다 시체가 쌓일 것이라고 예상하지 않았나? 국내외를 막론하고 언론이 제 역할만 했어도 코로나19 사태가 이 지경까지 가지는 않았을 일이었다.

WHO 초과사망 보고서에 대한 신문기사를 본 소감: 더 이상 국민의 눈과 귀를 속이면 안 됩니다

최근 WHO에서는 코로나19 유행기간 동안 국가별 초과사망에 관한 분석 결과를 발표했습니다.[67] 초과사망은 코로나19뿐만 아니라 다른 원인으로 인한 사망까지 모두 고려하여 계산되므로 감염병 유행이 한 국가에 미치는 영향을 포괄적으로 평가할 수 있는 가장 중요한 지표입니다. 현재 이 보고서에 대한 국내외 기사들도 쏟아지고 있는데, 외신의 경우 노마스크, 노락다운으로 대응했던 스웨덴의 초과사망이 유럽 최하위권이라는 점이 최고 관심사입니다. 락다운과 같은 통제 위주의 방역정책이 유행 억제에 별 의미가 없었으며 심각한 2차 피해만 가져왔다는 점도 이제 다들 인정하는 분위기입니다.

그런데 국내 언론 기사들은 복사라도 한 듯 하나같이 똑같은 제목에 내용도 천편일률적인데, 방역당국이 배포한 보도자료를 그대로 기사화한 것이 아닐까 싶습니다. 요약하자면 (1) K방역 성적표는 OECD 6위로 봉쇄국 빼면 최상위권이다. (2) 호주, 뉴질랜드, 일본, 아이슬란드, 노르웨이 5개국은 한국보다 낮은 초과사망을 보였다. (3) 호주, 뉴질랜드, 일본은 방역 규제가 너무 엄격해서 초과사망이 음수였다는 것입니다.

방역당국에서는 일본의 초과사망이 한국보다 적은 것을 보고 매우 당황했을 것이라고 생각합니다. 그러나 유행초기부터 느슨한 대응한다고 온갖 비난을 다 들었던 스웨덴의 선방이 전 세계적으로 화제가 되고 있는 현시점, 일본이 한국보다 방역 규제가 엄격해서 초과사망이 더 적었다고 주장하는 것은 다시 한번 국민을 기만하는 일입니다.

Coronavirus Government Response Tracker[68]에 기반하여 유행 시작부터 지금까지 각종 방역정책에 대한 한국과 일본의 엄격성 점수를 비교해보면, 진단검사, 접촉자 추적, 마스크 의무화, 학교 폐쇄, 모임 금지 모두 한국은 일본보다 훨씬 더 엄격한 방역정책을 가지고 있었습니다(그림). 전 세계에서 우리나라만 할 수 있다는, 그놈의 최신 IT기술에 기반한 접촉자 추적이란 것이 어떤 식으로 이루어졌는지는 굳이 설명하지 않아도 다 아실 듯하고요. 일본의 엄격성 점수가 높은 유일한 방역정책이 국경 봉쇄입니다. 그것도 2020년에는 차이가 없고요. 그런데 일본이 한국보다 방역이 엄격해서 초과사망이 더 적었다고요?

바이러스 전파는 무조건 막는 것만이 善이라고 주장해온 방역

일본은 한국보다 훨씬 더 느슨한 방역 정책을 가진 국가
개별 방역정책에 대한 엄격성 점수 비교

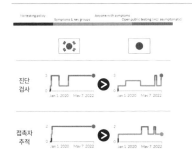

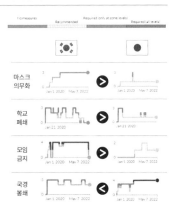

만능주의들의 관점으로는 도저히 해석 불가능한 결과를 보인 유럽권의 스웨덴, 동아시아권의 일본... 어떤 공통점이 있을까요? 이 두 국가의 공통점은 유행 초기부터 완화전략을 수용함으로써 건강한 사람들이 경험하고 지나가는 자연감염에 대하여 국가 개입을 최소화했다는 점입니다.

스웨덴과 일본의 대응은 코로나19 유행 이전 존재했던 호흡기계 감염병 팬데믹에 대한 표준 프로토콜[28]에 가장 근접한 정책으로, 인류는 반복적인 인플루엔자 팬데믹을 경험하면서 이런 감염병 유행시 사회 피해를 최소화하는 노하우를 이미 알고 있었습니다. 유행 초기 스웨덴 방역정책을 이끌었던 안데스 테그넬Anders Tegnell박사가 "World went mad", 즉 "전 세계가 미쳤다"라는 표현을 사용했을 정도로, 코로나19 사태는 인류가 그동안 쌓았던 감염병 유행에 대한 모든 지식과 경험을 내동댕이친 인재적인 요소가 강한 사건입니다.

우리나라 대응이 더욱 심각했던 것은 처음부터 동아시아권과 서구권은 코로나19에 대한 저항력에 큰 차이가 있었기 때문입니다. 즉, 유행의 난이도가 달랐다는 의미입니다. 그러나 '난이도 하'인 시험지를 들고 '난이도 상'인 시험지와 비교하면서, 틈만 나면 K방역 덕분에 선방하는 것처럼 국민들을 세뇌시켜 놓은 탓에 우리나라는 앞으로도 K방역이라는 목줄에 끌려다닐 수밖에 없는 노예 신세가 되어버렸습니다. 앞으로 대한민국의 어떤 정치인이 감히 K방역을 거부할 수 있을까요?

　　최근 중국의 제로 코로나 정책을 두고 미개하다고 비웃는 국민들을 보면서 참으로 씁쓸했습니다. 전 세계가 중국을 비난해도 최소한 한국은 중국을 비난할 자격이 없는 국가입니다. K방역이란 최신 IT기술에 기반한 21세기형 마녀사냥으로 일견 중국보다 세련되어 보일 뿐, 방역의 방향성이라는 관점에서 본다면 전파 최소화를 목표로 했던 한국이나 제로 코로나를 목표로 하는 현재의 중국이나 오십보 백보이기 때문입니다.

북한의 코로나19 사태를 두고 뭔가 다른 정치적 목적이 있지 않는가라는 의혹이 댓글로 달렸다. 여기에 대하여 어떤 국가든 제로 코로나 혹은 전파 최소화를 목표로 할 경우 정치적으로 악용될 수 있다고 답을 했다. 한국도 그런 국가중 하나였다고 생각한다. 결과적으로 북한의 코로나19 사태는 다시 한번 그 전문가들의 오류를 증명한 사례였다.

북한의 코로나19 사태는
어떻게 진행될까?

최근 북한의 코로나19 환자가 폭발적으로 늘어나 일일 수십만 명에 이른다고 하는군요. 마치 지난 3,4월 오미크론 대유행시 우리나라를 보는 듯합니다. 얼마나 믿을만한 통계인지는 모르겠으나, 북한 발표에 의하면 지난달 말부터 현재까지 코로나19 환자수는 약 148만 명인데 사망자 수는 단 56명이라고 합니다. 진단검사가 아닌 발열 여부로 환자수를 가늠했기 때문에 실제로는 훨씬 더 많은 감염자가 존재할 것으로 추정되고요.

현재 전문가들은 북한의 열악한 보건의료시스템과 0%에 가까운 백신접종률로 인하여 곧 통제 불가능한 대참사가 벌어질 것이라고 예상하고 있더군요. 그런데 북한에 대한 이런 견해는 유행 초기 아프리카를 둘러싼 논란과 매우 흡사해 보입니다. 그 당시 대부분 전문가들이 아프리카의 만성적인 영양부족과 열악한 의료시스템 등을 이유로 코로나19가 아프리카 대륙에 상륙하는 순간 바로 시한폭탄이 될 거라고 예상했었죠.

그러나 유행이 시작되고 1달, 2달, 3달... 시간은 가는데 아프리카 대부분 지역이 시한폭탄하고는 아주 거리가 멀어 보였습니다. 처음에는 믿을 수 없는 통계라고 다들 무시했으나, 좀 더 시간이 흐른 후 예상과 달랐던 아프리카에 주목하는 연구자들이 생기기 시작했습니다. 혹자는 이를 두고 "African enigma", 즉 아프리카의 수수께끼라고 부르면서 아프리카의 광범위한 이버멕틴 사용과 관련이 있을 것이라는 주장을 담은 논문[69]을 발표하기도 했죠. 그 당시 아프리카 상황에 대한 저의 해석은 역시 교차면역이 중요한 역할을 하고 있다는 것이었는데, 최근 발표된 2020~2021년 초과사망 논문[70]에 의하면 아프리카 지역은 매우 낮은 백신접종률에도 불구하고 남부 아프리카를 제외한 모든 지역에서 서구권보다 훨씬 낮은 초과사망을 보이고 있습니다.

현재 전문가들은 북한을 두고 자연면역과 백신 면역 모두 없는 '면역력 제로'인 상태라고 말하면서 향후 코로나19 사망자 수가 22만 명까지 나올 것으로 예상하고 있더군요. 그러나 지금까지 공식적으로 보고된 확진자가 없다고 해서 지난 2년 동안 북한이 코로나19를 경험하지 않았다고 볼 수는 없습니다. 또한 자연감염 경험이나 백신접종을 하지 않았다고 해서 면역력 제로라고 이야기하는 것도 무지의 소산일 뿐입니다.

유행 시작부터 이 바이러스에 대한 면역력이 제로였던 국가는 지구상에 단 한 국가도 없었으며, 정반대로 많은 국가가 교차면역으로 인하여 상당 수준의 기존 면역을 가지고 있었습니다. 그 수준은 지역마다 차이가 있는데, 동아시아권은 특히 높다고 보는 것이 합리적 추론이고요. 아직까지 소위 전문가라고 불리는 분들조차 지구 생명체 탄생 이래 쉬지 않고 작동해왔던 교차면역의 중요성을 제대로 인지하지 못하고 있다는 사실이 놀라울 따름입니다.

물론 교차면역 수준이 높다 하더라도 정치적 특수성으로 인하여 북한 상황은 예의주시할 필요가 있습니다. 특히 북한이 중국의 제로 코로나 정책을 모방하는 것은 코로나19보다 훨씬 더 큰 2차 피해를 가져올 수 있다는 점에서 매우 우려할 만한 일입니다. 그러나 어떤 정책을 선택하든지 간에 현재 전문가들이 예측하는 수준의 대참사가 북한에서 벌어지지는 않을 것이라고 생각합니다. 단기적으로는 기저질환을 가진 고령자 중심으로 사망자가 증가하겠지만, 장기적으로 보면 사망률 치환 현상이 광범위하게 관찰될 겁니다.

유행 초기부터 PCR 검사를 제한하면서 지역사회 전파를 허용했던 일본의 상황이 2년 내내 방역과 백신에 목숨 걸었던 한국보다 결과적으로 나았으며 예년과 다를 바 없는 총사망률을 보였음을 고려하면 북한의 코로나19 유행도 크게 심각하지 않게 지나갈 수 있을 것으로 봅니다. 일본의 사례가 한국의 방역과 백신 정책에 중대한 오류가 있음을 시사했듯, 어쩌면 북한의 이번 유행이 코로나19 사태에 대한 인류의 대응 그 자체에 근본적인 질문을 던질 수 있는 계기가 될 수도 있을 듯합니다.

2022년 5월 23일

코로나 이후 세상을 보는 눈이 많이 달라졌다고, 이제는 더 이상 공포에 사로잡히지 않고 일단 의문을 가지고 정보부터 찾아본다는 독자들의 댓글이 반갑다. 감염병 유행시 합리적 대책이란 대단한 전문가적 지식이 필요한 것이 아니다. 일반 대중도 관심을 가지고 직접 자료를 찾아보면 이성과 상식에 기반하여 충분히 판단할 수 있는 사안들이다.

원숭이두창이건,
침팬지두창이건,
답은 오직 하나뿐…

아프리카에서 유행해 왔던 원숭이두창이 최근 북미, 유럽, 중동 등 전 세계로 확산되고 있다고 다시 언론을 도배하고 있군요. 지난 2년 반 방역이라는 이름으로 강요된 모든 것들은 사람들의 면역력을 서서히 낮추는 방향으로 작동했으니 언제 다시 새로운 팬데믹이 시작된다고 한들 놀랍지 않습니다. 하지만 원숭이두창의 특성을 찾아보니 그 언저리에도 가기 힘든 감염병같아 보이는군요.

하지만 이름만으로도 공포스러운 두창이라니… 대중은 또다시 불안과 걱정에 휩싸이기 시작한 듯싶습니다. 코로나19 사태가 남긴 수많은 후유증 중 우리 사회에 가장 오랫동안 그리고 은밀하게 미무르게 될 후유증이 국민들 뇌리 깊이 심어진 감염병에 대한 과도한 공포입니다. 원래 언론은 공포 조장으로 먹고사는 대표적인 직업군이었으나, 코로나19 유행시에는 전문가 집단이 대거 합류하는 바람에 공포의 악순환이 지배하는 사회가 되어버렸군요.

원숭이두창에 대하여 과연 우리는 무엇을 할 수 있을까요? 코로나19 유행 시작 시 올렸던 "건강한 사람들에게는 가장 쉬운 상대가 감염병입니다"*에 나오는 내용은 모든 감염병에 적용되는 만고불변의 진리입니다. 이 면역력을 제대로 이용하기 위해서는 "코로나 대응, 면역력 일깨우는 방법 ABCDE"에 나오는 생활습관을 일상에 접목하는 동시에, 방역이라는 이름으로 강요되는 모든 행위는 장기적으로 면역력을 낮추는 방향으로 작동한다는 사실을 정확히 인지하고 있어야 하고요.

한편 코로나19 유행 내내 방역과 백신만이 세상을 구할 것이라고 주야장천 주장했던 그분들이 원숭이두창 소식에 다시 등장했더군요. 그분들의 코멘트로부터 아직 자신들의 오류를 인지조차 못하고 있다는 증거를 발견할 수 있었는데, 원숭이두창의 경우 치료제도 있고 백신도 있기 때문에 크게 걱정을 하지 않아도 된다는 것입니다. 만약 '공식적으로 승인된' 치료제가 없고 백신이 없다면, 그분들은 언제든지 또다시 사회를 공포의 도가니로 몰아넣을 준비가 되어 있는 분들이죠.

그런데 그분들이 현재 있다고 말한 백신은 '사람 두창', 즉 '천연두'에 대한 백신입니다. 원숭이두창을 예방하기 위하여 천연두 백신을 맞는다?? 이건 앞뒤가 바뀌어도 한참 바뀐 오류가 아닐까 싶습니다. 왜냐하면 사람에게 원숭이두창은 천연두에 비하여 훨씬 더 경미한 질병이기 때문입니다. 백신이란 기본적으로 심각한 감염병을 예방하기 위하여 약한 병원체에 미리 노출시키는 것인데,

---

경미한 원숭이두창을 예방하기 위하여 천연두 바이러스로 만들어진 백신을 떠올린다는 자체가 현시대 전문가들이 가진 문제 인식의 한계를 보여주는 사례라고 봅니다.

아시다시피 백신의 시작이 18세기 말 영국 의사인 에드워드 제너가 개발한 천연두 백신입니다. 최초의 천연두 백신은 '소 두창' 즉 '우두'에 감염된 소젖 짜는 여자들의 진물을 이용하여 만들어졌는데, 이들이 경미한 우두를 앓고나면 당시 매우 심각한 질병이었던 천연두를 가볍게 앓고 지나간다는 현상에 주목한 것이 시발점이었죠. 그런데 현시대 전문가들은 경미한 원숭이두창을 예방하기 위한 방법으로 모든 유기체가 기본으로 장착하고 있는 면역시스템의 힘은 언급조차 하지 않고 천연두 바이러스로 만든 백신을 이야기하고 있군요.

우두를 이용한 천연두 예방은 제가 계속 강조하고 있는 교차면역 원리를 이용한 대표적 사례입니다. 즉, 교차면역이란 수백 년 전부터 알고 있었던 고전적 지식으로, 현시대 전문가들이 교차면역을 두고 가설일 뿐이라고 주장하는 것은 난센스 중 난센스입니다. 그리고 현실에서 교차면역과 같은 미생물간 상호작용은 우두와 천연두처럼 서로 유사한 종류 사이에만 작동하는 것이 아니라, 훨씬 더 광범위하게 작동하고 있습니다. 따라서 언제 어디서 어떻게 시작될지 모르는 미지의 감염병 유행에 대처하는 가장 효과적인 방법도 앞서 이야기한 건강한 생활습관을 기본으로 우리를 둘러싼 수많은 바이러스, 박테리아, 곰팡이에 끊임없이 노출되면서 '그냥 사는 것'입니다. 코로나19 유행이 시작되기 전 모든 인류는 그렇게 살아왔습니다.

원숭이두창이 언론에 오르내리자마자, 다시 진단키트, 치료제, 백신과 관련된 회사 주가가 상승세를 보이고 있다는군요. 한 사회에서 감염병으로 먹고사는 사람들이 많아지면 많아질수록, 대다수 건강한 국민들은 점점 더 불행의 나락으로 빠지게 됩니다. 이미 우리나라는 K방역을 사회 시스템화 시켜 놓은 덕분으로 감염병 유행으로 먹고사는 사람이 전 세계에서 가장 많은 국가가 되었다고 봐야 하는데, 그 위험성을 대부분 국민들이 인지하지 못하고 있는 듯싶습니다. 하루빨리 K방역이 원점에서부터 재평가되어야 하는 또 다른 이유입니다.

확진자 수가 증가한다고 다시 강력한 방역을 요구하는 이 나라 국민들을 개탄하는 댓글들이 줄을 이었다. 한국은 첫 번째 단추를 잘못 끼웠던 탓에 코로나 사태의 덫에서 헤어나기 가장 어려운 국가가 되었고 향후 다른 감염병 유행시에도 이번과 같은 일이 고스란히 반복될 가능성이 가장 큰 국가다.

의미 없는 일을 중지하는 것이 과학 방역입니다

우리나라는 2년 넘게 의미 없는 '확진자 수 최소화'를 목표로 사회를 초토화시켜왔던 탓에 아직까지 확진자 수만으로 사회를 들었다 놓았다가 가능한 지구상 마지막 남은 국가가 되었습니다. 새 정부에서 K방역을 정치 방역이라고 부르면서 우리는 정치 방역이 아닌 과학 방역하겠다고 공언했던 탓에, 최근 나오는 확진자 급증 기사에 지금부터 당신들의 과학 방역을 한번 지켜보겠노라는 댓글들이 심심찮게 눈에 띄는군요.

우리 사회에서 지난 2년 반 동안 벌어졌던 일들 중 오류가 아닌 것을 찾기가 어려운 지경인데, 근본적인 이유를 찾아들어 가보면 자연감염의 중요성을 간과했던 질병청과 전문가들의 오판 때문입니다. 코로나19와 같이 끊임없이 변이가 발생하는 호흡기계 바이러스로부터 한 사회를 지켜주는 가장 큰 힘은 방역도 백신도 아닙니다. 치명률 0%에 수렴하는 건강한 사람들이 일상생활을 하면서 반복해서 경험하고 지나가는 자연감염이 없다면 어떤 방역정책,

어떤 백신 정책으로도 사회를 정상화시킬 수 없습니다.

확진자 수가 증가한다는 것은 자연감염 경험자가 증가한다는 것으로, 이들은 한 사회가 코로나19와의 안전한 공존까지 이르는 데 핵심적인 역할을 합니다. 그리고 그 시점에 이를 때까지 확진자 수는 끊임없이 증가와 감소를 반복하는 것이고요. 그런데 우리 사회는 너무나 오랫동안 '확진자 수 최소화 + 백신접종률 극대화'를 목표로 했던 K방역이 세계 최고라고 세뇌당해왔던 탓에, 아직도 확진자 수가 늘어나는 것 자체를 받아들이지 못하고 있군요. 다시 한번 강조하지만, 의료시스템 과부하가 없는 한 확진자 수가 늘어나는 것은 나쁜 일이 아니라 차라리 좋은 일입니다.

오미크론 하위 변이라는 BA.4, BA.5는 자연감염이나 백신으로 생긴 면역을 회피하는 특성이 있다고 합니다. 그런데 백신이 감염과 전파를 막아준다는 허언에 속아서 백신접종을 했던 사람들이야 억울하겠지만, 자연감염을 경험했던 건강한 사람들이 다시 BA.4, BA.5에 감염된다고 무슨 특별한 일이 생기나요? 건강한 사람들은 일상생활을 하면서 다양한 감염을 경험하면 할수록 점점 더 경미한 증상만으로 지나가게 되고, 종국에는 대부분 무증상으로 지나게 되는 공존상태에 이르게 됩니다.

그런데 며칠 전 재감염된 사람이 사망할 위험이 더 높으므로 재감염되어서는 안 된다는, 지금과의 상식과는 완전히 다른 기사[71] 하나를 읽었습니다. 미국 세인트루이스 워싱턴대에서 발표한 연구 결과를 기사화한 것으로, 논문을 직접 찾아보니 미 재향군인 의료시스템에 등록된 (1)코로나19에 감염된 적이 없는 대조군 530만 명 (2)1회 감염된 25만 명 (3)2회 이상 감염된 3만 8천 명의 사망률을 비교했더군요. 결과적으로 2회 이상 감염자가 1회 감염자에 비하여 6개월 내 사망 위험이 2배, 병원 입원 위험이 3배 높기 때문에, 저자들은 "재감염 예방을 위한 감시 시스템"을 구축해야 한다고 주장하고 있었습니다. 아... 빌어먹을 그놈의 감시 시스템...

그러나 이 논문은 또 다시 코로나19에 대한 접근은 저위험군과 고위험군을 구분하는 Two-track이 되어야 함을 이야기해주는 결과일 뿐입니다. 연구대상자들의 평균 연령은 60대였는데, 재감염 횟수가 많을수록 다양한 만성질환을 더 많이 가지고 있었습니다. 비록 이런 변수들을 통계적으로 보정했다 하더라도 1회 감염자와 2회 이상 감염자 사이에는 정량적 측정이 불가능한 면역기능에 근본적인 차이가 있다고 보는 것이 합리적입니다. 즉, 고령의 기저질환자는 코로나19 재감염뿐만 아니라 모든 감염병에 취약하므로 항상 스스로 감염예방에 노력하는 것이 중요한 것이지, 국가 차원의 감시시스템과 방역 정책이 그러한 역할을 대신할 수 있는 것이 아닙니다.

'확진자 수 최소화 + 백신접종률 극대화'를 목표로 했던 K방역의 오류를 직시하지 못하는 한, 현 정부의 과학 방역은 또 다른 버전의 정치 방역이 될 것이라고 생각합니다. 전 세계 백신접종률 1등, 마스크 착용률 1등에도 불구하고 하루 수십만 명의 확진자가 나오면서 전 세계 확진자 발생률 1등을 찍었을 때가 기존 정책을 이끌었던 분들이 자신들의 오류에 대하여 고해성사를 할 수 있었던 최적의 시기였습니다만, 아쉽게 그 기회를 놓쳐 버렸군요.

어쨌거나 누구 하나 사과하는 사람도, 반성하는 사람도 없이 최근 오미크론 하위 변이 확진자가 급증한다는 뉴스에 노란 점퍼를 입은 낯익은 그분들과 그 예의 전문가들이 다시 등장하기 시작했습니다. 끊임없이 변이가 발생하는 것이 본질인 바이러스가 벌이는 자연현상을 두고 난리법석을 부리는 일이 이렇게나 오랫동안 범국가적으로 가능하다는 사실이 참으로 불가사의합니다. 제가 낸 세금으로 그분들의 월급을 준다고 생각하니 비통하기까지 합니다.

지난 5월에 올린 "북한의 코로나19 사태는 어떻게 진행될까?"에서 교차면역이 높은 동아시아권 특성상 북한의 코로나19 유행은 크게 심각하지 않게 지나갈 수 있을 것이라고 보았습니다. 예상대로 빠르게 안정화되고 있는 북한 상황을 가끔 모니터링하고 있는데, 며칠 전 마스크를 벗고 대규모 단체사진을 찍고 있는 모습이 신선하기조차 하더군요. 한편 불볕더위에도 아랑곳하지 않고 마스크를 신주삼아 쓰고 다니는 대한민국 국민들과 확진자 수 2만 명을 넘겼다고 다시 도돌이표 공포 조성 모드로 돌입한 우리 사회가 참으로 측은하게 느껴졌습니다.

누가 저들을 멈추게 할 수 있을까요?

만약 북한이 오미크론 변이가 급격히 확산되고 있는 시점에 해외 원조를 받아서 증상, 무증상 가리지 않고 PCR검사를 시행하고 전 국민을 대상으로 대규모 백신접종을 시행했더라면 과연 어떤 일이 발생했을까? 여기에 더하여 우리나라 국민들이 그토록 자랑스럽게 생각하는 동선추적 K 방역을 북한 사회에 접목했다면? 소위 수리모델링 전문가들까지 북한에 파견했다면? 아마 그 때부터 통제불가능한 대참사가 발생했을 것이다.

우리나라 코로나19 사태,
질병청이 답해야 할 질문들

백신접종률 0% 북한에서 최근 열흘 넘게 코로나19로 의심되는 발열자가 단 한 명도 발생하지 않았다고 하는군요. 곧 3달간 이어온 최대 비상방역체계를 공식적으로 종료할 것이라는 관측도 나오고요. 현재까지 북한에서 나온 정보를 종합해 볼 때, 치명률 0.00X%는 비록 허구라 하더라도 지난 5월 곧 아비규환의 지옥이 될 거라는 그 전문가들의 예측은 다시 한번 오류로 입증될 듯합니다. 다행스러우면서도 쓸쓸한 것은 동아시아권의 높은 저항력 덕분으로 가능했던 결과를 두고 북한도 남한처럼 그들의 방역 정책 덕분으로 홍보에 열을 올리고 있다는 점입니다.

조선식 방역이 최고라면서 북한이 만든 각종 선전화를 보고 있자니 유행 내내 곧 세계 표준모델이 된다고 자랑했던 K방역 홍보물을 보는 듯 기시감이 느껴졌습니다. 다른 모든 것은 다 거부했던 북한이 감염병 유행을 국민 선동과 세뇌의 기회로 활용했던 K방역의 노하우만은 발 빠르게 습득한 듯 싶습니다. 감염병 유행을 두고 이런 낯 뜨거운 국가 홍보물을 제작하는 국가가 지구상에 남한과 북한 말고 또 있는지 모르겠습니다만, 다시 한번 우리는 어쩔 수 없는 한 민족임을 온 세계에 증명한 사례가 아닐까 싶습니다.

현재 북한은 일시적 집단면역 상태에 도달한 것으로, 한동안은 지금과 같은 상태를 유지하게 될 겁니다. 산발적 유행은 가능하더라도 무분별한 PCR 검사만 하지 않으면 대부분 모르고 지나가게 될 거고요. 그리고 자연감염으로 도달한 집단면역이기 때문에 새로운 변이가 나온다 하더라도 다른 국가보다 훨씬 더 쉽게 넘어가게 될 겁니다. 코로나19와 같이 계속 변이를 일으키는 호흡기 바이러스는 '백신이 충분히 안전하고 효과적이라 하더라도' 자연감염 시 위중증 환자가 될 가능성이 높은 사람들만 선택적으로 맞는 것이 바람직합니다. 어떤 신출귀몰한 백신을 만든다 하더라도 자연감염을 100% 모방하는 것은 불가능하기 때문입니다. 즉, 코로나19는 백신이 있거나 없거나 자연감염을 경험해도 괜찮은 사람들은 그렇게 지나갈 수 있도록 허용하면서 가능한 한 사회 기능을 정상적으로 유지하는 것이 최적의 방역정책이죠.

만약 치명률 0%인 사람들이 경험하는 자연감염조차 필사적으로 막으면서 오로지 백신접종률을 높이는 데만 올인하게 되면, 그 사회는 변이 바이러스가 나타났을 때 가장 취약한 국가가 됩니다. 우리나라는 이 어리석은 일을 위하여 2년 반 동안 엄청난 예산과 인력을 쏟아부었던 대표적인 국가입니다만, 최근 과학 방역을 두고 벌어지는 논쟁을 보고 있자니 아직 문제의 본질을 이해조차 못하는 사람들이 태반인 듯합니다. 더욱 심각한 문제는 코로나19 백신이 충분히 안전하기는커녕 다양한 부작용 발생 가능성을 시사하는 연구결과들이 계속 늘어만 가고 있다는 것입니다.

코로나19 사태 와중 제가 가장 의아하게 생각했던 사안 중 하나가 학계에서 자연감염 중요성을 전면 부인했다는 점이었습니다. 오로지 중화항체 생성률만 가지고 백신이 자연감염보다 우월하다고 주장하는 전문가들을 보면서 그들의 식견에 경탄한 바 있는데, 지금쯤은 자신들이 얼마나 큰 실수를 했는지 인지했나 모르겠습니다.

아래는 언젠가 우리나라에서도 코로나 사태에 대한 복기가 시작될 수 있다면 그 때 질병청에 던지고 싶은 질문들입니다.

* 팬데믹 선언이 된 무증상자가 많은 바이러스를 상대로 의료시스템 확충과 재정비보다 동선추적과 접촉자 격리에 더 방점을 둔 이유는 무엇인가?

* 최신 IT기술을 이용하여 개인정보를 강제로 털어 동선추적을 해왔던 K방역은 유행의 책임을 특정 개인, 특정 집단에게 전가하기 위한 마녀 사냥의 도구로 악용되지 않았나?

* 동아시아권과 서구권은 처음부터 유행 양상이 달랐는데 왜 항상 서구권만을 비교 대상으로 삼았는가? 동아시아권의 코로나19가 진정으로 교육, 경제, 기본권 등을 다 포기할 만큼 위험한 감염병이었나?

* 오류로 가득찬 항체조사에 기반하여 우리나라는 K방역 덕분에 놓치는 감염자가 없다고 계속 주장해왔다. 국민 기만이 아니었나?

* 국민들끼리 방역수칙을 지키는지 서로 감시하고 위반 사례를 신고하면 포상하는 제도까지 운영했다. 자유민주주의를 표방하는 국가에서 그런 제도를 시행하는 것이 합당한가?

* 코로나19를 무증상도 허락되지 않는 위험한 감염병 취급을 했는데 그렇다면 왜 초기에 백신 구입을 서두르지 않았나? 하루빨리 사회를 정상화시키는 것보다 더 중요한 다른 이유가 있었기 때문이었나?

* 국내에서 저위험군에 대한 본격적인 백신접종을 시작하기 전 이미 백신이 감염과 전파를 막을 수 없다는 사실이 알려졌다. 그럼에도 불구하고 치명률 0%에 수렴하는 건강한 사람들의 백신접종을 밀어붙인 이유가 무엇인가?

* OECD 백신접종률 1위에 도달한 후 무슨 이유로 백신패스와 같은 반인권적 제도를 도입했는가? 백신미접종자들을 사회악으로 낙인찍고 공개적으로 차별 정책을 편 것에 대하여 대국민 사과를 할 의사는 없는가?

* 기저질환자들이 코로나19로 사망하면 코로나 사망자로 간주

하고 백신접종 후 사망하면 기저질환으로 사망한 것으로 판단했다. 이런 이중잣대의 과학적 근거는 무엇인가?

* 오미크론 유행시 다른 국가와는 비교할 수도 없을 만큼 높은 초과사망을 보인 이유가 무엇이라고 생각하는가? 지난 2년간의 잘못된 방역 및 백신 정책의 결과물은 아닌가?

* 유행 초기부터 코로나19 수리 예측모델링에 심각한 오류가 존재함을 알 수 있었다. 그럼에도 불구하고 수리모델링에서 나온 허구의 숫자로 사회 공포를 조장하고 거리두기 단계를 결정한 이유는 무엇인가?

* 백신부작용에 대한 인과성을 극소수만 인정하고 있다. 특히 백신접종 후 특정 기간내에 발생한 부작용만 인과성을 인정하고 있는데 그 과학적 근거는 무엇인가?

* 2022년 6월 질병청이 제작한 마스크 홍보 동영상에서 마스크 효과를 심하게 과장하면서 마스크가 인류 안전을 지켜주는 고마운 발명품이라고 결론내리고 있다. 장기간 마스크 착용으로 가능한 부작용에 대하여 검토해본 적이 있는가? 언어, 인지, 정서, 사회성 발달이 이루어지는 결정적 시기를 마스크와 함께 보낸 우리 사회의 미래 세대에게 용서를 구할 의사는 없는가?

* 코로나 사태동안 방역 및 백신 정책에 의문을 제기하는 소수

전문가 의견에 대한 광범위한 검열 및 삭제가 벌어졌다. 이런 검열 행위에 질병청은 얼마나 깊이 개입했나?

현재 우리나라 상황은 전면락다운이라는 전대미문의 파괴적인 방역정책을 선택했던 서구권보다 훨씬 더 심각합니다. 전면락다운의 문제점은 너무나 자명하여 누구나 쉽게 인지할 수 있습니다. 따라서 서구권에서 이번과 같은 일이 두 번 다시 벌어지지는 않을 것이라고 봅니다. 그러나 K방역은 다릅니다. 동아시아권이 공통적으로 경험한 결과를 두고 우리나라만의 성공적인 방역정책 덕분으로 포장하여 국민들을 끊임없이 세뇌시켰기 때문에, 그냥 넘어가면 향후 질병청에서는 반드시 이번과 같은 일을 다시 벌이게 될 겁니다. 지구상 거의 모든 국가가 예전으로 돌아간 지금, 아직도 방역이라는 이름으로 이 나라에서 벌어지는 일에 아무런 분노도 자괴감도 느끼지 못하는 분들은 북한의 인민들과 별반 다를 바 없는 분들입니다.

그들은 세상 모든 사람을 프로 백서 아니면 안티 백서로만 구분했다. 그들의 분류법에 따르면 젊은 사람, 건강한 사람은 코로나 백신을 맞을 필요가 없다고 주장했던 나는 영락없는 안티 백서다. 그러나 세상에는 프로 백서와 안티 백서만 있는 것이 아니다. 그 중간지대에 제대로 된 정보만 주어지면 얼마든지 합리적 선택을 스스로 할 수 있는 수많은 사람들이 존재한다. 감염과 전파를 막을 수 없고 부작용이 가능한 백신이라면 이런 선택권은 헌법에 보장된 기본권이다. 하지만 그들은 감염과 전파를 막을 수 없는 백신을 두고 집단면역을 이야기하고, 아직 모른다고 이야기해야 할 사안을 안전하다고 단언했다. 그들에게는 오로지 백신접종률이라는 숫자만 중요했다.

mRNA 백신의
이익-위험 재분석이
시급하다

몇 달 전 올렸던 "백신이 수천만 명 목숨 구했다는 『란셋』 논문 읽은 소감"* 말미에 아직 저널에 실리지 않았던, 그러나 매우 중요한 시사점이 있다고 판단했던 연구결과 하나를 소개해 드린 바 있습니다. 『BMJ』 편집자인 피터 도쉬Peter Doshi 교수가 교신 저자, 그리고 저희 분야 연구자라면 누구나 아는 통계학자인 UCLA의 샌더 그린랜드Sander Greenland 교수가 공저자로 이름을 올렸지만, 과연 현시대 이런 위험한 논문을 실어 줄 용기있는 저널이 있을까 싶었죠.

---

* 2022년 6월 28일 브런치글 참고

그런데 어제 드디어 『백신Vaccine』이라는 학술지에 정식으로 게재되었군요. 앞서 글에 대략적인 내용이 나오긴 합니다만, 결과의 중요성을 볼 때 다시 한번 이 논문[72]이 시사하는 바를 되짚어볼 필요가 있다고 생각됩니다.

이 논문은 기존에 발표되었던 mRNA 백신 무작위 배정 임상시험 자료를 재분석한 결과를 제시합니다. 화이자와 모더나 백신 임상시험 결과는 의학계 최고 저널이라는 『NEJM』에 2020년 12월과 2021년 2월에 연이어 실린 바 있습니다. 4달 정도 진행된 이 임상시험에서 백신 효능은 94~95%로 산출되었으며, 부작용은 국소와 전신반응이 있었으나 대부분 곧 회복되는 것으로 결론 내려졌죠. 이에 근거하여 mRNA 백신은 안전하고 효과적인 백신으로, 그리고 21세기 첨단 과학의 승리로 세상에 널리 알려졌습니다.

그런데 『백신』에 발표된 논문에서는 백신부작용과 효능의 기준을 훨씬 높였습니다. 부작용은 "심각한 부작용"에, 효능은 "코로나19로 인한 입원"에 초점을 맞추고 다시 이익-위험 분석을 시행합니다. 하루 이틀 쉬면 저절로 회복되는 경미한 백신부작용이나 걸려도 며칠 감기, 독감처럼 앓고 지나가는 코로나19에는 관심을 가지지 않겠다는 의미입니다. 결과적으로 화이자는 인구 만 명당 10명, 모더나는 15명 정도 대조군보다 심각한 부작용 발생률이 높았으며, 이익-위험 분석에서는 심각한 부작용 발생률이 코로나19로 인한 입원 감소율보다 2~4배 정도 더 높았습니다(그림).

위 분석은 전 연령대를 대상으로 한 것으로 만약 고위험군과 저위험군을 나눠서 분석할 수 있었다면 더욱 놀라운 결과가 나왔을 것으로 생각합니다. 그러나 화이자와 모더나 측에서 개인 수준 분석이 가

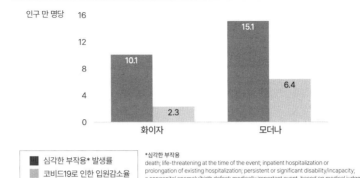

mRNA 백신 이익 vs. 위험 재분석

인구 만 명당

- 심각한 부작용* 발생률
- 코비드19로 인한 입원감소율

*심각한 부작용
death; life-threatening at the time of the event; inpatient hospitalization or prolongation of existing hospitalization; persistent or significant disability/incapacity; a congenital anomaly/birth defect; medically important event, based on medical judgment.

능한 데이터를 공개하지 않아서 추가 분석은 불가능했다고 합니다. 따라서 이 논문 결과도 해석에 주의를 요하는데 한 사람이 여러 건의 부작용을 경험했을 가능성이 있기 때문입니다. 이에 대하여 논문 저자들은 개인 수준 분석이 가능한 임상시험 원시 데이터를 시급히 공개해야 한다는 주장을 연이어 『BMJ』[73]에 싣고 있군요.

그런데 『백신』 논문에 포함된 심각한 부작용 리스트를 보면 다소 의아한 생각이 들 수 있습니다. 매우 다양한 질병들이 포함되어 있거든요. 그러나 백신 안전성과 같은 이슈를 논할 때는 거시적 시각을 가지고 나무가 아닌 숲을 조망할 수 있어야만 보다 진실에 근접할 수 있습니다. 특히 mRNA 백신의 특정 성분이 체내에 장기간 잔류하면서 미토콘드리아에 지속적으로 영향을 줄 수 있다면 전혀 연관성이 없어 보이는 많은 질병 발생에 관여할 수 있으며 4개월이란 추적기간은 턱없이 짧다고 볼 수 있습니다.

사실 얼마 전 나노물질을 전달 시스템으로 개발되던 많은 백신들이 미토콘드리아를 주 타깃으로 했다는 사실[74]을 알게 되었습니다. 시간이 갈수록 mRNA백신에 포함된 성분들이 저의 오랜 연구 주제인 잔류성 유기오염물질과 그 성격이 너무나 유사하다는 생각을 떨칠 수가 없군요. 앞으로도 많은 백신들이 mRNA 방식으로 개발될 가능성이 높다는 점에서 mRNA 백신의 안전성 — 특히 장기 안전성 — 에 대한 연구는 무엇보다 시급하다고 판단됩니다.

처음부터 노마스크 노락다운으로 대응했던 스웨덴의 초과사망이 유럽 최하위권에 속한다는 사실은 마스크 의무화를 포함하여 각 국가가 방역이라는 이름으로 벌였던 대부분 정책들이 무의미했음을 의미한다. 종종 스웨덴의 결과를 두고 낮은 인구밀도 덕분이라고 해석하고 싶어하는 사람들도 있으나, 빈 땅이 많을 뿐 스웨덴의 수도 스톡홀름 인구밀도는 유럽권 다른 대도시 못지 않다. 스웨덴의 마스크 정책을 심층 분석한 시사 프로그램이 2023년 2월이 되어서야 언론을 통하여 보도된다.[75]

왜 스웨덴은 처음부터 노마스크를 선택했을까?: 그들의 과학과 우리의 과학이 왜 이토록 다를까?

다들 아시다시피 스웨덴의 노마스크 정책은 유명합니다. 유행 시작부터 지금까지 대부분 국민들이 실내든 실외든 마스크를 끼지 않았죠. 코로나19를 흑사병급 감염병으로 착각했던 대한민국 사람들은 곧 스웨덴이 지구상에서 사라질 것이라고 믿었던 것 같지만, 스웨덴 사람들은 예나 지금이나 그냥 자신들의 일상을 살고 있을 뿐입니다. 거기에 더하여 현시점 스웨덴의 누적 초과사망이 한국보다 더 낮다는 사실*을 알고 나면 당혹감을 금할 수 없을 겁니다.

---

* 브런치 글 참고.
  한국의 초과사망, 집단면역의 스웨덴보다 더 높다(2022년 8월 14일)

스웨덴의 방역 정책을 이끌었던 테그넬 박사는 처음부터 "마스크가 지역사회 전파를 막는다는 과학적 증거가 부족하다"라고 이야기했고 끝까지 그 입장을 견지했습니다. 반면 우리나라 전문가들은 유행 내내 "마스크는 끝까지 가져야 할 가성비 최고의 방역정책"이라고 주장했으며, 최근 질병청에서 제작한 홍보 동영상*에서는 "인류 최고의 발명품 중 하나"로까지 등극시켜 놓았습니다. 왜 이렇게 두 국가의 이야기가 다를까요? 분명히 두 국가 중 한 국가는 거짓말을 하고 있음이 분명합니다.

2019년 WHO에서 발간한 호흡기계 바이러스 감염병 팬데믹 프로토콜이 있습니다.[28] 다음은 프로토콜 20쪽에 나오는 마스크에 대한 요약입니다. "Although there is no evidence that this is effective in reducing transmission, there is mechanistic plausibility for the potential effectiveness of this measure" 앞뒤 문장을 바꿔 번역하면, 기전적으로는 마스크가 바이러스 전파를 막는 효과가 있어 보이나 현실에서 전파를 감소시킨다는 증거가 없다는 의미입니다.

기전적으로 효과가 있다는 것은 실험실에서 시행한 연구 결과에 기반한 것입니다. 앞서 올렸던 마스크 관련 글들에서 반복해서 강조했던 사실이 있습니다. 실험실에서 마네킹한테 마스크를 씌워놓고 시행했던 연구결과나 병원과 같은 특정 장소에서 보였던 단기간 마스크 착용 효과를 가지고 현실에서도 마스크가 효과적인 것처럼 대중들을 호도해서는 안 된다는 것입니다. 우리는 실험실

---

* 브런치 글 참고.
  질병청 제작 <마스크 효과 한방 정리> 시청소감 (2022년 7월 18일)

의 마네킹이 아니기 때문입니다.

실험실 연구 외에도 대중을 기만하는 많은 연구결과들이 있습니다. 예를 들면, 2022년 4월 동아사이언스에 실린 "실내 마스크 착용, 여전히 과학계 이견 없는 가성비 최고 방역효과" 라는 기사에서는 논문 2개를 구체적으로 인용하고 있습니다. 하나는 미국 CDC에서 발표한 환자-대조군 연구결과[76]이고 다른 하나는 수리모델링 결과[77]입니다. 그러나 모든 환자-대조군 연구가 그러하듯이 논문도 연구결과를 왜곡시키는 각종 바이어스의 총체라고 할 만큼 문제가 많은 논문이고, 코로나19 수리모델링 논문들은 사이언스인지 사기인지 구분조차 할 수 없는 지경에 이르렀다고 감히 단언할 수 있습니다.

마스크가 실제로 지역사회 전파를 감소시킬 수 있는가는 '무작위 배정 임상시험에서 나온 증거'만 믿을 수 있습니다. 인플루엔자 유행시 시행된 14편의 무작위 배정 임상시험 결과[78]에서 마스크의 바이러스 전파 예방 효과는 극히 미미했었다는 사실은 이미 수차례 언급한 바 있습니다. 코로나19 유행시에도 덴마크[79]와 방글라데시[80]에서 시행된 2개의 무작위 배정 임상시험이 있었습니다. 개인을 대상으로 무작위 배정을 한 덴마크 연구에서는 통계적으로 유의한 차이가 없는 것으로, 마을을 대상으로 무작위 배정을 한 방글라데시 연구는 마스크 착용군의 환자 발생률이 유의하게 낮은 것으로 나왔죠(실험군 0.68% vs. 대조군 0.76%, 이 정도 차이가 통계적으로 유의하게 나온 이유는 연구대상자가 무려 삼십만 명 이상이었기 때문입니다).

이 방글라데시 연구는 『사이언스』라는 초특급 저널에 발표됨으로써 마스크 논란에 종지부를 찍었다는 식으로 대서특필된 바 있습니다만, 연구결과를 자세히 들여다보면 50세 이상에서만 효과가 있었을 뿐 젊은 연령에서는 효과가 없었다는 사실을 알 수 있습니다. 여기에 더하여 최근 원 데이터를 재분석한 논문[81]에서는 방글라데시 연구 시행과정 중 발생한 각종 bias들이 『사이언스』에 보고된 연구결과를 충분히 설명할 수 있으며 마스크 효과에 대하여서는 알 수 없다고 적고 있죠. 즉, "마스크가 지역사회 전파를 막는다는 과학적 증거가 부족하다"라고 했던 테그넬 박사의 주장은 현시점에도 여전히 유효한 듯싶습니다.

이제는 다들 이해하겠지만 코로나19는 자연감염 경험자가 많아져야만 공존 단계로 들어갈 수 있는 감염병입니다. 이런 감염병의 특성을 이해하고 나면 마스크 의무화 정책을 둘러싼 논란이란 것이 얼마나 부질없는 것인지 알 수 있습니다. 지역사회 내에서 건강한 사람들 사이에서 발생하는 전파는 마스크로 막을 수도 없지만 막을 필요도 없습니다. 마스크란 기본적으로 증상이 있는 환자들과 감염되기를 원하지 않는 사람들이 자기 의사에 의하여 철저하게 사용하는 것으로 충분합니다. 물론 어떤 이유로든 마스크를 원하는 사람들은 평생 사용해도 아무도 말리지 않습니다. 담배도 원하면 평생 피우는데, 마스크가 무슨 대수겠습니까? 하지만 원하지 않는 사람들, 특히 장기간 마스크 착용으로 건강상 위해가 가능한 사람들에게 국가가 강제해서는 안 됩니다. 모든 영유아, 어린이, 청소년들은 후자의 범주에 속합니다.

유행 초기부터 공존할 수밖에 없는 바이러스에 대한 인류의 대응, 특히 대한민국의 기괴한 대응을 말할 수 없이 착잡한 심정으로 지켜보았습니다. 최근 마스크를 둘러싸고 언론에서 이런저런 기사를 쏟아내고 있는데, 내친김에 마스크뿐만 아니라 코로나19 유행 전반을 제대로 복기해 보는 기회로 삼기 바랍니다. 이제는 최종 성적표가 나온 셈이나 마찬가지이기 때문입니다. 일찍이 테그넬 박사가 토로했듯 전 세계가 미쳐 돌아가긴 했지만, K방역의 대한민국은 그중에서도 아주 특별한 위치라는 것을 알 수 있을 겁니다.

지금까지 그들이 시행했던 항체조사는 총 여섯 번으로 1) 지난 정부에서 했던 소규모 항체조사 4번 2) 현 정부에서 했던 대규모 항체조사 2번이다. 이 중 전자는 국민 기만에 가까운 일이었고 후자는 세금 낭비에 더하여 사회가 정상화되는 것을 방해하는 역할만 했다고 생각한다. 항체조사 비판글은 일부만 책에 포함되어 있는데, 브런치에서 모든 항체조사 관련글을 읽을 수 있다. 우리나라 항체조사의 문제점을 정확히 이해하는 것은 K방역의 문제점을 이해하는 출발점이기도 하다.

1만 명
항체조사 소고

정작 필요할 때는 하지 않더니만, 3년이 다 되어가는 시점에 와서 1만 명 항체조사를 질병청에서 했습니다. 과학 방역을 하겠다면서 벌인 이 조사는 "현시점 전 국민 항체조사는 왜 아무런 의미가 없나?"*에서 적었듯, 그들의 실적용 혹은 논문 작성용 조사일 뿐입니다. 이런 조사를 벌이면 벌일수록 우리가 일상을 회복하는 시점만 점점 더 미루어질 뿐입니다.

사회가 정상화된 후 질병청이 남는 예산을 가지고 1만 명을 조사하든 10만 명을 조사하든 저같은 사람이 상관할 바는 아닙니다. 그러나 전 세계에서 거의 유일하게 마스크 의무화 정책까지 가지고 있는 국가에서 이런 쓸데없는 조사를 벌이면서 계속 코로나 정

---

* 2022년 7월 23일 브런치 글 참고

국을 이어가는 그들을 지켜보는 것이 참으로 힘들군요.

지난 6월에 올렸던 "항체 양성률 95%에 대한 나름 해설서"**에서 2022년 1월 S항체 양성률이 무려 93.2%였으나 그 이후 하루 수십만 명 확진자가 폭증했음을 지적한 바 있습니다. 그 당시 자연감염을 의미하는 N항체 양성률은 0.6%에 불과했는데, 이 결과가 의미하는 바는 분명합니다. 자연감염 없이 백신만으로는 절대로 유행을 억제할 수 없다는 것입니다. 방역당국이 K방역이라는 이름으로 해왔던 부질없는 일들을 중지하고 일찌감치 사회를 정상화했더라면 2년 동안 자연감염률은 자연스럽게 올라갔을 것이며, 그랬다면 한국도 다른 국가들처럼 오미크론 유행을 가볍게 지나갈 수 있었을 겁니다.

이번 N항체 양성률은 57.7%였다고 합니다. 질병청에서는 이 숫자를 그동안 확진자 누적발생률인 38.2%와 비교하여 미확진 감염률을 19.5%로 산출했더군요. 그리고 이에 대한 그들의 해석이 백미입니다. (1) 우리나라의 자연감염에 의한 항체 양성률과 미확진 감염률은 다른 국가보다 낮으며 (2) 이는 높은 검사 접근성과 국민의 방역에 대한 적극적인 협조로 인한 것으로 판단된다. 이 결과를 두고 그들은 "전체 감염자 중 2/3를 찾아내는 기염을 토했다"는 표현까지 사용했더군요. 놀랍게도 그들은 아직도 자연감염자 수가 적고 미확진 감염자 수가 적은 것이 성공적인 방역의 징표라고 확신하고 있었습니다.

예를 한번 들어 보겠습니다. 코로나19 유행시 동일한 사망률을

** 2022년 6월 15일 브런치 글 참고

가졌던 A국가와 B국가 모두 인구 50%가 자연감염을 경험했다고 가정해봅시다. 그런데 A국가는 미확진 감염자가 거의 없었던 반면 B국가는 대부분이 미확진 감염자였다고 칩시다. 그렇게 된 이유는 A국가는 감염자들을 추적하고 선제 검사하는 일에 예산, 인력, 자원을 총 투입하였으나, B국가는 국민들이 경험하고 지나가는 무증상, 경한 감염에 특별히 관여하지 않았기 때문입니다. A와 B, 어떤 국가가 정상일까요? B국가가 보면 A국가가 하는 일이 정말 어이없지 않을까요? 그냥 둬도 아무 일 없는데 왜 저러고 있나 싶은 생각이 들지 않을까요?

국가가 아니라 개인을 예로 들면 더 실감 나겠네요. A와 B 둘 다 이번 항체조사에서 N항체가 양성으로 나왔는데, A는 확진 감염자였고 B는 미확진 감염자라고 칩시다. A 사연은 눈물겹기 짝이 없습니다. 확진된 후 자신의 휴대폰 위치 정보와 신용카드 정보까지 다 털려야 했으며 진술 확인을 위해서 CCTV까지 동원되었습니다. 그동안 자신이 만났던 사람들은 모두 선제 검사 대상이 되었으며 그들에게 엄청난 원망과 비난을 들어야 했습니다. 하루이틀 열나고 곧 아무런 증상이 없었지만 생활치료센터에서 주는 밥만 먹으면서 2주간 감금된 것은 물론입니다. 격리 해제 후 출근한 회사에서는 첫 번째 확진자로 소문나 회사 생활조차 순조롭지 않았습니다. A입장에서는 정말 억울하지 않았을까요?

그런데 우리나라 질병청과 그 전문가들은 A국가처럼 해야 한다고, A처럼 관리되어야 한다고 주장하고 있는 겁니다. 그들 입장에서는 자신들의 존재감이 거의 없는 B국가보다 자신들이 무소불위의 권력을 누렸던 A국가가 당연히 좋을 겁니다. 하지만 국민을 생각한다면, 그리고 국가의 미래를 생각한다면 그런 주장을 해서는 안 되는 겁니다.

다시 한번 강조하지만 코로나19와 같은 감염병은 자연감염 경험자가 많아져야만 안전한 공존이 가능합니다. 성공적인 방역 정책이란 그 시점에 이를 때까지 얼마나 사회에 불필요한 공포를 야기하지 않고 가능한 한 사회의 정상적인 기능을 유지하는가에 있습니다. 무의미한 진단검사를 하지 않는 것은 이런 방역 정책의 핵심입니다.

무분별한 PCR 검사는 코로나19 사태의 시작이자 끝이라고 할 수 있을 정도로 심각한 문제입니다. 그러나 이런 사실을 인정하지 않는 우리나라 질병청과 관련 전문가들은 앞으로 무슨 감염병이라도 유행의 조짐만 보이면 PCR 진단키트부터 만들어서 제2, 제3의 코로나19 사태를 벌이지 않을까 우려됩니다. 특히 거대 조직으로 탄생한 질병청은 자신들이 사용하는 예산과 인력의 정당성을 입증해야 할 필요가 있기 때문에 그런 유혹을 받기가 더 쉽지 않을까 싶습니다. 코로나19 사태에 대한 정직한 복기가 너무나 시급한 이유입니다.

감염을 피하면서 살고자 하는 삶은 역설적이게도 스스로를 감염에 더 취약하게 만든다. 그런데 그것이 끝이 아니다. 제대로 훈련되지 못한 면역 시스템은 결국 각종 만성질환 발생 위험도 높이는 결과로 이어진다.

왜 감기같은 감염병은 '반드시' 경험하면서 살아야 하나?

혹 "감기가 암을 예방한다"와 같은 속설을 들어본 적 있나요? 아니면 "바이러스나 박테리아를 이용하여 암을 치료한다"는 이야기는요? 일견 듣기에 혹세무민 하는 궤변같이 들리기도 합니다. 특히 사람에게 발생하는 암의 약 20%가 감염성 질환 때문이라는 연구결과를 떠올리면 더욱 그렇습니다. 그러나 현대사회의 많은 지식들은 동전의 한 면만 과장하는 경우가 허다하기 때문에 스스로 노력하지 않으면 문제의 실체를 제대로 파악할 수 없습니다.

2006년 「Acute infections as a means of cancer prevention: opposing effects to chronic infections?」[82]이라는 제목의 논문이 발표된 바 있습니다. 결론적으로 감염병은 암 발생 위험을 낮출 수도 있고 높일 수도 있는데, 급성 감염은 암을 예방할 수 있으나 만성 감염은 암 발생 위험을 높인다는 의미입니다. 급성 감염 중 대표적인 것이 감기, 독감과 같은 호흡기계 감염병이고 만성 감염 중 잘 알려진 것이 B형 간염, C형 간염, 인유두종 바이러스 등과 같은 종류들이죠.

그리고 암환자, 특히 항암치료 중 발생하는 감염은 환자의 목숨을 위협할 수도 있습니다만, 현재 미생물 감염을 이용한 다양한 치료법들이 면역 항암치료라는 이름으로 개발되고 있습니다. 예를 들어 방광암 환자들에게 약하게 만든 결핵균을 방광 내에 주입한 후 면역반응을 유도하여 방광암을 치료하는 시술은 이미 널리 사용되고 있는 치료법입니다. 여기서 약하게 만든 결핵균이 바로 BCG 생백신이기 때문에 백신 항암요법이라고 부르기도 하죠.

이러한 면역 항암치료의 원조는 19세기 후반 미국의 외과의사였던 윌리엄 콜리 박사입니다. 콜리 박사는 우연히 수술 후 열을 동반한 세균 감염이 있었던 육종암 환자들이 그렇지 않은 환자들보다 예후가 훨씬 더 좋다는 사실에 주목합니다. 이에 기반하여 암조직에 세균을 직접 주입하는 치료법을 고안하고 이를 콜리의 독소Coley's toxins라고 불렀죠. 그 당시 콜리의 독소는 몇몇 제약회사에서 상품화했을 정도로 나름 인기 있는 항암제였는데, 효과가 있는 경우도 있지만 부작용이 심한 사례들도 있었기 때문에 결국 1963년 미국 FDA에서 사용금지를 하게 됩니다. 그런데 암과 면역계간의 상호작용에 대한 지식이 쌓이면서 최근 콜리의 독소는 최초의 면역 항암요법으로 재조명되기 시작했습니다.[83]

암세포란 특별한 사람에게만 생기는 것이 아닙니다. 생명체로 존재하는 한 누구에게나 단 한순간도 쉬지 않고 생기는 세포입니다. 그러나 우리 몸의 면역시스템만 제대로 작동하고 있으면 이들은 신속하게 제거되므로 생명체는 '동적 균형 상태'를 유지하면서 대부분 별 문제없이 살아갈 수 있죠. 유전자 돌연변이가 생기는 이유도 특별히 발암물질에 노출되어 생기는 경우보다 정상적인 세포분열 과정 중 자연적으로 생기는 경우가 훨씬 더 흔합니다. 즉, 암세포란 발암물질에 대한 노출여부에 관계없이 누구에게나 항상 생기는 것이고, 그 중 누가 암환자가 되는가를 결정하는 것은 면역시스템의 힘입니다. 어떤 이유로든 면역시스템이 제대로 작동하지 않으면 그때부터 초기 암세포들이 우리가 인지할 수 있는 병인 암으로 진행하게 되죠. 경우에 따라 자라는 속도가 매우 빠를 수도 있습니다.

현재 암과 면역계간의 긴밀한 관계는 면역항암제를 개발한 연구자들이 노벨상을 탈 정도로 인기 있는 연구 주제입니다. 우리 면역계는 암세포나 바이러스나 박테리아나 특별히 다르게 취급하지 않습니다. 이들을 신속하게 처리할 수 있는 면역반응이 유도되기 위해서는 선천면역과 획득면역 간의 적절한 상호작용을 필요로 하고, 모든 유기체는 면역계 훈련을 통하여 이런 상호작용을 더욱 효과적으로 하는 방법을 배웁니다.

그렇다면 보이지도 않고 볼 수도 없는 자신의 면역계를 훈련시킬 수 있는 방법은 도대체 뭘까요? 홍삼? 산삼? 운동? 햇빛? 아닙니다. 바로 미생물에 대한 노출을 끊임없이 하면서 사는 겁니다. 물에 들어가지 않고 수영하는 법을 배울 수 없듯이, 미생물에 대한 노출 없이는 면역계를 훈련시킬 수 있는 방법이란 없습니다. 반면 방역이란 기본적으로 미생물에 대한 노출을 인위적으로 막음으로써 건강한 유기체들을 결국 각종 질병에 취약하게 만들어 가는 과정으로 볼 수 있습니다. 어리석기 그지없는 방역의 패러다임이 거의 3년 동안 국민들을 완벽하게 지배한 덕분으로 앞으로 각종 만성 질병들이 증가할 것으로 예상하는데 암도 그중 하나가 될 것으로 봅니다.

제가 이 블로그 주제인 호메시스를 소개하면서 "너를 죽이지 않는 것은 너를 더 강하게 만들어준다"는 니체의 말을 여러 번 인용한 바 있습니다. 여기서 핵심은 너를 죽이지 않는 것은 "괜찮다"가 아닙니다. "더 강하게 만들어준다"입니다. 이에 속하는 대표적 사례 중 하나가 우리가 살면서 일상적으로 경험하고 지나가는 각종 급성 감염병입니다. 감기 같은 경미한 감염병은 '반드시' 경험하면서 살아가야 하는 병으로, 우리가 하루빨리 예전의 삶으로 돌아가야 하는 이유입니다.

그들이 했던 모든 발언이 화석처럼 남아있는 세상이다. 그러나 우리 사회에서는 누구 하나 질문 던지는 사람이 없다. 과거에서 배우지 못한 자는 과거를 되풀이한다는 오랜 격언이 이 땅에서 재현되지 않기를 바랄 뿐이다.

누가 누가 더 나쁜가?
화이자 vs. 방역당국

지난 주 유럽연합 청문회장에서 있었던 화이자 관계자 발언이 화제가 되고 있군요. 네덜란드 소속 한 국회의원이 백신이 시장에 나오기 전 전파를 막는 효과가 있는지를 검증했냐고 묻자, 화이자 측에서는 뭘 그런 걸 새삼스럽게 묻느냐는 해맑은 표정으로 당연히 하지 않았다고 대답하더군요. 현재 관련 동영상은 "pfizer vaccine Rob Roos"로 유튜브를 검색하면 누구나 볼 수 있습니다. 이 질문을 던졌던 롭 루스Rob Roos 의원은 감염과 전파를 막을 수 없는 백신을 가지고 백신패스를 도입하여 국민의 삶을 통제하는 수단으로 사용했던 국가들을 강력 비판하고 있으며, 여기에 많은 대중들이 분노의 댓글을 달고 있군요. 물론 국내 언론에서는 관련 뉴스를 전혀 찾아볼 수 없었습니다.

그런데 화이자 백신에 대한 임상시험이 전파 예방 효과에 대하여 검증한 것이 아니라는 사실은 2020년 12월에 발표된 『NEJM』 논문[84]에 이미 명시되어 있습니다. 연구 제한점을 보면 이 백신이 무증상 감염과 전파를 막을 수 있는지에 대하여서는 알지 못하며 추가 연구가 필요하다고 적고 있죠. 전파를 막는다는 주장은 백신이 시장에 출시된 후 나왔습니다. 여기에는 화이자 백신을 최우선적으로 공급받고, 접종 관련 모든 데이터를 화이자 측에 제공했던 이스라엘에서 나온 연구결과가 결정적인 역할을 했죠. 그러나 이스라엘 연구결과와는 달리 이상하게도 본격적인 백신접종이 시작되면서 갑자기 수많은 국가에서 확진자가 폭증하는 기이한 현상을 보입니다. 2021년 4월에 올렸던 "확진자 수 급증, 인도뿐만이 아니군요"에서 당시 제가 "뭔가 짚이는 바"라고 애매모호하게 표현할 수밖에 없었던 것이 바로 백신접종이었습니다.

시간이 좀 더 지나면서 백신접종자들 중 상당수의 감염자가 나오기 시작하면서 각국 방역당국은 당황하기 시작합니다. 초기 몇 달간은 돌파 감염이라는 용어까지 사용하면서 이례적인 상황임을 애써 강조하고자 했고, 백신이 감염과 전파를 막을 수 없다는 주장은 misinformation으로 간주하여 모든 플랫폼에서 삭제 조치하면서 최대한 버텨보고자 했던 것 같습니다. 백신이 전파를 막을 수 없다면, 백신이 나올 때까지 바이러스 전파를 막는다는 미명으로 수차례 전면락다운을 했던 국가나 우리나라와 같이 동선추적 해가면서 마녀사냥을 벌였던 국가나 모두 낭패가 아닐 수 없습니다. 그들이 준비했던 답변은 "이 감염병은 너무나 위험하기 때문에 백신이 나올 때까지는 최대한 전파를 억제해야 했고, 이제 백신으로 당신과 사회를 보호할 수 있게 되었다"는 것이었기 때문입니다.

2021년 여름, 전 세계적으로 델타 변이가 우세종이 되면서 더 이상 진실을 감출 수 없는 상황이 됩니다. 당시 미국 내에서 백신 접종률이 가장 높은 지역 중 하나인 매사추세츠주에서 대규모 모임 후 대거 확진자가 나오는데 이중 74%가 백신접종자였다는 연구 보고[85]가 나옵니다. 또한 "Follow the common sense!!"에서 적었듯, 자연감염 경험이 백신접종보다 훨씬 더 견고하고 광범위한 저항력을 제공한다는 각종 연구결과들도 보고됩니다. 즉, 이때는 백신이 중증도는 낮출 수 있을지언정 감염과 전파는 막지 못함을 솔직하게 인정하고, 건강한 사람들이 경험하고 지나가는 자연감염의 역할을 재조명했어야 했던 시점이었습니다.

여기서 우리나라 백신 정책의 극명한 문제점이 드러납니다. 우리나라가 치명률 0%에 수렴하는 저 위험군에 대한 본격적인 백신접종을 시작한 시점은 이 모든 것이 다 알려진 이후입니다. 백신 구입이 늦었던 탓에 이미 다른 국가에서 벌어진 상황을 보았음에도 불구하고, 여전히 초기에 나왔던 철 지난 논문 몇 편을 과학적 증거라고 주장하면서 건강한 사람들에 대한 백신접종을 밀어붙이죠. 심지어 질병청장이 직접 나서서 엉터리 통계치를 기반으로 "확진자 중 93.7%가 백신 미접종자"라는 어이없는 주장까지 했었는데, 자세한 내용은 "확진자 대부분이 백신 미접종자?"를 읽어보시기 바랍니다.

합리적 의사결정 구조가 있었다면 2021년 여름 방역당국은 확진자 수 최소화를 목표로 했던 K방역의 오류와 함께 백신의 역할을 과대평가했음을 정직하게 국민들에게 알리고 방역 정책의 방향 전환을 했어야 했습니다. 그러나 그들은 그런 선택을 하지 않죠. 오히려 일일 확진자 천여 명, 사망자 1,2명에 거리두기 4단계를 실시하는 最惡手까지 둡니다. 아마도 K방역으로 너무나 오랫동안 사회를 피폐화시켰기 때문에, 공언했던 백신접종률에 도달하기 전에 방향을 바꾼다는 것은 상상도 할 수 없었던 것 같습니다.

2021년 11월, 가히 북한의 천리마 운동을 연상시킬 정도로 전 사회가 백신접종에 올인한 덕분에 백신접종률 OECD 1위를 달성합니다. 그러나 그것만으로는 부족했던지 이미 감염과 전파를 막을 수 없다는 사실이 알려진 백신을 가지고, 백신패스라는 제도까지 도입하죠. 어떤 이유로든 백신접종을 하지 않은 사람들은 일상 생활과 사회생활이 매우 불편해지는 것은 물론이고, 만약 확진자로 밝혀지면 유행의 주범으로 간주되어 사회의 비난을 한 몸에 받게 됩니다.

여기에 더하여 이미 오미크론 변이가 등장했던 12월에 와서, 질병청에서는 백신패스를 청소년으로까지 확대하겠다는 특별 브리핑까지 합니다.[86] 이 브리핑에서는 일상 회복을 위하여 청소년 백신접종을 강력 권고한다면서, 그 예의 전문가들이 나와서 청소년들도 백신접종의 이익이 위험보다 명백하게 크다고 주장하죠. 그 후 백신패스에 대한 행정소송에서 승소할 때까지 우리 사회에서는 백신 미접종자를 대상으로 하는 마녀사냥이 거국적으로 벌어집니다. 2020년 초 신천지 사태 때 시작되었던 마녀사냥이 진화에 진화를 거듭하여 결국 백신 미접종자로까지 이어지게 된 것입니다.

현 시점 우리나라 방역과 백신 정책에 너무나 심각한 문제가 있었음을 보여주는 수많은 증거가 있습니다. 그러니 우리 사회에서는 그 누구 하나 이를 제대로 평가하고자 하는 사람들이 없어 보입니다. 반면 최소한 해외에서는 전면락다운이란 전대미문의 파괴적인 방역정책을 도입했던 오류에 대한 반성과 함께, 코로나19 백신을 지지해왔던 기존 입장에서 후퇴하는 전문가들도 늘어나는 듯 합니다.

저는 이번 백신 사태와 관련하여 가장 큰 비판을 받아야 할 당사자는 화이자보다는 각국 방역당국과 그 전문가들이라고 봅니다. 화이자야 이익을 최우선으로 하는 사기업으로 자신들이 내놓은 상품을 과대 포장할 수 있다고 봅니다만, 모든 국가는 자국 국민들에게 도움이 되는 최선의 결정을 해야 할 책임과 의무가 있습니다. 그러나 코로나19 사태를 되돌아보면 그들은 자신들이 이미 저지른 오류를 덮기 위하여 더더욱 방역과 백신에 올인하는 어리석음을 선택했던 것 같습니다. 특히 아직 마스크 의무화 제도까지 가지고 있는 대한민국은 이 분야에서 타의 추종을 불허하는 대표 주자가 아닐까 싶습니다.

이제는 세상에서 권위가 있다고 알려진 누군가의 권고보다 개인의 합리적 판단이 훨씬 더 중요한 시대가 되었다. WHO, CDC, 전문가 집단에서 이야기했다고 해서 항상 진실이 아니듯, 팩트체크로 난도질당했다고 해서 항상 거짓은 아니다. 다양한 정보를 기반으로 스스로 생각하고 판단할 수 있는 힘을 가진 대중들이 많아져야만 이번 같은 일의 재발을 막을 수 있다. 브런치 독자 중 한 분의 자기 소개글이다. "한때는 'K-방역'을 신봉했으나 그 부당함을 깨닫고 '멍청한 삶'에서 벗어나기로 결단했습니다. 하루빨리 방역이 중단되어 이 소개글을 지우게 되기를 바랄 뿐입니다".

한국 실내 마스크 의무화 칭찬한 WHO의 팬데믹 흑역사: 왜 WHO가 칭찬하는 일은 반드시 재고해야 하는가?

며칠 전 "코로나19 특별대응단장 겸 국가 감염병 위기대응 자문위원장"이라는 길고 긴 직함을 가진 또 다른 J교수가 실내 마스크 의무화를 해제할 과학적 근거가 부족하다는 견해를 피력한 바 있습니다.[87] 그들이 틈만 나면 이야기하는 과학적 근거라는 것의 지독한 비과학성에 대하여 코로나19 사태 내내 성토하긴 했지만, 이건 적반하장도 지나치다는 생각이 들었습니다. J교수가 이끄는 위원회와 방역당국에서 거의 세계 유일의 실내 마스크 의무화 제도를 존속시키기 위하여서는 아래 두 가지 사안에 대한 과학적 근거가 필요합니다.

첫째, 실내 마스크 의무화 제도가 없으면 사회적 피해가 더 크다는 근거를 제시해야 합니다. 이 때는 반드시 처음부터 노마스크로 대응했던 스웨덴의 초과사망이 왜 유럽 최하위권인지를 합리적으로 설명해야 합니다. 대부분 유럽권 국가에서는 2020년과 2021년 마스크 의무화 제도를 가지고 있었으며 심지어 N95마스크를 의무화한 국가까지 존재했습니다. 둘째, 마스크 착용이 단기적으로도 장기적으로도 영유아와 어린이를 포함한 모든 국민에게 어떠한 피해도 가져오지 않는다는 과학적 근거를 제시해야 합니다. 이 두 가지에 대한 과학적 근거를 제시할 의무는 명백하게 그들에게 있으며, 이를 제시하지 못한다면 실내 마스크 의무화 제도는 당장 폐지하는 것이 마땅합니다. J 교수처럼 "마스크 의무화를 해제할 과학적 근거" 운운하는 것은 멀쩡하게 살던 사람을 감옥에 가두어 놓고서는 당신이 무죄라는 근거가 부족하므로 감옥에 계속 갇혀있어야 한다는 주장과 다를 바 없습니다.

그러는 와중에 오늘 나온 한국의 실내 마스크 의무화를 칭찬하는 WHO 사무차장보 인터뷰 기사[88]가 다시 한번 뒷목을 잡게 만드는군요. 이번 팬데믹 시 WHO가 보인 행보는 가히 그들의 존재 이유에 대하여 의문을 제기하지 않을 수 없었는데, 아래는 현시점 제가 기억하는 WHO의 팬데믹 흑역사입니다. 이걸 읽고 나면 WHO가 칭찬하는 일은 반드시 재고해야 하고, WHO가 반대하는 일은 적극적으로 고려해봐야 한다는 것을 알 수 있을 겁니다.

1. WHO가 2020년 2월 발간한 「Report of the WHO-China Joint Mission on Coronavirus Disease 2019(COVID-19)」[89]를 보면 중국 우한의 전면락다운을 온갖 수식어로 찬양하고 있음을 알 수 있습니다. 수많은 국가에 회복 불가능한 피해만 남긴 전면락다운이 시작된 배경입니다.

2. WHO는 자신들이 권고했던 전면락다운을 거부한 스웨덴을 2020년 내내 비난했습니다. 하지만 아시다시피 스웨덴의 초과사망은 현재 유럽 최하위권이며, 심지어 우리나라보다도 낮습니다.

3. 코로나19 유행 중 WHO 사무총장의 슬로건은 "Test, test, test"였으며, 이로 인하여 대규모 PCR 검사가 전 세계적으로 급증합니다. 이를 따르지 않았던 대표적인 국가가 일본이었는데, 2020년 일본은 WHO가 스웨덴 다음으로 비난했던 국가였습니다. 그러나 2020년 일본의 코로나19 사망률은 여전히 세계 최하위권이었고 총사망률조차 증가하지 않았죠. 현재 일본의 초과사망은 동아시아 최하위권입니다.

4. WHO는 2020년 봄 개인정보를 강제로 떨어서 동선추적하던 한국의 K방역을 두고 중국 우한의 전면락다운때처럼 침이 마르도록 칭찬하면서 다른 국가도 도입해야 한다고 강력 권고했죠. 하지만 동선추적 K방역이란 최신 IT기술에 기반한 21세기형 마녀사냥과 동의어였으며, 이런 짓을 2년 동안 벌였던

대가가 2022년 봄 오미크론 유행시 세계 최고의 초과사망이 었습니다.

5. 2020년 후반 WHO에서는 기존 집단면역 정의에서 자연감염을 삭제하고 백신접종만 남겨두는 놀라운 일을 벌입니다.* 하지만 코로나19와 같은 바이러스에 대한 진정한 집단면역은 자연감염으로만 가능하다는 사실을 이제는 대부분 사람들이 알 겁니다.

6. 일찍부터 초기 치료제로서 가능성이 제기되었던 몇몇 용도변경 약물들repurposed drug**이 있었는데, 그 중 하나가 WHO가 제3세계국 필수의약품 목록에 올려둘 만큼 안전한 약이었던 이버멕틴이었습니다. 그러나 WHO에서는 코로나19 바이러스 감염에 대하여 이버멕틴 사용을 금지하죠. 플라시보 효과만 있다 하더라도 제 할 일은 충분히 했다고 볼 수 있는 이버멕틴 사용을 왜 그들은 그토록 막았을까요?

---

* 원래 WHO 홈페이지에 있었던 집단면역의 정의는 "자연감염" 혹은 "백신접종"을 통하여 획득할 수 있는 인구집단의 면역이었다. 그러나 2020년 후반기 WHO는 기존 정의에서 "자연감염"은 삭제하고 "백신접종"만 남겨둔다. 즉, 집단면역 정의를 그들 입맛대로 바꾼 것이다. 어이없는 일은 그 이후 또 한번 벌어진다. 슬그머니 자연감염을 집단면역 정의에 다시 포함시킨 것이다.

** 기존에 승인된 약물을 새로운 질병 치료제로 용도변경을 하여 사용하는 것을 말한다

현재 감염병이든 만성병이든, 건강과 관련된 모든 이슈에서 WHO가 가진 위상은 대단합니다. 하지만 공존할 수밖에 없는 바이러스를 상대로 WHO가 이번에 벌였던 일은 무능한 것은 물론이고 선의조차 의심하지 않을 수 없습니다. 그리고 그 WHO의 사무차장보가 한국을 방문하여 이번에는 실내 마스크 의무화를 칭찬하고 있군요. 해석은 각자 알아서 하시면 되겠습니다.

코로나19 사태 동안 한국인이 보여준 맹목적 집단주의는 그 자체로도 놀라운 것이었지만, 더욱 놀라운 것은 일찍부터 질문을 던지면서 저항했던 다른 나라 국민들을 조롱하고 비난하는 데 가장 열정적이었다는 점이다. 그 어떤 국가보다 한국의 코로나19 사태에 대한 복기가 어려운 이유이기도 하다. 공중보건 영역에는 사전주의 원칙precautionary principle이란 것이 있다. 현 시점 유해하다는 명백한 증거가 없다 하더라도 심각한 혹은 비가역적 위험을 야기할 수 있다고 판단되면 그 위험을 예방하는 행동을 취해야 한다는 의미다. 영유아, 어린이, 청소년의 마스크 착용은 사전주의 원칙이라는 관점에서 접근해야 할 대표적 사례다. 모든 발달에는 결정적 시기critical period라는 것이 존재하며, 결정적 시기란 그 자체로 비가역적이라는 개념을 포함하고 있기 때문이다.

마스크 해롭다는 증거가 없다는 그들에게...

앞서 여러 글에서 마스크를 장기간 착용하는 것이 왜 건강에 해로운 것인지, 특히 아이들의 마스크 착용은 왜 소탐대실도 아닌 백해무익한 것인지 다양한 관점에서 설명드린 바 있습니다.* 그런데

---

* 아래는 마스크 유해가능성을 제기하는 글들로, 이 중 일부만 책에 포함되어 있다.

-마스크 의무화 정책: 업그레이드된 골드버그 장치 (2020년 11월 16일)

-더 이상 아이들에게 마스크를 강제하면 안 됩니다 (2021년 5월 29일)

-마스크쇼쇼쇼 (2022년 6월 13일)

마스크가 건강에 해롭다고 말하면 증거가 없다고 반박하는 사람들이 있습니다. 그들이 말하는 증거란 사람을 대상으로 '마스크 착용과 특정 질병 간의 관련성'을 실증적으로 연구해서 유해하다고 확실하게 결론 내린 논문이 존재하지 않는다는 의미죠.

지금까지 반복적으로 맹목적인 논문 지상주의에 빠져 있는 현시대 전문가들을 개탄한 바 있는데요, 코로나19 사태는 이 문제가 현실에서 얼마나 심각한 결과를 초래할 수 있는지를 여실히 보여 준 사건입니다. 예를 들면, 단기 노출로는 아무런 영향을 주지 못하는 요인이 장기 노출이 되면 유해성이 드러나는 경우가 허다합니다. 그러나 현시대 논문을 통하여 보고되는 결과는 대부분 단기 노출에 대한 것인데, 그 이유는 단기 노출이 더 중요해서가 아니라 빠른 시간내에 결과를 얻어서 논문으로 발표하기가 용이하기 때문입니다. 반면 장기 노출 영향은 누군가 연구해서 보고하기 전까지는 증거가 없는 것이고, 끝까지 연구를 하지 않으면 영원히 증거가 없는 상태로 남아 있게 됩니다. 즉, 해롭다는 증거가 없다는 것이 해롭지 않다는 증거가 아니라는 의미입니다.

이런 상황에서 우리는 이 마스크 문제를 어떻게 접근해야 할까요? 해롭다는 증거가 나올 때까지는 무죄라는 무죄추정의 원칙을 적용할까요? 아니면 인간이라면 누구나 가진 이성의 힘으로 유해 가능성을 한번 따져볼까요? 논문이 없으녇 어띤 추론도 불가능하다

-마스크=담배=미세먼지=미세플라스틱.. (2022년 9월 14일)
-영유아부터 단계적으로 마스크를 벗자는 J교수에게 (2022년 9월 21일)
-1시간 통풍하고 마스크를 사용하면 안전해지나? (2022년 11월 2일)
-<마스크 의무화 제도>, 반드시 공론화해야 합니다 (2023년 1월 20일)

고 믿는 그들에게 아래 문장을 한번 반박해보라고 말하고 싶군요.

1. 햇빛이 인공조명보다 건강에 좋다. 인간은 햇빛과 함께 진화해 왔기 때문에

2. 친구가 있는 것이 외로운 것보다 건강에 좋다. 인간은 사회적 동물로 진화해 왔기 때문에

3. 모유가 분유보다 건강에 좋다. 인간은 엄마가 만들어내는 모유를 먹으면서 진화해 왔기 때문에

4. 신체 활동을 하는 것은 하지 않는 것보다 건강에 좋다. 인간은 신체 활동과 함께 진화해 왔기 때문에

5. 밤에는 잠을 자는 것이 깨어 있는 것보다 건강에 좋다. 인간의 생체시계는 24시간 주기에 맞추어 진화해 왔기 때문에

6. 자연식품을 먹는 것이 가공 식품을 먹는 것보다 건강에 좋다. 인간은 자연식품을 먹으면서 진화해 왔기 때문에

이런 예문은 수도 없이 만들 수 있습니다. 단순하기 그지없는 "진화해 왔기 때문에"라는 이유보다 복잡한 메커니즘을 각종 논문들과 함께 과학적 증거로 제시하는 것도 얼마든지 가능합니다. 하지만 위와 같은 단순한 이유만으로도 충분히 합리적 판단이 가능하므로 더 이상 깊이 들어갈 이유가 없습니다. 어떤 조건 속에서 유기체가 진화해 왔다는 것은 그 조건이 유기체 기능을 최적화시키는 방향으로 작용한다는 의미입니다.

앞의 논리를 그대로 마스크에 적용해보겠습니다.

7. 마스크를 사용하지 않는 것이 사용하는 것보다 건강에 좋다. 인간은 어떤 인위적인 장치로 호흡기와 얼굴을 가린 채로 진화해 오지 않았기 때문에

이것으로 충분합니다. 만약 논문이 없다고 인공조명이 햇빛보다 좋고, 밤낮이 바뀌는 것이 좋고, 가공식품이 건강에 더 좋다고 주장하는 사람이 있다면 우리가 정상으로 보지 않듯이, 논문이 없다고 마스크 장기간 착용이 건강에 무해하다고 주장하는 사람이 있다면 그도 정상이 아닙니다. 그런데 만약 인공조명이 햇빛보다 좋고, 밤낮이 바뀌는 것이 좋고, 가공식품이 자연식품보다 좋다고 보고하는 논문들이 있다면 어떡할까요? 논문이 그렇다니 믿을 건가요? 논문이 유기체의 기본 작동 원리로 추론 가능한 현상과 다른 결과를 보고한다면 그건 논문이 틀린 겁니다. 혹 대중들은 그런 논문을 발표한다는 것 자체가 불가능하다고 생각할지 모르겠습니다만, 전체 그림이 아닌 그림의 한 귀퉁이만 찢어서 빅데이터로 포장하고 첨단 기술로 포장하면 어떤 논문이라도 발표 가능한 시대에 우리는 살고 있습니다.

마스크 장기 착용의 유해성도 마찬가지입니다. 실증적 연구가 시행된다 하더라도 전체 그림의 한 귀퉁이를 어떻게 찢느냐에 따라 무해하다부터 유해하다까지, 심지어는 건강에 도움이 된다까지 어떤 결과라도 다 가능할 것으로 봅니다. 즉, 논문이 있건 없건 혹은 논문에서 어떤 결과를 보고했건 그건 전혀 중요하지 않습니다. 마스크 장기 착용의 유해성 여부는 인간이라면 누구나 가진 이성의 힘으로 충분히 판단할 수 있고, 그렇게 판단해야만 합니다.

그리고 그 결론은 당연히 '해롭다'입니다. 호모 사피엔스가 마스크와 함께 진화해오지 않았는데, 다시 말하면 마스크가 없는 상태에서 인체 기능이 최적화되도록 진화해 왔는데 어떻게 장기간 마스크 착용이 인체에 유해하지 않을 수 있을까요? 마스크가 유해하다는 직접적인 증거가 없으므로 마스크를 계속 착용해도 아무런 문제가 없다고 주장하는 현시대 전문가들이 너무나 위험하고도 한심한 이유입니다.

과학의 본질이 끊임없이 질문하는 것임을 고려한다면, 지난 3년간 벌어졌던 일은 중세 암흑기에서나 있을 법한 일이었다. 코로나19 사태는 최단 기간 내에 가짜뉴스가 진실이 되고 진실이 가짜뉴스가 되는 과정을 생생히 보여주었던 매우 드문 역사적 사례가 될 듯하다. 2023년 6월 트위터에 이어서 페이스북 창업자인 마크 저커버그Mark Zuckerberg도 한 인터뷰에서 코로나19 사태동안 정부가 삭제를 요구했던 많은 정보들이 결국 진실로 드러났다고 밝힌다.[90]

과학적 논쟁조차 불가능한
암흑 사회가 되어가고 있나?

최근 트위터를 인수한 일론 머스크가 트위터에서 관리하던 블랙리스트를 공개했습니다. 다양한 인물들이 포함되어 있었는데 그중한 사람이 유행 초기부터 락다운과 같은 방역정책이 감염병 유행보다 훨씬 더 큰 사회적 피해를 가져온다고 강력 반대했던 스탠퍼드의대의 제이 바타챠리아 교수입니다. 그레이트 배링턴 선언문 작성자이기도 한 바타챠리아 교수 인터뷰를 보면 그런 검열을 트위터 자체적으로 했을 리는 없고, 정부 측에서 깊이 관여했을 것이라고 보고 있었습니다. 그리고 트위터뿐만 아니라 페이스북, 유튜브 등 현시대 여론을 주도하는 모든 소셜미디어들이 비슷한 일을 했죠.

그렇다면 우리나라는 어떨까요? 저는 소셜미디어를 하지 않기 때문에 구체적인 경험은 없습니다만, 비슷한 일이 벌어졌을 것이라는 것은 불문가지입니다. 아니 브런치라는 극히 작은 플랫폼에서 제가 경험했던 일을 비추어볼 때, 훨씬 더 심각했을 가능성이 큽니다. 제가 브런치를 처음 시작한 날짜가 2019년 5월입니다. 당연히 구독자는 0명이었고요. 브런치에서 구독자가 늘어날 수 있는 주 경로는 브런치팀에서 제 글을 다른 사람들에게 노출시켜줄 때입니다. 코로나19 사태 전 제가 올린 글 개수가 30여 편이었는데 대부분 현시대 대중들이 많은 관심을 가지고 있는 건강 관련 이슈였죠. 그 당시 제 글은 가끔 다음 메인에 올라가기도 했었는데, 그때는 조회수가 매초마다 수백 건씩 올라가고 구독자가 급증하는 일을 실시간으로 경험하게 됩니다. 그리고 글 쓰는 사람은 누구나 공감하겠지만, 자신이 쓴 글을 누가 읽는다는 그 자체가 큰 보람이죠.

그리고 2020년이 되면서 코로나 사태가 터집니다. 코로나 사태가 터지고 나서도 한동안 브런치팀에서는 제 글을 다른 사람들이 읽어주기를 원했던 것 같습니다. 처음부터 무증상자가 많은 호흡기계 바이러스를 대상으로 하는 K방역은 단지 마녀 사냥일 뿐이며 조만간 독이 든 성배가 될 것이라고 주장했던 그 글들은 메인은 아니더라도 여전히 다른 사람들이 비교적 쉽게 볼 수 있도록 노출되는 일들이 있었습니다. 그런데 언젠가부터 제 글이 타인들에게 노출되는 일이 완전히 중지되더군요.

브런치는 글마다 3가지 정보를 제공합니다. 좋아요 수, 댓글 수, 공유수입니다. 그런데 시간이 지나가면서 공유수에 이상한 현상이 발생한다는 것을 감지하게 됩니다. 공유수가 급작스럽게 늘었다 줄었다를 계속 반복하고 있었습니다. 어딘가에서 제 글이 공유되는 것을 막고 있다는 심증을 가질 수밖에 없었죠. 한 번은 마음먹고 일주일 정도 몇몇 글에 대하여 공유수가 어떻게 변하는지를 추적한 다음, 스크린 캡처와 함께 브런치에 문의 메일을 보냈습니다. 며칠 후 브런치측에서는 공유하는 곳에서 해당 글이 삭제될 경우에는 공유수가 줄어들 수 있다는 원론적인 답변을 보내오더군요. 그리고 얼마 후, 브런치는 공유수를 더 이상 제공하지 않겠다는 방침을 정하고 모든 공유수를 삭제하더군요. 이상이 브런치에서 제가 직접 경험한 일입니다.

유행 초기부터 코로나19 사태에 대한 인류의 대응, 특히 동선추적 K방역은 명백한 오류임을 주장하는 바람에 세상으로부터 온갖 비난을 다 받았지만, 저는 지난 세월 역학자로서 국내외 어떤 연구자 못지않은 치열한 삶을 살아왔습니다. 지금까지 우리나라 방역 및 백신 정책에 깊이 관여해온 전문가들 상당수는 저의 오랜 학계 동료이며, 제가 역학자로서 그들보다 전문성이 떨어진다고 판단할 어떤 근거도 없습니다. 그러나 저는 다른 목소리를 낸다는 것 하나만으로 학계에서 완전히 배제되었으며, 심지어 제가 쓴 글은 공유되는 것마저 허락되지 않았죠.

저는 처음부터 제가 가진 의학적, 역학적, 그리고 면역학적 지식에 근거하여 아래 정도로 예상했습니다. 첫째, 코로나19 바이러스는 공존할 수밖에 없는 바이러스로 전파 최소화를 목표로 하는 K방역은 장차 독이 든 성배가 될 것이다. 둘째, 결국은 건강한 사람들이 자연감염을 많이 경험하고 지나가야만 이번 유행이 안정될 것이며 백신은 개발된다 하더라도 제한적으로만 의미가 있을 뿐이다. 셋째, 무분별한 PCR 검사를 중지해야 하며 PCR검사를 지금처럼 계속 하는 한 이 사태는 끝나지 않는다. 넷째, 지역사회에서 하는 장기간 마스크 착용은 바이러스 전파방지에 의미가 없으며 대부분 사람들에게 소탐대실, 특히 영유아와 어린이들에게는 백해무익할 것이다. 그리고 지금까지 벌어졌던 일들을 되돌아보면 이 예상은 대부분 맞았던 것 같고, 시간이 좀 더 흐르면 장기간 마스크 착용이 왜 소탐대실도 아니고 백해무익인지도 드러날 것이라고 봅니다.

며칠 전 마스크 실내 의무화 해제와 관련한 전문가 공개토론회가 있었습니다. 토론이란 당연히 '찬성 측 vs. 반대 측'이 나와서 각종 쟁점을 두고 다투어야 하는 자리입니다만, 이번 공개토론회는 '찬성 측 vs. 찬양 측'이 만나서 서로 격려하고 대화를 나누는 화기애애한 자리였던 것 같습니다. 특히 그 자리에 '마스크는 매우 효과적인 방역 수단이다'는 전제 자체에 의문을 제기하는 전문가가 단 한 명도 없었다는 것은 현시대가 과학적 논쟁조차 불가능한 암흑 사회가 되어가고 있음을 의미합니다. 부디 암흑 사회에서 살아남는 방법들을 다들 터득하시기 바랍니다.

2023년
복기

2023년 2월 1일

인도의 옛이야기다. 왕이 사고로 목발을 짚고 다니게 되자, 모든 백성은 목발을 짚고 다녀야 한다고 포고령을 내린다. 처음에는 저항이 있었으나 결국은 모든 백성이 목발을 당연히 받아들이게 되고 왕이 죽고 난 후에도 모두가 목발을 짚고 살게 되었다. 어릴 적 목발없이 걸은 적이 있다는 기억을 되살린 한 노인이 두발로 걷기를 시도해보다가 자꾸 넘어지는 일이 벌어지니 구경하던 젊은이들이 조롱하고 비웃었다... 어쩌고 저쩌고...

우리는 바이러스와 공존하는 방법을 망각해버렸다.

우리 사회는 바이러스와의 공존이 무엇을 의미하는 것인지 아직도 전혀 이해하지 못하고 있군요. 여전히 마스크를 벗지 못하고 있는 대다수 국민들을 보고 있자니 공존할 수밖에 없었던 바이러스를 상대로 지난 3년간 벌였던 지상 최대의 방역쇼가 국민들 정신세계에 미친 영향이 가히 일제 강점기 36년에 비할 만하다는 생각까지 들었습니다.

코로나19 바이러스와의 공존을 한 마디로 표현하면 앞으로 누구든 이 바이러스에 대한 노출과 감염을 반복적으로 경험하면서 산다는 의미입니다. 바이러스라는 존재에 전혀 신경을 쓰지 않고 살아도 언젠가는 감염이 되고, 바이러스에 노출되지 않기 위하여 온갖 노력을 하면서 살아도 언젠가는 감염이 됩니다. 여기서 차이는 전자는 자신의 삶을 살면서 그러한 경험을 하는 것이고 후자는 자신의 삶을 제대로 살지 못하면서 그러한 경험을 하는 것일 뿐입니다.

따라서 모름지기 제대로 된 전문가라면 국민들에게 이렇게 이야기해야 합니다. "이 바이러스를 피하면서 살고자 하는 노력은 아무런 의미가 없다. 우리의 목표는 바이러스에 노출되어도 가능한 한 무증상, 경한 증상으로 지나가는 것이 되어야 한다. 이를 위하여 필요한 것은 건강한 먹거리, 운동, 햇빛, 수면, 불안과 공포를 벗어난 마음 등과 같은 것이지 마스크나 손소독제 따위가 아니다. 아니, 마스크나 손소독제 따위는 사용하면 할수록 당신의 면역시스템은 점점 더 약해질 뿐이고 당신은 점점 더 감염병에 취약해진다. 건강한 유기체의 면역시스템은 다양한 미생물에 끊임없이 노출되면서 사는 상황에서 가장 강력한 힘을 발휘하며 미생물에 대한 일상적 노출을 막는 모든 행위는 건강에 악영향을 끼치기 때문이다. 자, 무엇을 선택할 것인가?"

여기서 어떤 선택을 하는가? 는 전적으로 당신의 몫입니다. 담배가 아무리 해롭다고 해도 자신의 선택에 의하여 한평생 담배를 피우는 사람이 있듯이, 이 모든 정보가 주어져도 그 누군가가 마스크와 손소독제와 함께 하는 삶을 살겠다면 그 역시 존중해주어야 합니다. 그러나 참으로 어이없는 일은 우리나라 질병청과 관련 전문가들은 바이러스에 노출되지 않기 위하여 노력하는 삶이 가장 안전한 삶이라고, 그것이 모두의 뉴노멀이 되어야 한다고 끊임없이 국민들을 세뇌시키고 있다는 점입니다.

이번에 방역 당국이 실내마스크 의무화 해제를 하면서 발표한 세부지침을 보고 있자니, 사회적 거리두기를 두고 벌어졌던 지난 정부의 블랙 코미디가 바로 연상되더군요. 예를 들면 2020년 5월에 그들이 발표했던 거리두기 세부지침을 보면 무려 100쪽이 넘는데 모든 장소와 모든 활동에 대하여 국민들이 해야 할 것과 하지 말아야 할 것을 구체적으로 적고 있습니다. 그리고 이 세부지침은 개정에 개정을 거듭하여 2022년 10월에 6-2판까지 나온 바 있죠. 아직도 자신들이 벌인 이런 일이 블랙 코미디였다는 사실을 인정하기를 거부하는 질병청과 그들과 뜻을 같이 하는 전문가들이 건재하는 한 앞으로도 이번과 같은 일은 무한 반복될 것 같군요.

이 논문 결과를 두고 미의회 청문회에서 논란이 벌어졌다.[91] 미국 CDC 수장은 코크란 리뷰에 포함된 논문 대부분은 독감 유행시 시행된 것으로 코로나19에 적용될 수 없으며 마스크 효과는 무작위배정 임상시험만으로 판단할 수 없다고 주장하면서 마스크 관련 가이드라인을 바꿀 계획이 없다고 답변한다. 거기에 더하여 코로나19는 증상이 시작되기 전부터 전파가 되기 때문에 독감과는 다르다는 주장까지 한다. 그러나 독감이든 코로나든 호흡기계 바이러스 감염병의 보편적 특징이 증상 시작 전에 전파를 시작한다는 것이다. 이는 내가 의대생이었던 1980년대 교과서에도 나오는 고전적 지식이다. 현재 사람들은 '마스크의 효과'와 '마스크 의무화 제도의 효과'는 다른 이야기라는 사실을 인지하지 못하고 있으며 그 전문가들은 다시 팬데믹이 온다면 당연히 마스크 의무화를 해야 한다고 당당하게 말하고 있다. 무작위배정 임상시험에서 효과가 없었다면 의무화는 애초부터 고려 대상이 될 수 없다. 특히 장기간 마스크 착용은 사람에 따라 다양한 부작용이 가능하다는 점에서 국가든 개인이든 타인에게 마스크를 강요하는 자체가 비윤리적이다.

다시 한번
"마스크 효과 없다"고
발표한 코크란 리뷰논문

코크란 연합Cochrane Collaboration은 소위 근거중심 의학의 본거지라고 할 수 있는, 이 분야에서 가장 권위 있는 비영리단체입니다. 공식저널로 『The Cochrane Database of Systematic Reviews』를 매달 발간하면서, 체계적 문헌고찰 및 메타분석을 통하여 보건의료분야의 합리적 의사결정을 위한 과학적 근거를 제공하고 있죠.

지난주 이 저널에 「Physical interventions to interrupt or reduce the spread of respiratory viruses」[92]라는 제목의 논문이 발표되었더군요. 마스크를 포함하여 각종 방역정책의 효과를 객관적으로 평가하기 위하여 시행된 이 논문 초록에서 마스크 부분만 발췌해 보겠습니다. "Wearing masks in the community probably makes little or no difference to the outcome of laboratory-confirmed influenza/SARS-CoV-2 compared to not wearing masks" 즉, 지역 사회에서 사용하는 마스크는 독감이나 코로나19와 같은 바이러스 전파를 막는 데 별 의미가 없었다는 결론이죠. 물론 저자들은 마스크와 같이 사람 행동에 기반한 개입은 비록 무작위배정 임상시험이라 하더라도 한계가 있음을 지적하고 있습니다만, 그렇기 때문에 실험실에서 마네킹을 대상으로 한 연구가 아닌 현실의 사람들을 대상으로 하는 무작위배정 임상시험이 더욱 중요합니다.

한편 유행초기였던 2020년 6월, 비슷한 목적을 가지고 시행된 메타분석 논문[93]이 『란셋』이라는 빅저널에 실린 바 있습니다. 이번에 발표된 메타분석과는 정반대로, 『란셋』논문의 결론은 거리두기, 마스크, 보안경 등 모든 방역정책들이 매우 효과적이며, 그 중에서도 마스크는 타의 추종을 불허할 만큼 효과적이라는 것이었죠. 그리고 이 논문은 마스크 의무화 제도를 시행하는 과학적 근거로 널리 인용되고 질병청 제작 마스크 홍보 동영상*에도 핵심 근거로 포함되어 있습니다.

---

* 브런치 글 참고.
  질병청 제작 <마스크 효과 한방 정리> 시청소감 (2022년 7월 18일)

그런데 두 메타분석 논문의 결론이 이렇게나 다른 이유가 도대체 뭘까요? 답은 너무나 간단합니다. 코크란 연합에서 발표한 메타분석은 무작위배정 임상시험만을 대상으로 했고, 『란셋』 논문은 단기간 병원과 같은 특정 장소에서 시행한 관찰연구만을 대상으로 했기 때문입니다. 의사라면 누구나, 아니 연구방법론에 대하여 단 1시간이라도 강의를 들은 사람이라면 누구나 전자의 메타분석 결과에 근거하여 정책 결정을 하는 것이 합리적이라는 사실을 알고 있을 것입니다. 그러나 현실에서 방역당국과 그 전문가들은 정반대의 선택을 하죠.

특정 장소에서 하는 단기간 마스크 착용이 아닌, 지역사회에서 하는 장기간 마스크 착용이 바이러스 전파를 막을 수 없다는 사실은 이제야 알게 된 새로운 지식이 아닙니다. 이미 오래 전부터 반복적으로 보고되었던 사실이죠. 유행 초기 그들이 판단착오를 하게 된 가장 큰 이유는 "더 이상 아이들에게 마스크를 강제하면 안 됩니다"에서 적었듯 동아시아권에서 코로나19 유행이 통제되는 것처럼 보였던 이유를 교차면역과 같은 눈에 보이지 않는 생물학적 요인이 아니라 마스크와 같이 눈에 보이는 방역정책의 결과로 오판했기 때문이라고 봅니다.

코로나19 사태를 한 마디로 정의하자면, 예전부터 알고 있었던 모든 과학적 지식을 내동댕이치고 원점부터 다시 시작하여 무수한 시행착오를 거친 후에 결국은 예전부터 알고 있었던 지식이 옳았음을 다시 한번 확인한 그런 사건입니다. 이를 위하여 우리 사회는 상상을 초월하는 유무형의 비용을 치러야 했으며, 그중에서도 가장 은밀하면서도 지독한 비용은 아마도 모든 국민의 편도체에 깊이 새겨진 바이러스에 대한 공포가 아닐까 싶습니다.

초기부터 가짜 뉴스라고 낙인찍어 대대적으로 검열하고 삭제했으나 결국 진실로 드러난 혹은 드러나고 있는 대표적인 코로나19 백신 관련 정보들이 있다.

(1)백신이 코로나19 감염과 전파를 막을 수 없다

(2)백신으로 집단면역에 도달할 수 없다

(3)자연감염은 백신보다 더 견고한 면역을 제공한다

(4)백신 안전성, 특히 장기 안전성에 대한 정보가 부족하다.

코로나19 백신부작용에 대한 연구는 현재도 진행 중이며 여전히 갈 길은 멀다.

코로나 백신부작용
인과성 평가,
신뢰할 수 있을까?

기면증Narcolepsy이라는 병이 있습니다. 건강한 사람들은 밤에 충분한 수면을 취하면 낮에 그리 졸리지 않지만, 기면증 환자들은 밤에 아무리 잠을 많이 자도 낮에 잠을 제어할 수가 없습니다. 뇌의 수면-각성 주기 혼란으로 발생한 기면증 원인은, 많은 질병들이 그렇듯, '아직 잘 모른다'입니다. 대부분 사람들은 들어본 적도 없는 기면증이란 병이 한 때 국내외 언론을 장식한 적이 있었습니다. 2009년 유행했던 신종플루 백신 중 하나인 펜뎀릭스Pandemrix 부작용 중 하나로 보고되면서부터입니다. 공식적으로 펜뎀릭스 부작용으로 인정한 기면증은 '백신접종 후 최소한 1년 동안' 발생했던 것으로 보고되었으며, 일부 연구자들은 접종 후 2년까지도 발생 가능하다고 주장하고 있습니다. 이러한 사실은 백신부작용을 두고 '백신접종 후 며칠 내에 발생하는 경우'로 정의 내린다는 것 자체가 난센스임을 의미합니다.

현재 질병청에서는 코로나19 백신부작용 인과성 규명을 위하여 백신 안전성위원회를 발족하고 연구센터까지 설치하여 운영하고 있습니다. 그리고 건강보험 청구자료에 기반하여 '백신접종이 이상반응으로 신고된 각종 질병들의 발생위험을 실제로 증가시켰는가?'에 대한 분석 결과들을 주기적으로 발표하고 있죠. 그런데 현재 위원회에서 사용하는 분석 방법으로 '자기-대조 환자군 연구'라는 것이 있습니다. 예를 들면 백신접종 후 9개월까지를 전체 관찰 기간으로 두고 접종 후 1,2달을 위험 기간, 그 이후 기간을 대조 기간으로 둔 후 질병 발생률을 비교하는 방식으로 이루어지는 연구입니다(그림). 이런 분석의 대전제는 백신접종 후 1,2달 안에 발생하는 문제만 백신부작용으로 간주하겠다는 것입니다.

서두에 소개드린 기면증의 경우 펜뎀릭스 접종 후 1년 동안 발생가능한 것으로 공식 인정된 백신부작용입니다. 그런데 만약 연구자들이 펜뎀릭스와 기면증간의 관련성을 조사하면서 지금처럼 접종 후 1, 2달을 위험 기간, 그 이후를 대조 기간으로 두고 기면증 발생률을 비교했다면 어떤 결과가 나왔을까요? 펜뎀릭스와 기면증간 관계없음을 물론이고, 심지어 펜뎀릭스가 기면증 위험을 낮춘다는 연구결과까지 가능했을 것으로 봅니다.

나노지질입자에 기반한 mRNA백신의 경우 소량이지만 그 성분이 각종 장기에서 검출된다는 동물실험 결과 및 사망자 부검 연구 결과들이 이미 존재하는 상황입니다. 그렇다면 반드시 저농도 장

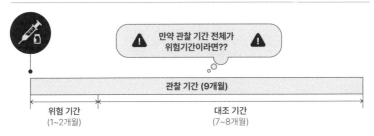

자기-대조 환자군 연구 설계

만약 관찰 기간 전체가
위험기간이라면??

관찰 기간 (9개월)

위험 기간
(1~2개월)

대조 기간
(7~8개월)

기 노출로 인한 부작용 발생 가능성을 고려해야만 합니다. 따라서
접종 후 1,2개월까지만 위험 기간으로 간주하고 있는 자기-대조 환
자군 연구결과가 코로나19 백신부작용 인과성 평가의 근거로 사용
된다는 것은 어불성설입니다.

또한 위원회에서는 지금까지 이상반응으로 보고된 다양한 질병
들을 낱낱이 쪼개서 분석하는 愚를 범하고 있는 것으로 보입니다.
만약 mRNA백신이 염증반응 혹은 면역시스템 혼란 등을 초래하여
질병 위험을 높인다면, 기전적으로 유사한 질병들은 묶어서 분석
하고 해석하는 것이 합리적입니다. 통계라는 수단의 한계로 인하
여, 나눠서 분석하면 통계적 유의성이 없지만 묶어서 분석하면 통
계적 유의성을 보이는 경우가 꽤 흔합니다.

예를 들어, 2023년 2월 1일에 발표된 분석결과에 포함되었던 급
성횡단척수염, 급성파종성뇌척수염, 길랭-바레증후군, 밀러휘셔증
후군 모두 신경계 염증반응으로 발생하는 질병들입니다. 그러나
통계적 유의성이라는 관점에서 이 중 하나만 관련성이 있고 나머
지 세 개는 관련성이 없다는 것이 위원회의 결론인 듯싶습니다. 하
지만 신경계 염증반응의 결과로 생긴다는 공통점을 가진 질병들을

따로 분석하여 인과성을 판단한다는 것 자체가 오류라고 봐야 합니다. mRNA백신 성분이 혈관을 타고 신경계에 도달했다면 사람에 따라 매우 다양한 질병으로 드러날 수 있기 때문입니다.

이 문제점들은 현재 진행되고 있는 코로나19 백신부작용 인과성 평가의 신뢰성에 근본적인 의문을 제기할 수 있을 정도로 심각한 이슈입니다. 잘못된 백신 정책의 안타까운 희생양이었으나 우리 사회에서 지금까지 외면당해 왔던 그분들이 잘못된 자료 분석 결과로 또다시 상처받는 일이 없기 바랍니다.

한국이 락다운을 하지 않고도 잘 대응했다는 주장이 설득력이 있으려면 락다운을 한 국가들의 방역 성적이 락다운을 하지 않은 국가들보다 더 좋아야 한다. 그러나 현실은 전혀 그렇지 않다.[94] 락다운이 의미없이 사회에 막대한 2차 피해만 가져왔다는 증거가 쌓여만 가고 있는데 어떻게 한국의 질병청장은 현 시점 이런 인터뷰를 할 수 있었던 걸까?

한국, 락다운을 하지 않아서 성공이라고??: 질병청장의 최근 외신 인터뷰를 본 소감

지난달 한국의 질병청장께서 영국의 일간신문 텔레그래프와 인터뷰[95]를 했더군요. 이 외신을 받아서 당시 국내언론 두어 곳에서 "英매체, 한국 정부 코로나 대응에 찬사..."라는 제목으로 다시 한번 국민들의 눈과 귀를 가리는 기사를 실었고요. 한국 질병청장과 텔레그래프와의 인터뷰가 어떤 과정으로 성사되었는지 저로서는 알 수 없습니다. 과연 텔레그래프지가 현시점 진정으로 한국의 코로나 대응에 감탄하여 자발적으로 요청했을까요? 아니면 외신발 국내 보도가 필요했던 질병청에서 인터뷰해 줄 만한 외신을 물색했을까요? 다만 짐작만 할 뿐입니다.

텔레그래프지의 기사 제목은 "How South Korea avoided a national lockdown"입니다. 즉 락다운을 하지 않고도 성공적으로 대응했다는 것이 기사 핵심으로 질병청장께서는 인터뷰 내내 "유행 초기 대규모 진단검사와 정부의 발 빠른 조치가 성공의 열쇠였다"라고 강조하고 있었습니다. 하지만 질병청에서는 락다운도 하지 않고 대규모 진단검사도 거부했던 일본에서는 왜 서구권과 같은 일이 발생하지 않았는지에 대하여서는 영원히 침묵할 작정인 듯합니다.

코로나19 유행은 동아시아권 대부분 국가에게 '난이도 하'에 속하는 기출문제였습니다. 여기에는 수액병이 없어서 맥주병을 대신 사용했다는 북한도 포함됩니다. 이와 같이 지역적 특성으로 쉽게 지나간 감염병 유행을 두고 아직도 자신들의 방역정책 덕분이라고 우기는 그들을 지켜보는 것이 민망하기 그지없습니다. 한국이 오미크론 유행시 보였던 세계 최고의 초과사망은 '난이도 하'문제를 '난이도 극상'으로 포장해 왔던 그들의 기만적 방역정책이 남긴 필연적 결과물이라고 봐야 하고요.

텔레그래프지 기사 제목처럼 그들은 여전히 한국은 다른 국가들처럼 락다운을 하지 않았음을 내세우고 있습니다. 그러나 핵심은 공식적으로 락다운을 했느냐 안 했느냐에 있는 것이 아니라, 얼마나 그 사회의 기능을 정상적으로 유지하였는가에 있습니다. 공개적으로 락다운을 언급하지 않았더라도 방역 정책으로 인하여 사회 기능을 정상적으로 유지할 수 없었다면 당연히 락다운과 별 차이가 없었다고 봐야 합니다. 2년 이상 의미없는 확진자 수 최소화를 방역 목표로 했던 한국은 전면락다운을 한 국가만큼이나 어리석은 국가였고, 정부 주도하에 마녀사냥이 공공연하게 자행되었다는 점에서 지구상 그 어떤 국가보다 위험한 국가였습니다.

최근 엠폭스와 관련하여 질병청은 또다시 확진자 수 번호 붙이기 K방역을 시작했습니다. 대부분 2~4주 후 자연 치유되는 감염병을 두고 이런 야단법석을 벌이는 국가는 아마 지구상에 대한민국

뿐일 듯합니다. 또한 질병청에서 지금부터 전국 하수^{下水} 기반 감염병 감시체계 사업을 시행한다고 합니다. "기존 임상 감시보다 지역사회에서 발생하는 감염병 유행을 최대 15일가량 앞서 예측할 수 있으며 코로나19와 같은 신종 감염병을 조기에 인지하고 선제적으로 대응하는 데 도움이 될 것"이라고 발표했더군요.

아직도 질병청은 우리나라 코로나19 사태가 공존할 수 밖에 없는 바이러스를 상대로 잘못된 선제적 대응과 오류로 가득찬 예측 수리모델링으로 인하여 발생한 인재^{人災}라는 사실을 전혀 인지하지 못하고 있습니다. 문제는 질병청이 코로나19 사태 때의 정책 오류를 인정하지 않는 한 앞으로도 이런 일은 무한반복될 것이라는 점입니다. 아무쪼록 다들 정신줄 붙들고 평정심 유지하면서 사시기 바랍니다.

한국처럼 유행내내 방역 선진국이라는 환상을 전 국민이 공유했던 사회에서 그 동안의 노력이 무의미했던 것은 물론이고 사회적으로 회복하기 힘든 피해만 가져왔다는 사실을 인정하기란 쉽지 않다. 그럼에도 불구하고 이번과 같은 일의 재발을 막기 위해서는 반드시 현실을 직시할 수 있어야만 한다. 한 독자가 사회 약자를 보호한다는 미명하에 실제로는 사회 약자들을 더 불행하게 만든 코로나 사태의 위선과 허위의식을 지적하는 댓글을 남겼다.

장기 학교 폐쇄를 선택했던 한국, 누구를 위한 것이었나?

팬데믹 기간동안 한 사회의 기능이 얼마나 정상적으로 유지되었는가? 를 평가할 수 있는 가장 중요한 지표 중 하나가 학교 폐쇄 여부입니다. 현재 학교 폐쇄는 장기적으로 사회에 끼치는 해악이 가장 큰 최악의 방역정책으로 평가되고 있습니다. 학력 저하는 물론이고 어린이와 청소년의 정신 및 신체 건강에 미친 악영향이 엄청났으며 특히 취약계층일수록 문제가 컸던 것으로 보고되고 있죠.

최근 국가별 학교 폐쇄 기간에 대한 구체적 정보가 포함된 논문[96]이 발표된 바 있습니다. 놀랍게도 락다운을 하지 않아서 성공이라고 주장하는 한국의 학교 폐쇄 기간이 유럽권에서 여러 차례 전면락다운을 시행했던 국가들의 폐쇄기간과 비슷하거나 오히려 더 길었으며 이웃나라 일본보다는 훨씬 더 길더군요(그림). 학교 폐쇄만 보더라도 한국은 전면락다운과 유사한 사회적 피해를 초래한 방역 정책

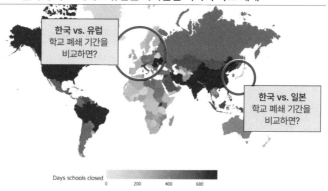

한국의 학교 폐쇄 ≥ 유럽권 락다운한 국가의 학교 폐쇄

을 가진 국가라고 볼 수 있지만, 그들은 여전히 공식적인 락다운이 없었다는 점을 들면서 한국은 달랐다고, 심지어 성공적이었다는 주장을 하고 있죠.

더욱 놀라운 사실은 우리가 장기간 학교 폐쇄를 한 이유입니다. 한국이 학교 폐쇄를 했던 기간 동안 일일 확진자 수는 기껏해야 몇백 명, 많아도 몇천 명에 불과했고 그것도 무증상, 경한 증상이 대부분이었습니다. 즉, 한국은 서구권처럼 중환자 혹은 사망자 폭증으로 학교 폐쇄를 한 것이 아니라 그 당시 방역 목표였던 확진자 수 최소화를 위해 학교 폐쇄를 선택했다는 점에서 지구상 그 어떤 국가보다 어리석었다고 볼 수 있습니다. 거기에 더하여 성인들은 만원 지하철을 이용하여 출퇴근하고 평소처럼 일상생활을 하는 상황에서도 학교는 정상화하지 않았다는 점에서 더할 수 없이 기만적이었고요. 그리고 개학 후에도 그들은 확진자 1명만 나오면 역학조사니 선제검사니 하면서 학교를 발칵 뒤집어놓는 일을 반복하곤 하죠.

물론 학교 폐쇄와 중환자 수 혹은 사망자 수 증가와는 아무런 관계가 없다는 점에서 서구권의 학교 폐쇄도 당연히 비판받아야 합니다. 어린이는 중증 환자가 될 가능성이 거의 없으며 그들에게 코로나19는 독감보다 약한 감염병이라는 사실을 처음부터 알고 있었습니다. 유행 초기에는 어린이들이 감염원이 되어 고령자에게 전파시킬 가능성을 우려했습니다만, 곧 어린이를 통한 전파 확률은 매우 낮을 뿐만 아니라 어린이와 접촉이 많은 성인들은 오히려 중증 환자가 될 가능성이 낮아진다는 연구결과[97]까지 보고되죠. 여기서도 교차면역이 중요한 역할을 합니다.

앞서 소개드린 논문에 포함된 국가별 학교 폐쇄 강도를 보면 한국은 상위 40%, 일본은 하위 10%에 위치해 있습니다. 일본은 2020년 3월부터 6월까지 학교 폐쇄를 했고 그 이후 계속 학교를 열어 둔 것으로 되어 있는데, 이 시기 경험에 기반하여 2020년 봄 학교 폐쇄가 코로나19 지역사회 전파와 아무런 관계가 없었다는 연구결과를 보고한 바 있습니다.[98] 그리고 비슷한 연구결과가 스웨덴, 아이슬란드 등 다른 국가에서도 계속 보고되었죠.

그럼 한국은 그런 자료가 없었을까요? 천만에요. 역학조사라는 미명하에 전 세계에서 가장 열심히 온갖 정보를 강제 수집했던 국가인데 없을 리가 있겠습니까? 한국도 2020년 상반기에 이미 어린이로부터 성인에게 전파되는 확률이 매우 낮았다는 정보[99]를 가지고 있었습니다. 그런데 논문을 읽어보면 그들은 이 결과를 두고 어린이들은 어떤 생물학적 이유로 바이러스 전파 확률이 낮다고 해석하는 것이 아니라 철저한 접촉자추적과 초기 환자격리와 같은 방역정책 덕분으로 해석하고 있음을 알 수 있습니다. 즉, 한국은 처음부터 끝까지 생물학적으로 설명해야 할 현상을 두고 우리나라만의 특별한 방역정책 덕분으로 그 공을 돌리는 愚를 범하고 있었던 것입니다.

"어린이들은 바이러스 전파 확률이 낮았다"라는 동일한 결과를 두고 다른 나라들은 학교를 열어도 괜찮은 증거로 간주한 데 비하여 한국은 더욱더 철저한 방역을 해야만 하는 증거로 간주했다는 사실에 저만 좌절하는 건가요? 한국은 '방역이 국민을 위하여 존재하는 것'이 아니라 '국민이 방역을 위하여 존재하는 것'이라는 관점 없이는 도저히 이해가 불가능한 국가라고 생각합니다. 이런 어이없는 일을 3년 동안 벌여도 누구 하나 질문 던지는 이도, 대답하는 이도 없는 한국 사회가 마주치게 될 미래는 어떤 모습일지 참으로 두렵군요.

스웨덴과 일본의 구체적인 방역정책은 달랐으나 두 국가 모두 의료시스템 과부하 방지를 목표로 했다는 점에서 방역정책의 방향성은 동일했다. 다른 국가들처럼 이 두 국가도 세부정책 실행 과정 중에 오류가 있었겠지만 핵심은 방역정책의 방향성이 옳았다는 것에 있다. 또한 방역 정책과 마찬가지로 백신 정책도 다른 국가에 비하여 훨씬 유연했으며 기본적으로 자율성에 기초했다. 그러나 일본의 경우 기시다 총리 내각이 들어선 후부터 이해하기 힘든 행보를 보인다. 오미크론 유행과 함께 대부분 방역조치를 해제했던 서구권 국가들과 달리 일본은 최근까지 일정 수준 방역을 유지하면서 전연령대 부스터샷 접종률을 최대한 높이고자 한다. 일본은 왜 자신들이 그 동안 동아시아권에서 가장 낮은 초과사망을 보였는지 그 이유를 이해하지 못하고 있음이 분명하다.

한편 우리나라 방역 및 백신정책에 깊이 관여했던 전문가들의 최근 인터뷰 기사[100]를 한 독자가 링크했다. 그들은 마치 남이야기하듯 우리나라 백신 정책을 비판하고 있었다. "코로나19 백신의 감염 예방 효과는 거의 없다, 50세 이하는 백신부작용 위험을 감수하면서까지 접종을 강제할 필요가 없었다, 코로나19는 소아·청소년에게 위험한 감염병이 아니었다, 시간이 지날수록 청소년의 경우 부작용을 심하게 겪는 사례가 적지 않다..." 이 모든 것은 일찍부터 다 알 수 있거나 예견되었다는 점에서 만시지탄일 뿐이었다.

느슨하게 대응할수록
성적이 더 좋은
방역 미스터리

K방역을 비판하는 정치권 발언에 대한 기사[101] 댓글들이 굉장하군요. 물론 현 정부가 지적하는 K방역의 문제점은 핵심에서 한참 떨어진 부차적 이슈에 불과하며, 그들도 아직 문제의 본질이 무엇인지 제대로 이해하지 못하고 있는 듯했습니다. 우리나라 코로나 사태가 왜곡된 근본적인 이유는 질병청과 그 전문가들의 오판에 있으며, 여기에 감염병 유행을 기회로 활용하고자 했던 정치권이 가세함으로써 점입가경의 사태가 벌어졌다고 봐야 합니다.

K방역 지지자들의 "K방역은 성공한 방역정책"이란 믿음은 너무나 확고하여 어떤 결과를 보여줘도 그들을 설득하기는 불가능해 보입니다. 그러나 어떤 정권을 지지하든 국민들이 K방역의 문제를 인지하지 못하면 머지않은 미래에 이번과 같은 일은 반드시 반복되며 그로 인한 피해는 고스란히 국민의 몫이 될 겁니다. 비록 극소수라 하더라도 객관적인 자료 앞에서는 생각을 바꿀 수 있는 이성적인 사람들도 있을 것이라 믿으며 지금까지 올렸던 글의 최종 결론을 그래프로 다시 한번 정리해 봅니다.

이번 사태에 대한 국가별 최종 성적을 한 마디로 요약하자면 "느슨하게 대응할수록 최종 성적이 더 좋았다"입니다. 여기서 느슨하게 대응했다는 것은 건강한 사람들의 경우 국가 개입을 최소화하고 고위험군과 의료시스템 중심으로 대응했다는 의미입니다. 바이러스 전파는 무조건 막는 것만이 최선이라고 믿어왔던 우리의 고정관념과는 정반대 결과를 보여주는 이런 수수께끼가 어떻게 가능할까요?

먼저 국가별 방역 성적부터 보겠습니다.

국가별 방역 성적을 평가 할 때 가장 중요한 지표는 코로나19

사망률이 아니라 초과사망입니다. 코로나19 사망률은 국가별 진단 검사 정책이나 사망신고서 작성 기준 등에 크게 영향을 받으며 방역 정책의 영향으로 발생한 추가적인 사망을 고려하지 못한다는 심각한 문제점이 있죠. 반면 초과사망은 '팬데믹 전 총 사망률'과 '팬데믹 기간 동안 총 사망률'을 비교하는 지표로 코로나19뿐만 아니라 다른 원인으로 인한 사망을 모두 다 고려하여 계산되는 포괄적인 지표입니다.

코로나19 사망률과 초과사망은 반드시 비례하지 않습니다. 예를 들어 국가 A와 B를 비교할 때 코로나19 사망률은 A국가가 더 높으나 초과사망은 B국가가 더 높을 수 있습니다. 그렇다면 최종적으로 더 나은 대응을 한 국가는 초과사망이 낮은 A국가입니다. B국가의 높은 초과사망은 잘못된 방역 정책으로 인하여 다른 원인으로 인한 사망자들이 많이 늘어났음을 의미하기 때문입니다.

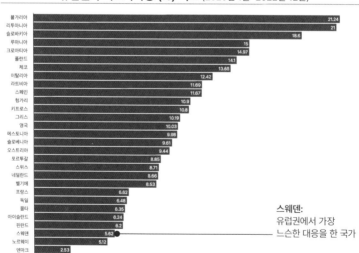

유럽권 누적초과사망 (%) 비교 (2020년 1월~2022년 12월)

스웨덴:
유럽권에서 가장
느슨한 대응을 한 국가

초과사망은 계산 방법에 따라서 조금씩 국가별 순위가 바뀌기는 합니다만 크게 다르지는 않습니다. 여기에서 등장하는 그래프의 결과는 Our world in data에서 제공하는 초과사망 %입니다.

먼저 유럽권 국가들의 2020년 1월~2022년 12월 초과사망을 보겠습니다(왼쪽 그림). 유럽권에서 가장 느슨한 대응을 했던 국가는 모두가 다 아는 노마스크, 노락다운의 스웨덴입니다. 그러나 현시점 스웨덴의 초과사망은 유럽 최하위권입니다. 최하위권에는 스웨덴 외에도 덴마크, 노르웨이, 핀란드 등이 포함되어 있는데 북유럽권 국가들은 다른 유럽권 국가들보다 상대적으로 더 느슨한 대응을 한 것으로 알려져 있습니다.

참고로 스웨덴의 초과사망은 항상 과대추정된다는 점을 고려할 필요가 있습니다. 그 이유는 비교 연도로 포함되는 2019년도 총사망률이 예외적으로 예년보다 훨씬 낮았기 때문입니다 예를 들어, 5년간 인구 만 명당 총사망률이 100, 100, 100, 90, 110인 국가는 5년 내내 100이었던 국가보다 더 높은 초과 사망을 보이는 것으로 계산됩니다. 마지막 년도의 높은 총사망률은 단지 그 전년도에 있었던 행운의 결과물일 뿐이지만 초과사망 산출시에는 이런 행운과 불운이 변수로 포함되지 않죠.

다음은 비슷한 경제 수준을 가진 동아시아권 국가들의 초과사망입니다(다음 페이지 그림). 2020년 1월~2022년 6월 초과사망을 보면 유행 초기부터 PCR검사를 제한하면서 동아시아권에서 가장 느슨한 대응을 한 일본이 가장 낮고, 한국과 마찬가지로 엄격한 방역정책을 가졌던 싱가포르의 초과사망이 가장 높습니다. 한국은 싱가포르 다음입니다. 동아시아권의 경우 2022년 12월이 아닌 6월까지 초

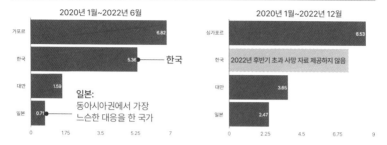

동아시아권 누적초과사망 (%) 비교

2020년 1월~2022년 6월

가포르	6.82
한국	5.36 ← 한국
대만	1.59
일본	0.71

일본:
동아시아권에서 가장
느슨한 대응을 한 국가

2020년 1월~2022년 12월

싱가포르	8.53
한국	2022년 후반기 초과 사망 자료 제공하지 않음
대만	3.65
일본	2.47

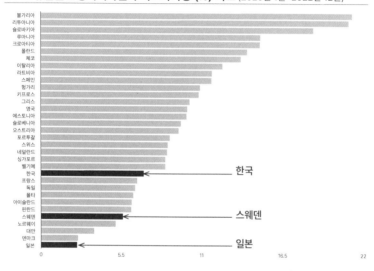

유럽권 & 동아시아권 누적초과사망 (%) 비교 (2020년 1월~2022년 12월)

과사망을 비교한 것은 한국이 2022년 하반기 자료를 Our world in
data에 제공하지 않았기 때문입니다. 그 이유는 저도 알지 못합니다.

다음은 유럽권과 동아시아권의 초과사망 비교입니다(위 그림). 여
기서 2022년 하반기 자료가 없는 한국의 초과사망은 동아시아권 국
가들의 초과사망 증가폭을 고려하여 추정된 값을 사용했습니다. 모
든 동아시아권 국가들이 유럽권 평균보다 낮은 초과사망을 보였는

데, 특히 동아시아권에서 가장 느슨한 대응을 했던 일본의 초과사망은 유럽과 동아시아를 통틀어 최하위입니다. 반면 동아시아권에서 가장 엄격한 방역정책을 가졌던 싱가포르와 한국의 초과사망은 유럽권에서 가장 느슨한 대응을 했던 스웨덴의 초과사망보다 높다는 사실을 알 수 있습니다.

마지막으로 초과사망과 비교 목적으로 코로나19 누적사망률 순위를 제시했습니다(아래 그림). 동아시아권 3개 국가 모두 최하위권으로, 순위는 싱가포르, 일본, 한국 순으로 높아집니다. 대만의 코로나19 누적사망률은 Our world in data에서 제공하지 않아 포함되지 않았지만 비슷한 수준으로 추정됩니다. 즉, 동아시아권은 유럽권과 비교했을 때 코로나19 사망률은 낮은 데 비하여 상대적으로 초과사망은 더 높은 결과로 이어졌으며, 특히 엄격한 방역정책을 고수했던 싱가포르와 한국에서 이 차이가 뚜렷합니다. 유행 초기부터 동아시아

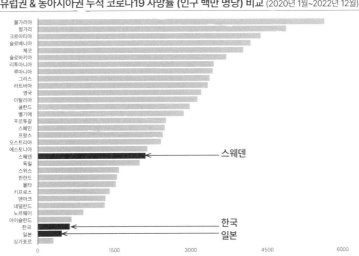

유럽권 & 동아시아권 누적 코로나19 사망률 (인구 백만 명당) 비교 (2020년 1월~2022년 12월)

권 국가들은 대응 수위와 관계없이 매우 낮은 코로나19 사망률을 보였는데 우리 사회는 이 결과를 두고 아직도 K방역 덕분이라고 철석같이 믿고 있죠.

현재 우리 사회가 시급히 던져야 할 질문은 왜 유행 초기 중국 입국자를 막지 않았냐? 와 같은 수준의 질문이 아닙니다. 방역에 대한 우리의 고정관념과는 정반대로, 왜 유행 초기부터 느슨한 대응을 한다고 엄청난 비난과 조롱의 대상이 되었던 '유럽권 스웨덴'과 '동아시아권 일본'의 성적이 각각 해당 지역 최하위권인가? 라는 질문에 대한 답을 찾아야 합니다. 이 수수께끼에 대한 답을 우리 사회가 찾지 못한다면, 대한민국은 이번과 같은 일이 다시 벌어지기에 최적의 장소가 될 겁니다. 부디 우리 사회가 과거의 실수로부터 배울 수 있는 지혜와 용기를 가질 수 있기를 바랍니다.

나가는 글

히포크라테스가 남긴 어록 중에 "First, do no harm"원칙이 있습니다. 의사가 질병을 치료한다는 명목으로 환자에게 더 큰 해를 끼칠 수 있는 방법을 사용해서는 안 된다는 의미죠. 이 원칙은 다양한 분야에 적용될 수 있는데 방역도 예외는 아닙니다. 방역을 한다는 명목으로 사회에 더 큰 해를 끼치는 일은 당연히 없어야 합니다. 그러나 코로나19 사태 동안 사용했던 수많은 방역정책들은 심각한 2차, 3차 피해를 가져온 것은 물론이고 바이러스 전파억제 효과조차 불분명했다는 점에서 지난 3년 인류는 "First, do no harm" 원칙에 위배되는 최악의 상황을 경험한 것 같습니다. 특히 백신접종을 두고 벌어진 일은 어떻게 그런 일이 21세기에 가능할 수 있었던 것인지 아직도 혼란스러울 뿐입니다.

한 사회가 코로나19와 같이 지속적인 변이를 일으키는 호흡기계 바이러스 감염병 유행을 극복하는 데 가장 중추적인 역할을 하는 것은 방역도 백신도 아닙니다. 바로 개인이 가진 면역 시스템의 힘입니다. 인구집단에서 감염을 경험하고 지나가도 괜찮은 건강한 개인이 많을수록 유행은 쉽게 지나갈 수 있고, 방역과 백신이란 ─ 100% 안전하다 하더라도 ─ 그 과정 중에 고위험군을 잠시 도와주는 역할을 할 수 있을 뿐이죠. 코로나19 사태는 이런 기본 원리를 망각하고 방역과 긴급승인으로 사용 중인 백신이 건강한 유기체 스스로 하는 역할을 대신할 수 있을 것이라는 착각 때문에 발생한 사건입니다. 거기에 더하여 한국은 감염병 유행을 두고 정권의 업적 혹은 정쟁의 도구로 활용하고자 하는 자들로 인하여 더욱 혼탁한 상황을 만들었다고 봅니다.

또한 코로나19 사태는 지금 인류가 가지고 있는 감염병에 대한 패러다임 자체가 구시대적임을 다시한번 입증하였습니다. 19세기말 대부분 과학자들은 미생물을 인간, 가축, 작물 등에 병을 일으키는 원인으로만 보았으며, 흙, 공기, 물과 같이 생태계를 구성하는 기본 요소로 보지 않았죠. 그러나 현 시점 우리가 이해하는 미생물의 본질은 전자가 아닌 후자에 훨씬 가깝습니다. 특히 다양한 미생물에 대한 끊임없는 노출은 유기체 건강에 핵심적인 역할을 하므로 미생물은 일차적으로 공존의 관점에서 접근해야 하며 예외적인 상황에서 병을 일으킨다고 이해해야만 인간에게 가장 도움되는 방향으로 의사 결정을 할 수 있습니다.

기본적으로 방역과 면역은 공존 불가능한, 상호 대척점에 있는 개념입니다. 방역을 위한 모든 정책들 — 거리두기, 비대면 사회, 마스크, 소독제 등 — 은 서서히 사회 구성원들을 각종 질병에 취약하게 만들어가는 과정과 별반 다르지 않습니다. 실제로 코로나19 유행 동안 사람들의 신체 및 정신 건강이 전반적으로 악화되었음을 보여주는 많은 연구결과들이 있죠. 방역이란 단기간은 의미있는 역할을 할 수 있을지언정, 방역의 패러다임이 장기간 사회를 지배하게 되면, 그 사회는 각종 만성질환의 발생 위험이 높아지는 쪽으로 방향을 틀게 되고 이는 향후 다른 감염병 유행이 찾아왔을 때 고위험군 증가로 고스란히 이어집니다. 더욱 강력한 방역이 필요한 상황이 되는거죠. 지금 우리 사회는 이런 악순환의 시작점에 서 있습니다.

현재 지난 3년에 대한 어떤 복기도 없이 WHO에서는 '팬데믹 국제 조약'을 추진하고 있으며 한국 질병청에서는 "감염병 X"에 대비한 중장기 계획을 수립 중이라고 합니다. 이번과 같은 일이 앞으로는 훨씬 더 조직적으로 벌어진다는 의미인 듯 합니다.

특히 우리나라는 코로나 사태 동안 「감염병의 예방 및 관리에 관한 법률」을 무려 30번 이상 개정하였는데, 대부분 정부 권한을 더욱 강화하고 국민에 대한 처벌 조항을 늘이는 법 개정이었습니다. 이런 법들이 진정으로 국민의 건강과 안전을 위한 것인지 아니면 국민 통제의 수단으로 악용될 우려는 없는 것인지 사회 각 분야에서 시급히 논의될 필요가 있습니다. 코로나19 정도의 감염병으로 이번과 같은 일이 가능했다면 앞으로 우리가 살게 될 미래는 지금과는 차원이 다른 디스토피아적 세상이 될 가능성이 큽니다.

뿐만 아니라 그들이 당신의 안전을 위하여 설계한다는 골드버그 장치가 화려해지면 질수록 사람들은 점점 더 감염병과 만성병에 취약해지는 딜레마에 처할 것이라고 예상합니다. 우리가 "감염병 X"에 대비하는 가장 현명한 방법은 가능한 한 그들의 골드버그 장치로부터 멀리 떨어져 평소 건강한 생활습관과 함께 수많은 미생물과 공존하는 삶의 평화로움을 누리면서 그냥 사는 것입니다. 그 과정을 통하여 당신의 경이로운 면역시스템은 "감염병 X"뿐만 아니라 "YZ"까지도 이거낼 수 있는 노하우를 깨우치게 되고, 이런 삶을 선택한 사람들이 많은 사회일수록 "감염병 X"를 보다 쉽게 극복한다는 아이러니를 머지않은 미래에 우리는 다시 한번 경험하게 될 겁니다.

참고문헌

1. Inglesby TV, et al. Disease mitigation measures in the control of pandemic influenza. Biosecur Bioterror. 2006;4:366-375.

2. Amendola A, et al. Molecular evidence for SARS-CoV-2 in samples collected from patients with morbilliform eruptions since late 2019 in Lombardy, northern Italy. Environ Res. 2022;215(Pt 1):113979.
Fongaro G, et al. The presence of SARS-CoV-2 RNA in human sewage in Santa Catarina, Brazil, November 2019. Sci Total Environ. 2021;778:146198.

3. Huang C, et al. Clinical features of patients infected with 2019 novel coronavirus in Wuhan, China. Lancet. 2020;395:497-506.

4. Kim SA, et al. Evolutionarily adapted hormesis-inducing stressors can be a practical solution to mitigate harmful effects of chronic exposure to low dose chemical mixtures. Environ Pollut. 2018;233:725-734.
Lee DH, et al. New approaches to cope with possible harms of low-dose environmental chemicals. J Epidemiol Community Health. 2019;73:193-197.
Lee YM, et al. Mitochondrial Toxins and Healthy Lifestyle Meet at the Crossroad of Hormesis. Diabetes Metab J. 2019;43:568-577.

5. 전문가 "신종코로나, 현재로선 중증환자 없다‥여름쯤은 돼야 정리될 듯" (서울경제, 2020년 2월 7일)

6. Jeon KW. Development of cellular dependence on infective organisms: micrurgical studies in amoebas. Science. 1972;176:1123.

7. 기모란 대한예방의학회 비대위원장, "코로나19이후의 불확실성 인정해야" (시사인, 2020년 2월 24일)

8 대구 신천지 무증상 600명중 70% 확진··· '그림자 감염원' 비상 (동아일보, 2020년 2월 29일)
확진 50만명 살펴보니...93%가 무증상·경증, 발열보다 기침 많아 (조선일보, 2022년 1월 29일)

9 中 환자 44,000명 임상보고서로 본 코로나19 (KBS, 2020년 2월 25일)

10 WHO "코로나19 치사율, 초기 예상보다 높은 3.4%" (한국일보, 2020년 3월 4일)

11 https://en.wikipedia.org/wiki/COVID-19_pandemic_on_Diamond_Princess

12 Kundu R, et al. Cross-reactive memory T cells associate with protection against SARS-CoV-2 infection in COVID-19 contacts. Nat Commun. 2022;13:80
Swadling L, et al. Pre-existing polymerase-specific T cells expand in abortive seronegative SARS-CoV-2. Nature. 2022;601:110-117.

13 Lobo N, et al. 100 years of Bacillus Calmette-Guérin immunotherapy: from cattle to COVID-19. Nat Rev Urol. 2021;18:611-622.
Aaby P, et al. Beneficial non-specific effects of live vaccines against COVID-19 and other unrelated infections. Lancet Infect Dis. 2023;23:e34-e42.

14 어릴 때 맞은 불주사가 코로나를 막는다? (KBS, 2020년 4월 6일)

15 Miller A, et al. Correlation between universal BCG vaccination policy and reduced morbidity and mortality for COVID-19: an epidemiological study. (https://www.medrxiv.org/content/10.1101/2020.03.24.20042937v1.full.pdf)

16 Naeslund C. Resultats des experiences de vaccination par le BCG poursuivies dans le Norrbotten (Suede). In: Institut Pasteur. Vaccination preventive de la tuberculose de l'homme et des animaux per le BCG. Masson et Cie, 1932.

17 Higgins JP, et al. Association of BCG, DTP, and measles containing vaccines with childhood mortality: systematic review. BMJ. 2016;355:i5170.

18 이태원 클럽 방문 1천982명 '연락두절'... 기지국·카드정보 추적 (연합뉴스, 2020년 5월 12일)

19 Japan seeing fewer deaths than last year despite coronavirus, ministry data shows (The Japan Times, 2020년 5월 28일)

20 Coronavirus in Cambodia (Pipeaway, 2020년 5월 7일)

21 Grifoni A, et al. Targets of T Cell Responses to SARS-CoV-2 Coronavirus in Humans with COVID-19 Disease and Unexposed Individuals. Cell. 2020;181:1489-1501.

22 Souilmi Y, et al. An ancient viral epidemic involving host coronavirus interacting genes more than 20,000 years ago in East Asia. Curr Biol. 2021;31:3504-3514.
Sánchez CA, et al. A strategy to assess spillover risk of bat SARS-related coronaviruses in Southeast Asia. Nat Commun. 2022;13:4380

23 O'Neill LAJ, et al. BCG-induced trained immunity: can it offer protection against COVID-19? Nat Rev Immunol. 2020;20:335-337.

24 무증상 감염자 많다더니 항체보유 1명뿐…미스터리 항체검사 (머니투데이, 2020년 9월 14일)

25 3000명 코로나 항체 생겼나봤더니 1명뿐…"못찾은 환자, 거의 없다" (아시아경제, 2020년 7월 9일)

26 대구 코로나 감염자 실제론 18만5천명?…정은경 "해석 신중해야" (연합뉴스, 2020년 7월 22일)

27 Song SK, et al. IgG Seroprevalence of COVID-19 among Individuals without a History of the Coronavirus Disease Infection in Daegu, Korea. J Korean Med Sci. 2020;35:e269.

28 WHO. Non-pharmaceutical public health measures for mitigating the risk and impact of epidemic and pandemic influenza. (2019년 9월 19일)

29 Sekine T, et al. Robust T Cell Immunity in Convalescent Individuals with Asymptomatic or Mild COVID-19. Cell. 2020;183:158-168.

30 Gomes MGM, et al. Individual variation in susceptibility or exposure to SARS-CoV-2 lowers the herd immunity threshold. (https://www.medrxiv.org/content/10.1101/2020.04.27.20081893v3.full.pdf) 이 논문은 2022년 저널에 공식 게재된다. (J Theor Biol. 2022;540:111063.)

31 https://gbdeclaration.org/

32 Dr. Fauci Looks Back: 'Something Clearly Went Wrong' (New York Times Magazine, 2023년 4월 25일)

33 마스크 쓴채 코로나 감염땐 무증상 확률↑ (매일경제, 2020년 9월 10일)

34 Dudley SF. Human adaptation to the parasitic environment. Proc R Soc Med 1929;22:569–592.

35 Ioannidis JPA. Infection fatality rate of COVID-19 inferred from seroprevalence data. Bull World Health Organ. 2021;99:19-33F.

36 "확진자 숨지면 무조건 코로나 사망… 이 통계 정확할까" (뉴시스, 2022년 11월 19일)

37 Folkman J et al. Cancer without disease. Nature. 2004;427:787

38 The Great Prostate Mistake (The New York Times, 2010년 3월 9일)

39 Why the world's most vaccinated country is seeing an unprecedented spike in coronavirus cases (The Washington Post, 2021년 5월 6일)

40 Geert Bossche: Halt All Covid-19 Mass Vaccination (Open letter to WHO). (https://legislature.maine.gov/testimony/resources/HHS20220111Rouillard132863510839918820.pdf)

41 Ludvigsson JF, et al. Open Schools, Covid-19, and Child and Teacher

Morbidity in Sweden. N Engl J Med. 2021;384:669-671.

42 Alwan NA, et al. Scientific consensus on the COVID-19 pandemic: we
need to act now. Lancet. 2020;396:e71-e72.

43 Shrestha NK, et al. Necessity of Coronavirus Disease 2019 (COVID-19)
Vaccination in Persons Who Have Already Had COVID-19. (https://
www.medrxiv.org/content/10.1101/2021.06.01.21258176v2.full.pdf)
이 논문은 2022년 저널에 공식 게재된다. (Clin Infect Dis.
2022;75:e662-e671.)

44 2만 년 전 한반도에는 이미 코로나 감염병 퍼졌다 (동아사이언스,
2021년 6월 25일)

45 Muchmore HG, et al. Persistent parainfluenza virus shedding during
isolation at the South Pole. Nature. 1981;289:187-9.

46 "70% 접종해도 5차 유행 올 것, 델타에 맞게 전략 다시 짜야" (한겨
레, 2021년 8월 10일)

47 Gazit S, et al. Severe Acute Respiratory Syndrome Coronavirus 2
(SARS-CoV-2) Naturally Acquired Immunity versus Vaccine-induced
Immunity, Reinfections versus Breakthrough Infections: A Retrospective
Cohort Study. (https://www.medrxiv.org/content/10.1101/2021.08.24.21
262415v1.full.pdf).
이 논문은 2022년 저널에 공식 게재된다. (Clin Infect Dis.
2022;75:e545-e551.)

48 Wang L, et al. Ultrapotent antibodies against diverse and highly
transmissible SARS-CoV-2 variants. Science. 2021;373:eabh1766.

49 Cohen KW, et al. Longitudinal analysis shows durable and broad immune
memory after SARS-CoV-2 infection with persisting antibody responses
and memory B and T Cells. Cell Rep Med. 2021;2:100354.

50 Israel A, et al. Large-Scale Study of Antibody Titer Decay following
BNT162b2 mRNA Vaccine or SARS-CoV-2 Infection. Vaccines (Basel).
2021;10:64

51 Why Reports Of Menstrual Changes After COVID Vaccine Are Tough To Study (NPR, 2021년 8월 9일)

52 https://www.judicialwatch.org/wp-content/uploads/2022/03/JW-v-HHS-prod-3-02418.pdf

53 코로나19백신, 전파 억제 효과 3개월만 유효해 (동아사이언스, 2021년 10월 6일)

54 18~49세 확진자 93.7% 미접종, 접종완료자 중에는 사망자 없어 (SBS뉴스, 2021년 8월 26일)

55 Thacker PD. Covid-19: Researcher blows the whistle on data integrity issues in Pfizer's vaccine trial. BMJ. 2021;375:n2635

56 의대 교수 "日 확진자수 급감, K방역 치명적 오류 보여준다" (중앙일보, 2021년 11월 25일)

57 Dee K, et al. Human Rhinovirus Infection Blocks Severe Acute Respiratory Syndrome Coronavirus 2 Replication Within the Respiratory Epithelium: Implications for COVID-19 Epidemiology. J Infect Dis. 2021;224:31-38.

58 https://en.wikipedia.org/wiki/Original_antigenic_sin

59 "논란의 방역패스, 모두를 위한 최선은?" (KBS 심야토론, 2022년 1월 15일)

60 UK Health Security Agency COVID-19 vaccine surveillance report Week 2 (https://assets.publishing.service.gov.uk/government/uploads/system/uploads/attachment_data/file/1047814/Vaccine-surveillance-report-week-2-2022.pdf)

61 Shrestha NK, et al. Effectiveness of the Coronavirus Disease 2019 Bivalent Vaccine. Open Forum Infect Dis. 2023;10:ofad209.

62 Eyre DW, et al. Effect of Covid-19 Vaccination on Transmission of Alpha and Delta Variants. N Engl J Med. 2022;386:744-756.

63 Carlsson M, et al. Mathematical modeling suggests pre-existing immunity to SARS-CoV-2 (https://www.medrxiv.org/content/10.1101/2021.04.2 1.21255782v2.full.pdf)

64 백신의 접종 권고는 어떻게 계산되나? (https://www.fmkorea.com/4258288158)

65 '방역패스' 공동체 보호인가, 기본권 침해인가 (JTBC, 2022년 1월 26일)

66 Herby J, et al. A literature review and meta-analysis of the effects of lockdowns on covid-19 mortality. (Studies in Applied Economics 2022)

67 WHO. Global excess deaths associated with COVID-19, January 2020 - December 2021 (https://www.who.int/data/stories/global-excess-deaths-associated-with-covid-19-january-2020-december-2021)

68 Covid-19 government response tracker (https://www.bsg.ox.ac.uk/research/covid-19-government-response-tracker)

69 Guerrero R, et al. COVID-19: The Ivermectin African Enigma. Colomb Med (Cali). 2020;51:e2014613.

70 COVID-19 Excess Mortality Collaborators. Estimating excess mortality due to the COVID-19 pandemic: a systematic analysis of COVID-19-related mortality, 2020-21. Lancet. 2022;399:1513-1536.

71 재감염 되면 안되는 이유…"사망 위험 두배" 연구결과 나왔다 (중앙일보, 2022년 7월 7일)

72 Fraiman J, et al. Serious adverse events of special interest following mRNA COVID-19 vaccination in randomized trials in adults. Vaccine. 2022;40:5798-5805.

73 Doshi P, et al. Covid-19 vaccines and treatments: we must have raw data, now. BMJ. 2022;376:o102.

74 Wen R, et al. Mitochondrion: A Promising Target for Nanoparticle-Based Vaccine Delivery Systems. Vaccines (Basel). 2016;4:18.

75 마스크 모순사회 (KBS 9층 시사국, 2023년 2월 15일)

76 Andrejko KL, et al. Effectiveness of Face Mask or Respirator Use in Indoor Public Settings for Prevention of SARS-CoV-2 Infection - California, February-December 2021. MMWR Morb Mortal Wkly Rep. 2022;71:212-216.

77 Bartsch SM, et al. Maintaining face mask use before and after achieving different COVID-19 vaccination coverage levels: a modelling study. Lancet Public Health. 2022;7:e356-e365.

78 Xiao J, et al. Nonpharmaceutical Measures for Pandemic Influenza in Nonhealthcare Settings-Personal Protective and Environmental Measures. Emerg Infect Dis. 2020;26:967-975.

79 Bundgaard H, et al. Effectiveness of Adding a Mask Recommendation to Other Public Health Measures to Prevent SARS-CoV-2 Infection in Danish Mask Wearers : A Randomized Controlled Trial. Ann Intern Med. 2021;174:335-343.

80 Abaluck J, et al. Impact of community masking on COVID-19: A cluster-randomized trial in Bangladesh. Science. 2022;375:eabi9069.

81 Chikina M, et al. Re-analysis on the statistical sampling biases of a mask promotion trial in Bangladesh: a statistical replication. Trials. 2022;23:786.

82 Hoption Cann SA, et al. Acute infections as a means of cancer prevention: opposing effects to chronic infections? Cancer Detect Prev. 2006;30:83-93.

83 Hoption Cann SA, et al. Dr William Coley and tumour regression: a place in history or in the future. Postgrad Med J. 2003 Dec;79(938):672-80

84 Polack FP, et al. Safety and Efficacy of the BNT162b2 mRNA Covid-19 Vaccine. N Engl J Med. 2020;383:2603-2615.

85 Brown CM, et al. Outbreak of SARS-CoV-2 Infections, Including

COVID-19 Vaccine Breakthrough Infections, Associated with Large Public Gatherings - Barnstable County, Massachusetts, July 2021. MMWR Morb Mortal Wkly Rep. 2021;70:1059-1062.

86 청소년 백신 Q&A "접종 이득 훨씬 커…방역패스 적용은 더 보완" (KBS뉴스, 2021년 12월 9일)

87 "실내 마스크 해제할 과학적 근거 부족…3개월은 기다려야" (동아사 이언스, 2022년 10월 24일)

88 "韓 실내마스크 의무화 굉장히 좋다" WHO 사무차장보 진단 왜 (중앙일보, 2022년 10월 28일)

89 WHO. Report of the WHO-China Joint Mission on Coronavirus Disease 2019 (COVID-19) (2020년 2월 28일)

90 Mark Zuckerberg admits Feds asked Facebook to censor true Covid Information (https://www.youtube.com/watch?v=ixCKd8lUrKw)

91 CDC director, FAD commissioner testify on COVID-19 response in House Energy hearing (https://www.youtube.com/watch?v=Gq7WbwKCRaI&t=4216s)

92 Jefferson T, et al. Physical interventions to interrupt or reduce the spread of respiratory viruses. Cochrane Database Syst Rev. 2023;1:CD006207.

93 Chu DK, et al. Physical distancing, face masks, and eye protection to prevent person-to-person transmission of SARS-CoV-2 and COVID-19: a systematic review and meta-analysis. Lancet. 2020;395:1973-1987.

94 Jonas Herby et al. Did lockdowns work? The verdict on Covid restrictions (Institute of Economic Affairs, 2023년 6월 5일)

95 How South Korea avoided a national lockdown (The Telegraph, 2023년 3월 13일)

96 Munro A, et al. In-person schooling is essential even during periods of high transmission of COVID-19. BMJ Evid Based Med. 2023;28:175-179.

97 Solomon MD, et al. Risk of severe COVID-19 infection among adults with prior exposure to children. Proc Natl Acad Sci U S A. 2022;119:e2204141119

98 Fukumoto K, et al. No causal effect of school closures in Japan on the spread of COVID-19 in spring 2020. Nat Med. 2021;27:2111-2119.

99 Kim J, et al. Role of children in household transmission of COVID-19. Arch Dis Child. 2021;106:709-711.

100 백신 맞아도 70% 감염 ⋯ "韓 의무접종은 무리수" (매일경제, 2023년 5월 7일)

101 연이틀 文정부 때린 尹⋯ "방역 자화자찬했지만 합격점 아냐"(연합뉴스, 2023년 5월 11일)

K-방역은 왜
독이 든 성배가 되었나

초판 1쇄 인쇄	2023년 7월 18일
초판 1쇄 발행	2023년 7월 26일

지은이	이덕희
펴낸이	최종현
기획	김동출
편집	최종현
교정	윤석우
경영지원	유정훈
디자인	무모한 스튜디오

펴낸곳	(주)엠아이디미디어		
주소	서울특별시 마포구 신촌로 162 1202호		
전화	(02) 704-3448	**팩스**	(02) 6351-3448
이메일	mid@bookmid.com	**홈페이지**	www.bookmid.com
등록	제2011 - 000250호		

ISBN	979-11-90116-86-2